मिलते-जुलते शब्दों के मानक प्रयोग

मिलते-जुलते शब्दों के मानक प्रयोग

रविंद्र कुमार

ISO 9001:2008 GVE
ज्ञान विज्ञान एजूकेयर

प्रकाशक • **ज्ञान विज्ञान एजूकेयर**
3639, प्रथम तल
नेताजी सुभाष मार्ग, दरियागंज
नई दिल्ली–110002

संस्करण • 2025
मूल्य • चार सौ पचास रुपए
मुद्रक • नरुला प्रिंटर्स, दिल्ली

MILATE-JULATE SHABDON KE MANAK PRAYOG
by Ravindra Kumar ₹ 450.00
Published by **GYAN VIGYAN EDUCARE**
3639 Netaji Subhash Marg, Darya Ganj, New Delhi-110002
ISBN 978-93-84344-67-2

पूज्य पिता स्वर्गीय

श्री अनूप नारायण सिंहजी को,

जिनकी दानशीलता और भक्ति भावना से

प्रभावित होकर लोग जिन्हें

महात्माजी के नाम से

जानते-पुकारते थे।

लेखकीय

इस पुस्तक में संकलित सभी निबंध 'प्रभात खबर' के दसों संस्करणों (राँची, जमशेदपुर, धनबाद, देवघर, पटना, मुजफ्फरपुर, भागलपुर, गया, कोलकाता और सिलीगुड़ी) में साप्ताहिक परिशिष्ट 'अवसर' में धारावाहिक रूप से प्रकाशित हो चुके हैं। इन लेखों के प्रकाशन का श्रेय अवसर के कर्ता-धर्ता श्री रंजन राजनजी को है, जिन्होंने मेरी पुस्तक 'अपनी हिंदी कैसे सुधारें' को देखने के बाद मुझसे मिलते-जुलते शब्दों के अर्थ में होनेवाले अंतर पर 'अवसर' के लिए 'सुधारें हिंदी' नाम से एक स्तंभ शुरू करने को कहा। दरअसल, उस पुस्तक में एक लेख 'रेफ' और 'र' से अर्थ भेद शीर्षक से संकलित था। उस लेख में मैंने ऐसे शब्दों की संक्षेप में चर्चा की थी, जिनमें 'र' के आधे और पूरे प्रयोग से अर्थ में अंतर आ जाता था। रंजन जी उसी लेख का हवाला देते हुए मुझसे बार-बार स्तंभ शुरू करने का तकादा करने लगे। उन्होंने मुझे बताया कि इसके लिए उन्होंने प्रधान संपादक श्री हरिवंश जी, कॉरपोरेट एडिटर श्री राजेंद्र तिवारी जी और एक्जिक्यूटिव एडिटर श्री नरेंद्र पाल सिंह जी से भी हरी झंडी ले ली है। ऐसा स्तंभ शुरू करने के लिए भाषा की जिस प्रकार की गहराई से जानकारी की आवश्यकता थी, उसका मुझमें अभाव था। मेरे पास जमा पूँजी के नाम पर गुरुजनों और संपादकों से मिली सीख और शब्दों पर लिखी गई कुछ डायरियाँ थीं। मैं बता दूँ कि स्कूल जीवन में श्री कालिका प्रसाद सिंह (काली बाबा) से भाषा के प्रयोग के प्रति सतर्क रहने की जो शिक्षा मिली थी, कॉलेज जीवन में आचार्य देवेंद्र नाथ शर्मा और डॉक्टर मुरलीधर श्रीवास्तव शेखर जैसे भाषा विज्ञानियों का शिष्य होने के क्रम में उसमें थोड़ी परिपक्वता आई। फिर, अखबार में आने के बाद शब्दों का प्रयोग तो जैसे दैनंदिन जीवन का अंग बन गया।

'नव बिहार' में श्री रवींद्र नाथ ठाकुर 'रवि', 'प्रदीप' में श्री राम सिंह भारतीय और श्री पारस नाथ सिंह तथा 'हिंदुस्तान' में श्री नवीन जोशी जैसे भाषा के जानकार संपादकों के अधीन काम करने के परिणामस्वरूप मैं भाषा के संबंध में दिनोदिन

जिज्ञासु होता चला गया। यहाँ उल्लेख कर दूँ कि जोशी जी कथाकार भी हैं और उन्होंने ही सेवानिवृत्ति के बाद मुझे तब सेवा विस्तार दिया था, जब संपादकीय विभाग के बहुत लोगों को स्वैच्छिक सेवानिवृत्ति दी गई थी। यहाँ यह भी उल्लेख कर देना आवश्यक जान पड़ता है कि पहले अखबार में काम करनेवाले लोग भाषा के प्रति जैसे जागरूक थे, अब वैसे नहीं हैं। इसी का नतीजा है कि हिंदी अखबारों में भाषा के स्तर पर बहुत गिरावट आई है। मैं बता दूँ कि 'प्रदीप' में मेरे सभी सीनियर मैट्रिक और आइए पास थे, लेकिन अखबार में रहकर उन्होंने भाषा के प्रति अपनी समझ इतनी विकसित कर ली थी कि उनके सामने मुझे अनेक बार शर्मिंदा होना पड़ा था। तभी से मैंने शब्दों की अलग-अलग डायरियाँ तैयार करनी शुरू कर दीं तथा इनके अर्थ और प्रयोग के प्रति अधिक सजग रहने लगा। फिर तो अपने साथियों से चर्चा के विषयों में भाषा की ही प्रमुखता रहने लगी। भाषा के प्रति रुचि और जिज्ञासा का ही परिणाम रहा कि मिलते-जुलते शब्दों के अर्थ में होनेवाले अंतर को समझने की प्रवृत्ति विकसित हुई। इससे शब्दों को थोड़ा और जानने-समझने का मौका भी मिला। समाचार पत्र में काम करनेवाले किसी व्यक्ति से, शब्दों की गहराई से अथवा भाषा वैज्ञानिक दृष्टि से छानबीन की उम्मीद बेमानी होगी। इसीलिए विद्वज्जनों को शब्दों की इस चर्चा में शास्त्रीय विवेचन का अभाव दिख सकता है।

जब यह स्तंभ शुरू हुआ, तो ख्यातिलब्ध पत्रकार श्री सुरेंद्र किशोर और लेखक-पत्रकार श्री भूपेंद्र अबोध ने टेलीफोन कर ऐसा स्तंभ शुरू करने के लिए बधाई दी। पटना विश्वविद्यालय के स्नातकोत्तर हिंदी विभाग के प्रोफेसर भृगुनंदन त्रिपाठी जी ने भी इसकी सराहना की। बी.एन. कॉलेज के पूर्व हिंदी विभागाध्यक्ष डॉक्टर दिलीप राम, मनोविज्ञान विभाग के डॉक्टर शिवसागर प्रसाद तथा पटना कॉलेज के मैथिली विभाग के अध्यक्ष डॉक्टर वीरेंद्र झा ने बताया कि वे इस स्तंभ के नियमित पाठक हैं। यह सब सुनकर मेरा उत्साह बढ़ा, जिसके लिए मैं इन सभी के प्रति आभार प्रकट करता हूँ।

पाठकों को बता दूँ कि स्तंभ लेखन की सीमा है कि उसमें छपनेवाली सामग्री का स्थान निर्धारित होता है। इस कारण किसी लेख में निश्चित सीमा से न तो एक पंक्ति बढ़ाई जा सकती है और न घटाई जा सकती है। स्थान की इस सीमा के बावजूद मैंने व्युत्पत्ति, अर्थ, प्रयोग आदि के आधार पर शब्दों के सूक्ष्म भेदों को सरल भाषा में और सहज ढंग से प्रकट करने का प्रयास किया है, ताकि शब्दों को सही अर्थ में प्रयोग करने में सुविधा हो सके। आशा है, 'अपनी हिंदी कैसे सुधारें' के समान यह पुस्तक भी भाषा में रुचि रखनेवाले पाठकों को पसंद आएगी।

—लेखक

अनुक्रम

टाँग और पाँव (पैर)

सामान्य तौर पर टाँग और पाँव या पैर के प्रयोग में कोई फर्क नहीं किया जाता, लेकिन ध्यान से देखने पर इनमें अंतर स्पष्ट हो जाता है। पाँव या पैर टखने के नीचे का भाग है, जिसमें एड़ी, तलवा, उँगलियाँ आदि आती हैं। इसका अंग्रेजी पर्याय फुट है। इसी से फुटपाथ बना है, जिस पर पैर रखकर चला जाता है। पाँव के सहारे प्राणी चलते तो हैं ही, कोई चीज खड़ी भी होती है। इसीलिए कुरसी के भी पाँव होते हैं, जिसके सहारे वह टिकी रहती है। पुल्लिंग पाँव या पैर के विपरीत टाँग स्त्रीलिंग है, जो कमर के नीचे जाँघ से एड़ी तक का पूरा भाग है। इसका अंग्रेजी पर्याय लेग है।

पाँव के लिए फारसी में 'पा' शब्द है। जेब का अर्थ शोभा, शृंगार एवं सुंदरता है और जो पाँव की शोभा है, वह पाजेब है। पायल भी पाजेब की तरह पाँव में पहना जानेवाला आभूषण है। पैर में पहना जानेवाला कड़ा पैंजनी या पैंजनिया कहलाता है। इस पैं का संबंध भी पाँव या पाँय से है। पाखाना पहले पा, यानी पाँव रखने का खाना था, जिस पर मल त्यागने के लिए बैठा जाता था। इससे पाखाना (शौचालय) जाना और पाखाने (मलत्याग) के लिए जाना का प्रयोग चला। फलतः पाखाना शौचालय तथा मल, दोनों के लिए प्रयुक्त होने लगा। फारसी के पाजामः से बना पाजामा पा, यानी पाँव तक का जामा अर्थात् पहनने का वस्त्र है। इस जामा शब्द को जामातलाशी में भी देखा जा सकता है। संस्कृत का पाद शब्द प्राकृत में पाँव और पाय की यात्रा करता हुआ हिंदी में पाँव बना है। पावदान या पायदान पाँव रखने की जगह है। पायताबा पाँव में पहना जानेवाला मोजा है। इसी प्रकार का पाय से बना शब्द पायजामा है। पैजामा भी 'पै' यानी पैर में पहना जानेवाला जामा है। पाजामे की बनावट ऐसी है कि ऊपर से तो यह एक है, लेकिन कमर के नीचे आकर दो पैरों के हिसाब से दो भागों में बँटकर घुटने तक आता

है। इसे पहनते वक्त घुटने को टेढ़ा भी करना पड़ता है। इस पर अमीर खुसरो की एक पहेली है—

एक नारी दो को ले बैठी।
टेढ़ी होके बिल में पैठी॥
जा में जाए उसे सुहाए।
खुसरो वाको बलि-बलि जाए॥

पाँव और पैर का प्रयोग अब प्रायः एक ही अर्थ में होने लगा है। इनके मुहावरों में भी अब एक के स्थान पर दूसरे का प्रयोग चल गया है। पाँव का प्रयोग हिंदी पट्टी के पूर्वी क्षेत्र और पैर का प्रयोग पश्चिमी क्षेत्र में अधिक हो रहा है। दिनोदिन पाँव की तुलना में पैर के प्रयोग की प्रवृत्ति बढ़ भी रही है। नागरी प्रचारिणी सभा, वाराणसी द्वारा प्रकाशित हिंदी शब्दसागर में पाँव की वर्तनी पावँ है, लेकिन आँव, काँव, गाँव, छाँव, ठाँव आदि के प्रभाव से अब इसे पाँव ही लिखा और बोला जाता है, वैसे ही जैसे दावँ को अब दाँव भी लिखा जाने लगा है।

पाँव और टाँग के कुछ मुहावरों तथा प्रयोगों को देखने से इनका अंतर और स्पष्ट हो जाता है। पाँव में मेहँदी लगना मुहावरा है, टाँग में नहीं, क्योंकि मेंहदी लगाने का रिवाज पाँव में ही है। दूसरी तरफ अंग्रेजी की टाँग तोड़ना मुहावरे में पाँव या पैर का प्रयोग नहीं किया जा सकता। उखड़ना, काँपना, घिसना, छूना, जमाना, डगमगाना, थड़थड़ाना, दबाना, पकड़ना, पूजना, फूलना, रखना आदि क्रियाओं के साथ पाँव या पैर का ही प्रयोग होता है, टाँग का नहीं। गर्भवती महिला के लिए कहा जाता है कि उसके पाँव भारी हैं। पाँव खड़े होने, चलने और भार वहन करने का कार्य करता है और गर्भस्थ शिशु का अतिरिक्त भार वहन करने से पाँव का भारी होना स्वाभाविक है। यहाँ पैर अथवा पाँव के बदले टाँग का प्रयोग कतई संभव नहीं है। दूसरी तरफ मांसाहारी लोग मुरगे की टाँग बहुत पसंद करेंगे, उसके पैर या पाँव नहीं, लेकिन, छात्र से कहा जाएगा—गुरुजी के पाँव या पैर छुओ, टाँग नहीं। अंत में एक लोकोक्ति देखें, जिसमें टाँग के बदले पाँव या पैर का प्रयोग संभव नहीं है—

जाति सुभाऊ कबहिं ना छूटे।
टाँग उठा के कुत्ता मूते॥

कोश और कोष

कोश और कोष, दोनों 'कृष्' धातु से बने हैं। एक ही धातु से उत्पन्न होने के कारण संस्कृत में इन्हें समान अर्थ का मानकर एक के स्थान पर दूसरे का प्रयोग होता रहा है। वहाँ इसके 50 से अधिक अर्थ मिलते हैं, जिनमें से कुछ प्रमुख हैं—कली, खजाना, गर्भाशय, ढेर, बादल, भंडार, म्यान, समूह आदि। दूसरी तरफ हिंदी में इन दोनों के दस-बारह से अधिक अर्थ नहीं हैं। यहाँ इनका एक अर्थ भी नहीं है, क्योंकि हिंदी में सतर्कता बरतते हुए इन दोनों के अलग-अलग अर्थों में प्रयोग हो रहे हैं। यदि प्राचीन कोशों की बात छोड़ दें, तो यहाँ अब शब्दकोश का प्रयोग ही चल रहा है, शब्दकोष का नहीं, जबकि खजाने के लिए कोष का प्रयोग हो रहा है। तात्पर्य यह कि हिंदी में शब्द का भंडार कोश और अर्थ (मुद्रा)का भंडार कोष है। इसीलिए सरकारी खजाने के लिए राजकीय कोष और कोषागार तो चल ही रहा है, कैशियर या खजांची के लिए कोषाध्यक्ष का प्रयोग भी चल पड़ा है।

अर्थी और अरथी

अर्थी का अर्थ किसी से कुछ माँगने या अनुरोध करनेवाला, चाह या गरज रखनेवाला, प्राप्त करने की चेष्टा करनेवाला, प्रार्थना करनेवाला आदि है। विद्या, शिक्षा, परीक्षा, भिक्षा, धन, मान, यश, सम्मान, सुख आदि में अर्थी लगने से विद्यार्थी, शिक्षार्थी, परीक्षार्थी, भिक्षार्थी, धनार्थी, मानार्थी, यशार्थी, सम्मानार्थी, सुखार्थी आदि शब्द बनते हैं। अर्थी संस्कृत का प्रत्यय है। दूसरी तरफ कोशों में अरथी के तीन अर्थ मिलते हैं—(1) फाँसी की तख्ती या तिपाई, (2) जो रथी नहीं है, अर्थात् जो रथ पर सवार न होकर पैदल लड़ता है और (3) बाँस की सीढ़ी जैसी चीज, जिस पर मुरदे को सुलाकर श्मशान ले जाते हैं (बृहत् हिंदी कोश, ज्ञानमंडल)। लेकिन कुछ लोग अरथी के लिए भी अर्थी का प्रयोग कर अर्थ का अनर्थ कर दे रहे हैं। उदाहरण के लिए अर्थी जुलूस निकाला गया अथवा उनकी अर्थी में हजारों लोग शामिल हुए जैसे वाक्य अरथी के स्थान पर अर्थी का प्रयोग कर देने से निरर्थक हो गए हैं।

बधाई और धन्यवाद

बधाई कांग्रेचुलेशन अथवा मुबारकबाद है। कोई परीक्षा में सफल होता है, सम्मान या पुरस्कार प्राप्त करता है, तो उसे बधाई दी जाती है, लेकिन शादी, जन्मदिन आदि अवसरों पर बधाई देने में उसके साथ प्रायः उपहार भी जुड़ जाता है। फिर, ऐसे मौकों पर बधाई पानेवालों का भी कर्तव्य बनता है कि इसके बदले में वह भोजन, नाश्ता, चाय-पानी जैसा कुछ न भी कराए, तब भी कम-से-कम धन्यवाद तो दे ही।

धन्यवाद मुख्य रूप से कृतज्ञता अथवा अभार प्रकट करने के लिए प्रयुक्त किया जाता है; जैसे—वर-वधू स्वागत समारोह में आने के लिए आपको बहुत-बहुत धन्यवाद। बहुत या बहुत-बहुत का प्रयोग इस पर और जोर डालने के लिए किया जाता है। सभा, सम्मेलन, समारोह आदि के अंत में धन्यवाद ज्ञापन का रिवाज है, जिसमें अतिथियों तथा श्रोताओं के प्रति वहाँ आने तथा अपना कीमती समय देने के लिए कृतज्ञता अथवा आभार प्रकट किया जाता है। धन्यवाद पाकर व्यक्ति धन्य-धन्य हो जाता है, क्योंकि इसमें उसकी प्रशंसा का भाव होता है। धन्यवाद में एहसान का बदला चुकाने का भाव होता है, जबकि बधाई में किसी प्रकार के ऋण से उऋण होने का भाव नहीं है। धन्यवाद का पर्याय थैंक्स अथवा शुक्रिया है।

अस्त्र और शस्त्र

बोलचाल में लोग अस्त्र और शस्त्र का प्रायः एक ही अर्थ में प्रयोग करते हैं, लेकिन इन दोनों में मौलिक रूप से अंतर है। अस्त्र की उत्पत्ति संस्कृत के 'अस्' धातु से हुई है, जिसका अर्थ फेंकना है अर्थात् जिसे फेंककर शत्रु पर वार किया जाए, वह अस्त्र है। आदिम अवस्था में मनुष्य जंगलों में रहता था और जंगली जंतुओं से बचने अथवा उनका शिकार करने के लिए पत्थर, लकड़ी आदि फेंककर उन पर प्रहार करता था। इसलिए ये अस्त्र कहलाए। तीर, बम आदि भी अस्त्र हैं, क्योंकि इन्हें फेंककर शत्रु पर वार किया जाता है। ऐसे उपकरण भी अस्त्र कहलाते हैं, जिनसे शत्रु पर वार करने के लिए कोई चीज फेंकी जाए; जैसे—धनुष, तोप, बंदूक, पिस्तौल, राइफल आदि। आधुनिक युग में प्रक्षेपणास्त्र

(मिसाइल) चलाकर हजारों किलोमीटर की दूरी तक शत्रु पर वार किया जाता है। अत: ऐसे हथियार भी अस्त्र कहे जाएँगे। रामायण, महाभारत आदि ग्रंथों में विभिन्न नामों से अनेक ऐसे हथियारों का उल्लेख मिलता है, जिनके द्वारा दुश्मन की सेनाओं पर दूर से ही वार किए जाते थे। इनमें से कई के बारे में उल्लेख है कि वे मंत्रों से सिद्ध हुआ करते थे। ये हथियार भी अस्त्र की श्रेणी में आएँगे। ब्रह्मास्त्र ब्रह्मा का ऐसा अस्त्र था, जिसका निशाना तो अचूक था ही, इसके बारे में यह भी उल्लेख है कि दुश्मन को नष्ट करने के बाद यह लौटकर पुन: ब्रह्मा के पास चला जाता था। बंदूक, पिस्तौल, राइफल, तोप, बम आदि को आग्नेयास्त्र भी कहा जाता है, क्योंकि ये ऐसे अस्त्र हैं, जिनका प्रयोग करने पर इनसे अग्नि निकलती है।

दूसरी तरफ शस्त्र की उत्पत्ति संस्कृत के 'शस्' धातु से हुई है, जिसका अर्थ काटना है अर्थात् शस्त्र वह है, जिससे शरीर को काटा जाए। इसका प्रयोग उस व्यक्ति के पास जाकर ही संभव है, जिसका शरीर काटा जाना है, जिससे इसमें खुद के बचाव के लिए अधिक सतर्कता और फुर्ती की आवश्यकता होती है। तलवार, भुजाली, गँड़ासा, फरसा, चाकू आदि इसी श्रेणी के हथियार हैं। शस्त्र का प्रयोग शल्य क्रिया में भी होता है। घाव, फोड़े अथवा शरीर के किसी अंग में नश्तर(चाकू) लगाकर चीर-फाड़ करना इसी कारण शल्यकर्म कहलाता है और शल्योपचार (ऑपरेशन से रोग ठीक करना) शस्त्रक्रिया है। कुछ हथियार ऐसे भी हैं, जो अस्त्र और शस्त्र, दोनों की तरह प्रयुक्त किए जाते हैं। भाला, बरछी आदि इसी कोटि में आते हैं। इन्हें हाथ से पकड़े रहकर (बिना फेंके हुए) शरीर में भोंपा जा सकता है और फेंककर भी दुश्मन पर वार किया जा सकता है। अत: इन्हें शस्त्रास्त्र कहा जा सकता है। ऐसे, शस्त्रास्त्र भंडार उन्हें कहा जाता है, जहाँ शस्त्र और अस्त्र, दोनों इकट्ठे किए गए हों। कालांतर में कुछ क्षेत्रों में शस्त्र शब्द का अर्थ विस्तार भी हुआ है। उदाहरणस्वरूप, पहले सैनिक या डाकू तलवार, चाकू, भुजाली, लाठी आदि लेकर चलते थे, जिस कारण उन्हें सशस्त्र सेना या सशस्त्र डाकू कहा जाता था, लेकिन वैज्ञानिक आविष्कारों के बाद बंदूक, पिस्तौल, राइफल आदि लेकर चलने पर भी इन्हें सशस्त्र सेना या सशस्त्र डाकू ही कहा जा रहा है। फिर भी, अधिकतर मामलों में इन दोनों का अंतर आज भी स्पष्ट देखा जा सकता है और इसलिए उनके प्रयोग में सावधानी बरतते हुए इनके अंतर को ध्यान में रखा जाना चाहिए।

क्षति और हानि

कोशों में क्षति और हानि का अर्थ बतलाने के लिए एक के बदले दूसरे का प्रयोग मिल जाता है, लेकिन ध्यान से देखने पर इन दोनों का सूक्ष्म अंतर स्पष्ट रूप से नजर आने लगता है। क्षति की उत्पत्ति 'क्षण्' धातु से हुई है, जिसका अर्थ चोट पहुँचाना, तोड़ना, नष्ट करना आदि है। कोशों में क्षति का अर्थ आघात या चोट लगने से होनेवाला घाव, कोई चीज खो जाने, खराब या क्षीण हो जाने अथवा किसी के द्वारा नष्ट किए जाने से होनेवाला नुकसान, कीर्ति या यश में लगनेवाला धब्बा आदि है। क्षति से बननेवाले कुछ शब्दों पर नजर डालें, तो क्षतिग्रस्त का अर्थ आंशिक या अधिक मात्रा में नष्ट होना, क्षतयोनि का अर्थ कौमार्य का नष्ट हो जाना और क्षत-विक्षत का अर्थ बहुत चोट लगने से गंभीर रूप से घायल अथवा लहूलुहान होना एवं भारी या अनेक आघातों से अंग का विकृत होना है।

दूसरी तरफ हानि 'हा' धातु से उत्पन्न है, जिसका अर्थ कम होना, क्षय को प्राप्त होना आदि है। यह लाभ का विपरीतार्थक शब्द है अर्थात् जहाँ लाभ है, वहीं हानि की भी गुंजाइश है; जैसे—स्वास्थ्य लाभ के विपरीत स्वास्थ्य की हानि और धन लाभ के विपरीत धन की हानि। तात्पर्य यह कि कुछ मामलों में हानि की भरपाई लाभ से संभव है, लेकिन कभी-कभी हानि में कोई वस्तु पूरी तरह समाप्त भी हो जाती है; जैसे—तिथि की हानि और प्राण की हानि। इसके विपरीत क्षति में कोई वस्तु पूरी तरह समाप्त नहीं होती, जिससे इसकी भरपाई संभव है। इसलिए क्षतिपूर्ति शब्द बना। क्षतिपूर्ति में क्षति हुई वस्तु की भरपाई उसके बराबर हरजाना देकर की जाती है। यदि किसी क्षति की पूर्ति संभव नहीं हो, तो इसके पहले अपूरणीय विशेषण लगाना पड़ता है; जैसे—अपूरणीय क्षति। क्षति का अंग्रेजी पर्याय डैमेज और हानि का लॉस है।

अहम् और अहम

'अहम्' और 'अहम' की वर्तनी में फर्क रहने के बावजूद समान उच्चारण होने से ये एक जैसे सुनाई पड़ते है। इनमें संस्कृत के 'अहम्' का 'म्' हलंत है और अरबी के अहम में पूरा 'म' है। उच्चारण की समानता रहने पर भी इनके अर्थ में बहुत अंतर है। अरबी के अहम का अर्थ आवश्यक और महत्त्वपूर्ण है;

जैसे—किसी भी देश के समक्ष सबसे अहम सवाल उसकी सुरक्षा का होता है।

दूसरी तरफ संस्कृत के 'अहम्' का अर्थ है कि मैं हूँ और मेरी स्वतंत्र सत्ता है, जो दूसरों से अलग है। इस अहम् के भाव से ही कोई अपना महत्त्व समझता है। यह मनुष्य का स्वाभिमान है। जिसके भीतर अहम् का भाव न हो, वह किसी का पिछलग्गू बनकर रह जाता है, क्योंकि उसे अपने अस्तित्व का एहसास ही नहीं हो पाता। जब किसी की कोई अप्रिय या आपत्तिजनक बात से किसी के अहम् को ठेस लगती है, तो वह भीतर से तिलमिला उठता है।

करनी और करतूत

यों तो किसी का किया हुआ कार्य करनी या करतूत है। फिर भी, इन दोनों के अर्थ में फर्क है। मानक हिंदी कोश के अनुसार करनी भारतीय संत समाज में ऐसी अच्छी बातों का किया जानेवाला आचरण या व्यवहार है, जो दूसरों को उपदेश के रूप में कही या बतलाई जाती हो।' तात्पर्य यह कि संत समाज में यह केवल अच्छे कार्यों के लिए प्रयुक्त होती रही है, लेकिन यदि जैसी करनी, वैसी भरनी लोकोक्ति को देखा जाए, तो स्पष्ट होता है कि जिसकी जैसी करनी होगी, उसे वैसा ही फल भोगना पड़ेगा, यानी करनी बुरी भी हो सकती है, जिसका फल भी खराब भोगना पड़ता है—

जस करनी तस भोगहु ताता।
नरक जात अब क्यों पछताता॥

स्पष्ट है कि करनी का प्रयोग सदैव अच्छे कार्यों के लिए ही नहीं होता, किसी को सचेत करने के लिए भी कहा जाता है—उसकी करनी का बखान बंद कर अपनी करनी को देखो, जिसका दुष्परिणाम पूरे परिवार को भुगतना पड़ रहा है।

दूसरी तरफ करतूत केवल अनुचित, निंदनीय और बुरे कार्यों के लिए ही प्रयुक्त हो रही है। यह कुत्सित और हेय समझा जानेवाला कार्य तो है ही, इसमें कुछ हद तक किसी के खिलाफ षड्यंत्र करने की भी बू आती है। इसीलिए कोई काम बिगड़ जाने पर कहा जाता है—ऐसा तो मैं सपने में भी नहीं सोच सकता, यह सब उसी की करतूत लगती है। तात्पर्य यह कि करतूत शब्द केवल निंदनीय और करनी की तुलना में अधिक निकृष्ट कार्यों के लिए प्रयुक्त किया जाता है।

द्रव्य और द्रव

कोशों में द्रव्य और द्रव के बहुत सारे अर्थ मिलते हैं, लेकिन यहाँ इनके आपसी संबंध और इनके परस्पर अंतर पर विचार करना ही उद्‌देश्य है। द्रव्य पदार्थ है, जिसकी तीन अवस्थाएँ होती हैं—(1) ठोस, (2) द्रव और (3) गैस। तात्पर्य यह कि द्रव द्रव्य का ही एक रूप है। द्रव का आयतन तो होता है, लेकिन इसका कोई आकार नहीं होता, क्योंकि यह जिस पात्र में रखा जाता है, उसी का आकार ग्रहण कर लेता है। पदार्थ का तरल रूपांतर होने के कारण इसमें बहने, चूने आदि का लक्षण आ जाता है। कोई भी ऐसा पदार्थ, जो पिघला हुआ हो, गीला हो, पसीजा हुआ हो, टपकने अथवा रिसनेवाला हो, वह द्रव है। उदाहरण के लिए पानी द्रव है, जो एक निश्चित तापमान पर गरम होकर गैस और ठंडा होकर बर्फ के रूप में ठोस आकार ग्रहण कर लेता है। किसी की तकलीफ देखकर मनुष्य का हृदय भी जब दया से आर्द्र (दयार्द्र) हो जाता है, यानी पसीज जाता है, तो उसे द्रवित या द्रवीभूत होना कहा जाता है।

दूसरी तरफ द्रव्य ऐसी मूल वस्तु है, जिससे अन्य वस्तुएँ तैयार होती हैं। सोना, चाँदी, मिट्टी, रूई आदि द्रव्य हैं, जिनसे गहना, बरतन, कपड़ा आदि तैयार किए जाते हैं। इसका एक अर्थ धन और रुपया-पैसा भी है। इसीलिए धनोपार्जन को द्रव्यार्जन भी कहा जाता है। व्याकरण में नापी और तौली जानेवाली वस्तुओं को द्रव्यवाचक संज्ञा कहा गया है।

उपयोग और प्रयोग

योग की उत्पत्ति संस्कृत के 'युज्' धातु से हुई है, जिसका अर्थ संपर्क, युक्ति, शारीरिक व्यायाम, मन का संकेंद्रीकरण, परमात्म चिंतन आदि है। योग में 'उप' उपसर्ग लगने से उपयोग शब्द बना है। 'उप' उपसर्ग का प्रयोग समीपता के लिए किया जाता है, जिससे उपयोग आवश्यकता की पूर्ति अथवा प्रयोजन की सिद्धि की ओर संकेत करता है। किसी वस्तु का उपयोग मनुष्य अपनी जरूरत और उपयोग में लाई जानेवाली वस्तु की उपयोगिता, यानी उसके गुण और उसकी विशेषताओं के आधार पर करता है। किसी वस्तु का उपयोग अपने फायदे के लिए किया जाता है और नुकसानदेह वस्तुओं के उपयोग से हर कोई बचना चाहता है;

जैसे यह चीनी मेरे उपयोग की नहीं है, क्योंकि मुझे शुगर की बीमारी है।

दूसरी तरफ प्रयोग का 'प्र' उपसर्ग अधिकता के लिए प्रयुक्त होता है, जिससे प्रयोग का अर्थ होगा अधिक योग अर्थात् बार-बार योग। किसी वस्तु का किसी अन्य वस्तु से बार-बार योग कराने से कोई तरकीब, यानी युक्ति निकल आती है। अनेक उपकरणों का आविष्कार इसी प्रकार की युक्ति से हुआ है। युक्ति युक्त से बना है, जिसमें किन्हीं दो चीजों को मिलाने का भाव है। जब किसी विशेष कार्य की सिद्धि के लिए कोई कार्य किया जाता है, तो उसे भी प्रयोग कहा जाता है; जैसे—आजकल अधिक उपज के लिए संकर बीजों का प्रयोग बढ़ रहा है। संकर बीज दो प्रकार के बीजों को मिलाकर तैयार होता है।

व्याकरण में शब्दों के नियमबद्ध इस्तेमाल को प्रयोग कहते हैं। हर भाषा के अलग-अलग नियम होते हैं, जो उक्त भाषा की प्रकृति के अनुकूल शब्दों के परीक्षण के आधार पर तैयार किए जाते हैं। वैज्ञानिक क्षेत्र में किसी प्रकार का अनुसंधान करने या कोई नई चीज ढूँढ़ निकालने के लिए की जानेवाली कोई परीक्षणात्मक क्रिया प्रयोग है और इसके सिद्ध हो जाने पर इसे दूसरों को समझाने के लिए की जानेवाली क्रिया भी प्रयोग है। जहाँ ऐसे कार्य संपन्न किए जाते हैं, उन्हें इसीलिए प्रयोगशाला कहा जाता है।

प्रयोग और उपयोग में एक बड़ा फर्क यह है कि प्रयोग का परिणाम निश्चित नहीं होता। यह अनुकूल भी हो सकता है और प्रतिकूल भी। डॉक्टर रोगी पर दवा का प्रयोग करता है, जिससे रोग ठीक भी हो सकता है और नहीं भी। प्रयोग विज्ञान के अधिक करीब है। दूसरी तरफ उपयोग के परिणाम में अनुकूलता की अधिक संभावना रहती है। यह कला के अधिक करीब है; जैसे कपड़े की कतरन में अपनी कला का उपयोग कर वह अनेक सुंदर और सजावटी चीजें तैयार कर लेता है। उपयोग की सीमा निश्चित होती है, क्योंकि उपयोग की जानेवाली वस्तु की उपयोगिता समाप्त हो जाने पर उसका कोई मूल्य नहीं रह जाता। दूसरी तरफ प्रयोग परिणााम आने तक चलनेवाली सतत प्रक्रिया है। प्रयोग से बना प्रयुक्त शब्द सामान्य व्यवहार का द्योतक है, जबकि उपयोग से बना उपयुक्त शब्द व्यवहार के औचित्य की ओर इंगित करता है। प्रयोग का अंग्रेजी पर्याय एक्सपेरिमेंट और उपयोग का यूज है।

टाँगना और लटकाना

ये दोनों सकर्मक क्रियाएँ ऐसे भाव की सूचक हैं, जिनमें किसी वस्तु को ऊँची जगह पर टिकाने के लिए किसी सहारे से बाँधा, फँसाया या अटकाया जाता है, लेकिन, इन दोनों में सूक्ष्म अंतर भी है, जो इनके अर्थ और व्यवहार पर ध्यान देने से प्रकट हो जाता है। आचार्य रामचंद्र वर्मा टाँगना को संस्कृत के टंकण और हिंदी के टाँकना का विकृत रूप मानते हैं। जब हम किसी दीवार, छत या किसी ऊँचे स्थान से किसी वस्तु को इस प्रकार किसी सहारे के माध्यम से टिकाते हैं कि उसका ऊपरी भाग सहारे से टिका रहकर शेष भाग नीचे की ओर स्थिर रहे, तो उसे टाँगना कहा जाएगा।

दूसरी तरफ लटकाना संस्कृत के 'लङ्' धातु से संबद्ध है, जिसके अर्थ निकालना, फेंकना आदि हैं। जब किसी वस्तु का ऊपरी सिरा किसी ऊँचे स्थान पर किसी सहारे से टिका या बँधा रहे, लेकिन निचला भाग प्रायः झूलता रहे, तो इसे लटकाना कहा जाएगा। लटकाने का मुख्य भाव यह है कि लटकाई जानेवाली वस्तु का केवल ऊपरी भाग अपने आधार से संबद्ध होता है और शेष भाग का आधार से संबंध नहीं रहता, बल्कि शेष भाग आधार के सहारे रहकर भी उससे दूर रहता है, जबकि टाँगी जानेवाली वस्तु का अधिकतर भाग अपने आधार पर टिका रहकर स्थिर रहता है। उदाहरण के लिए जब कुएँ से बालटी लटकाई जाती है, तो जिस रस्सी से यह लटकाई जाती है, उसके ऊपरी सिरे से बालटी का कोई संबंध नहीं होता, हालाँकि यह उसी के सहारे लटकी रहती है। दीवार की खूँटी अथवा छत की कड़ी से छींका या झाड़-फानूस को लटकाया जाता है, जिससे इसका निचला हिस्सा झूलता रहता है। बिल्ली, चूहा या बच्चों से बचाने के लिए दूध, दही आदि को छींके पर टाँगा जाता है, जिससे ये टँगे रहते हैं। लटकाने में ऐसा कार्य करने का भाव है, जिसमें कोई वस्तु किसी सहारे से झूलती रहे। कोई काम पूरा न करके अनिश्चित दशा में अधिक समय तक रहने देने को भी लटकाना कहा जाता है तथा असमंजस या दुविधा की स्थिति में रखना भी लटकाना है।

अब कुछ उदाहरणों के माध्यम से इन दोनों के अंतर पर विचार करें—(क) पेड़ की डाल से फल लटका हुआ है, (ख) चमगादड़ डाल से लटका है, (ग) बंदर पेड़ की डाल से लटककर छत पर आ गया, (घ) दीवार में तसवीर टाँग दो, (ड.) दीवार घड़ी टाँग दो, (च) खूँटी में कमीज टाँग दो। इन पंक्तियों में लटकाना के स्थान पर टाँगना अथवा टाँगना के बदले लटकाना क्रिया का प्रयोग

नहीं किया जा सकता। अब दोनों के एक साथ प्रयोग देखें—(क) दीवार की कील में टँगी रस्सी नीचे लटका दो, (ख) परदा अधिक लटक गया है, थोड़ा और ऊपर टाँगो, (ग) रस्सी पर कपड़े इस ढंग से टाँगो कि जमीन तक नहीं लटकें। फाँसी के साथ लटकाना और सलीब या सूली के साथ टाँगना क्रिया का प्रयोग किया जाता है। टाँगने में वस्तु के ऊपरी हिस्से का बोध होता है और लटकाने में निचले हिस्से का। टाँगने की अपेक्षा लटकाने में किसी वस्तु के हिलने, डुलने और झूलने की गुंजाइश भी अधिक रहती है।

जाग्रत् और जागृत

'जाग्रत्' का अर्थ 'जागरित' यानी जागता हुआ, सचेत, सावधान आदि है। जाग्रत् वह है, जो अपनी दयनीय दशा को बदलने तथा अपनी रक्षा और अपने विकास के लिए तत्पर हो चुका हो। सांख्य दर्शन के अनुसार जाग्रत् अवस्था में मनुष्य को अपनी इंद्रियों द्वारा सभी प्रकार के व्यवहारों और कार्यों का ज्ञान होता है। जो जाग्रत् अवस्था में हो, उसे जागरूक कहा जाता है। जाग्रत् होने की अवस्था या भाव जागरण है। इसमें किसी उत्सव, पर्व आदि की रात को जागते रहने का भाव है। देवी जागरण में भक्तों द्वारा रात भर जागकर देवी गीतों के माध्यम से माता दुर्गा की आराधना की जाती है। जागना क्रिया का सकर्मक रूप जगाना है, जिसके मुख्य अर्थ जाग्रत् प्रभाव उत्पन्न करना, जीवंत बनाना आदि हैं।

जागे हुए मनुष्य को जागृत कहा जाता है। हिंदी में जागृति शब्द भी खूब चल गया है, लेकिन संस्कृत व्याकरण के नियम से जागृति नहीं, जागर्ति और जाग्रति शब्द बनते हैं, जिनका हिंदी में चलन नहीं के बराबर है। हिंदी में संस्कृत व्याकरण के विरुद्ध जिन कई शब्दों का चलन हुआ है, उनमें जागृति भी है। जाग्रत और जागृत का सूक्ष्म भेद यह है कि जो जागनेवाला है या जाग रहा है, उसे जाग्रत् कहा जाएगा और जो जागा हुआ है, वह जागृत कहलाएगा। अतः इन दोनों शब्दों के इस बारीक फर्क को ध्यान में रखते हुए जागनेवाले के लिए जाग्रत् और जागे हुए के लिए जागृत शब्द का प्रयोग करना चाहिए।

बरामद और जब्त

'बरामद' फारसी का शब्द है, जिसका सामान्य अर्थ बाहर निकला हुआ, बाहर आया हुआ, सामने आया हुआ आदि है। इस अर्थ में बरामदा भी बरामद से संबंधित है, क्योंकि यह भी घर से बाहर निकला हुआ भाग है। बरामद का सर्वाधिक प्रचलित अर्थ चुरा या छिपाकर रखा गया सामान किसी के घर से ढूँढ़कर बाहर निकालना या लाना है; जैसे—उसके गोदाम से चोरी और चोरबाजारी का माल बरामद हुआ। बरामद का बाहर होने के भाव में एक अर्थ निर्यात भी है।

'जब्त' अरबी का शब्द है, जिसका सामान्य अर्थ दबाया या रोका हुआ, सहन किया हुआ, बरदाश्त किया हुआ आदि है। ऐसे इसका प्रचलित अर्थ किसी अपराध के परिणामस्वरूप दिए गए दंड के पालन के क्रम में शासन द्वारा किसी की संपत्ति को जबरदस्ती अपने कब्जे में ले लेना है। दबाया या रोका हुआ के अर्थ में इसका प्रयोग 'उन्होंने अपने गुस्से को जब्त कर लिया' में है।

बरामद और जब्त में बड़ा फर्क यह है कि बरामद में किसी छिपी हुई वस्तु के बाहर निकलने का भाव है, जबकि जब्त में इसके विपरीत किसी वस्तु को छिपाने का भाव है। यदि कहा जाए कि चोरी हुई साइकिल बरामद हो गई, तो इसका तात्पर्य होगा कि छिपाकर रखी गई साइकिल बाहर आ गई। दूसरी तरफ 'पुस्तक जब्त हो गई', से तात्पर्य होगा कि उसके बाहर आने, यानी बेचने पर प्रतिबंध लग गया।

भाषण और व्याख्यान

भाषण का शाब्दिक अर्थ आपस में होनेवाली बातचीत या वार्त्तालाप है। मुँह से बोलकर कही गई कोई भी बात भाषण है, लेकिन इसका प्रचलित अर्थ सभा-सम्मेलनों में किसी विषय पर धारा प्रवाह रूप में किसी के द्वारा व्यक्त किया जानेवाला विचार है। भाषण में भाषण देनेवाला व्यक्ति अपना मत या विचार कुछ या बहुत से लोगों के बीच सार्वजनिक रूप से प्रस्तुत कर उन्हें अपने पक्ष में करने का प्रयास करता है। राजनीतिक, सामाजिक, आर्थिक, साहित्यिक आदि विषयों पर सार्वजनिक समारोहों में जन मानस के बीच जो विचार व्यक्त किए जाते हैं, वे भाषण हैं। इसका अंग्रेजी पर्याय स्पीच है। भाषण में 'अभि' उपसर्ग लगने से

'अभिभाषण' शब्द बना है, जो विशेष अवसर पर विशिष्ट व्यक्ति द्वारा दिया गया भाषण है। राष्ट्रपति द्वारा संसद् के दोनों सदनों के संयुक्त अधिवेशन में और राज्यपाल द्वारा विधानमंडल के दोनों सदनों के संयुक्त अधिवेशन में जनप्रतिनिधियों के बीच दिया गया विशेष भाषण 'अभिभाषण' है।

दूसरी तरफ 'व्याख्यान' विशेष आख्यान, यानी विशिष्ट विवरण या वृत्तांत है। यह किसी गूढ़ विषय का विस्तारपूर्वक किया गया सारगर्भित विश्लेषण है। व्याख्यान की उत्पत्ति 'ख्या' धातु से हुई है, जिसके अर्थ कहना, घोषणा करना, प्रसिद्ध होना आदि हैं। व्याख्यान में किसी विषय का सुविस्तृत भाष्य अथवा टीका के साथ वृत्तांत या वर्णन के माध्यम से ज्ञान कराया जाता है। व्याख्यान का अंग्रेजी पर्याय 'लेक्चर' और 'व्याख्याता' का 'लेक्चरर' है। लैटिन भाषा में लेक्चर का अर्थ पुस्तक में से पठन-पाठन के योग्य अंश को चुनना है। प्राचीन गुरुकुल के अधिष्ठाता ऋषि-मुनियों द्वारा वेद, उपनिषद् आदि के विशिष्ट अंश की व्याख्या कर शिष्यों को समझाना भी व्याख्यान कहा जाता था। तात्पर्य यह कि किसी गूढ़ या गंभीर विषय का व्याख्यात्मक रूप में विवेचन करने की क्रिया व्याख्यान है। विश्वविद्यालय आदि में किसी विशेष विषय पर विशिष्ट विद्वानों द्वारा शृंखला में आयोजित व्याख्यान को व्याख्यानमाला कहा जाता है।

भाषण और व्याख्यान में मौलिक अंतर यह है कि भाषण सामान्य जनों के लिए लोक व्यवहार की बातों पर आधारित होता है, जबकि व्याख्यान ज्ञानवान श्रोताओं के लिए किसी गूढ़ या गंभीर विषय पर दिया जाता है। प्रासंगिक विषय का उत्कृष्ट, ज्ञानप्रद और विद्वत्तापूर्ण विवेचन आवश्यक होने से व्याख्यान देने के लिए पहले से तैयारी आवश्यक है। दूसरी तरफ भाषण में विषय बहुत महत्त्वपूर्ण नहीं रह जाता, जिससे अवसर चाहे तुलसी जयंती का ही क्यों न हो, सत्तारूढ़ दल के नेता सरकार की उपलब्धियों और विपक्ष के नेता सरकार की खामियों पर भाषण देकर काम चला लेते हैं। नेता भाषण देते हैं और व्याख्याता, विद्वान या विषय विशेषज्ञ व्याख्यान। भाषण की तुलना में व्याख्यान अधिक गंभीर और विवेचनापूर्ण कथन है। भाषण से संबंधित कुछ प्रचलित मुहावरों से इसका और भी हलकापन झलकता है, जैसे—लंबा-चौड़ा भाषण दे डालना, भाषण पिलाना, भाषणबाजी करना आदि।

निर्देशक और निदेशक

निर्देशक और निदेशक, दोनों के लिए अंग्रेजी में डायरेक्टर शब्द है, लेकिन हिंदी में इन दोनों में फर्क करते हुए इनको अलग-अलग अर्थों में प्रयोग किया जा रहा है। ये 'दिश्' धातु से उत्पन्न हुए हैं, जिसका अर्थ दिखाना, प्रस्तुत करना, बताना, संकेत करना आदि है। किसी चीज या बात की ओर संकेत करते हुए कि ऐसा करना ही उचित है, निर्देश कहलाता है। इसमें स्पष्ट रूप से अच्छी तरह यह समझाने का भाव निहित है कि अमुक काम या बात इस रूप में होनी चाहिए। वह व्यक्ति, जिसका काम किसी प्रकार का निर्देश देना हो, निर्देशक कहलाता है। फिल्म, संगीत, नाटक आदि में मार्गदर्शन करनेवाला व्यक्ति निर्देशक होता है। शोध कार्य के गाइड के लिए भी निर्देशक शब्द का ही प्रयोग किया जाता है। दूसरी तरफ निदेश का अर्थ शासन अथवा किसी आज्ञा, नियम, निश्चय आदि के संबंध में लगाई हुई कोई शर्त या बंधन है। निदेश करनेवाला व्यक्ति निदेशक कहलाता है, जो दूसरों को कोई काम कैसे, कहाँ और कब किया जाए, इसके संबंध में आदेश देता है। यह बड़ा अधिकारी होता है, जो शासन को व्यवस्थित करने का कार्य करता है।

इन दोनों में मुख्य फर्क यह है कि निर्देशक का पद न तो निदेशक के समान शासकीय होता है और न कथन आधिकारिक। निर्देश अपने बराबर अथवा अपने से बड़े लोगों को परामर्श के रूप में या किसी बात की ओर संकेत करने के लिए भी दिया जा सकता है। दूसरी तरफ निदेश शासन की ओर से अपने से कनीय को दी गई आज्ञा या हिदायत है। शासकीय संस्थानों से संबद्धता के कारण निदेशक के आदेश का पालन नहीं करने पर दंडित भी किया जा सकता है, जबकि शासकीय कार्यों से अलग होने के चलते निर्देशक में निदेशक वाली ताकत नहीं होती।

नमस्ते और प्रणाम

नमस्ते और प्रणाम 'नम्' धातु से बने हैं, जिसका अर्थ 'नत' होना, झुकना, सम्मान दिखाना आदि है। नमस्ते और प्रणाम को समानार्थी शब्द मानकर कोशों में इनका एक ही अर्थ दिया गया है, लेकिन इन दोनों शब्दों के इस्तेमाल पर ध्यान देने से इनमें थोड़ा फर्क नजर आता है। नमस्ते संस्कृत में एक पूरा वाक्य है, जो अव्यय

की तरह प्रयुक्त होता है और जिसका अर्थ है कि मैं आपको नमस्कार करता हूँ। दूसरी तरफ प्रणाम में 'प्र' जुड़ा रहने से इसका अर्थ विशेष रूप से झुकना हो जाता है। इसीलिए प्रणाम ऐसे लोगों को किया जाता है, जिनसे प्रत्युत्तर में आशीर्वाद की आशा की जाती है, जबकि नमस्ते का प्रत्युत्तर नमस्ते से दे दिया जाता है। प्रणाम पैर छूकर भी किया जाता है, जबकि नमस्ते में ऐसा नहीं देखा जाता। आठों अंगों से किया जानेवाला अभिवादन साष्टांग प्रणाम है, जो अधिक विनयशीलता का परिचायक है, जबकि साष्टांग नमस्ते सुनने में नहीं आता।

अर्घ और अर्घ्य

रविषष्ठी व्रत (छठ) के अवसर पर अस्ताचलगामी और उदीयमान भगवान् भास्कर को अर्घ देने की सदियों पुरानी परंपरा रही है, लेकिन कुछ लोग भ्रमवश संभवतः अर्घ्य को ज्यादा शुद्ध समझकर इस अवसर पर अर्घ के बदले अर्घ्य का प्रयोग कर देते हैं। यदि इन दोनों शब्दों के अर्थ पर विचार किया जाए, तो इस प्रकार के भ्रम से बचा जा सकता है। अर्घ पुस्तक के समान संज्ञा है और अर्घ्य पुस्तकीय की तरह विशेषण। जैसे किसी को पुस्तक दी जाती है, पुस्तकीय नहीं, वैसे ही किसी को अर्घ दिया जा सकता है, अर्घ्य नहीं। जैसे पुस्तकीय ज्ञान का अर्थ पुस्तक से संबंधित ज्ञान है, वैसे ही अर्घ्य सामग्री का अर्थ अर्घ से संबंधित सामग्री है। यहाँ पुस्तकीय और अर्घ्य विशेषण होने की वजह से क्रमशः ज्ञान और सामग्री संज्ञाओं की विशेषता बतला रहे हैं। अतः पुस्तकीय ज्ञान के समान अर्घ्य सामग्री भी दी जा सकती है। अर्घ्य सामग्री में दूध, दही, फल, फूल, दूब, सरसों, अक्षत, तिल, जौ, चंदन, कुश का अग्रभाग आदि आते हैं। इनका अर्घ में उपयोग किया जाता है। अर्घ पूजा के 16 उपचारों में से एक है, जिसमें ऊपर उल्लिखित अर्घ्य सामग्री से मिला हुआ जल देवता, ब्राह्मण तथा पूजनीय पुरुषों के सम्मानार्थ श्रद्धापूर्वक अर्पित करने का विधान है।

भवभूति ने उत्तर रामचरित और कालिदास ने मेघदूत में अर्घ देने का उल्लेख किया है। उत्तर रामचरित में एक प्रसंग आया है—

अये वनदेवतेयं फलकुसुमपल्लवार्घेण मामुपतिष्ठते।

अर्थात् यह वनदेवता फल, पुष्प, पत्तों के अर्घ से मेरी पूजा कर रहा है। इसी प्रकार मेघदूत में भी कहा गया है—

स प्रत्यग्रैः कुटजकुसुमैः कल्पितार्घाय तस्मै।
अर्थात् कुटज के ताजे फूलों से उसने उसे अर्घ दिया।

अर्घ से जुड़े कुछ शब्दों का अर्थ देखें, तो स्थिति और स्पष्ट हो जाती है। अर्घदान का अर्थ अर्घ अर्पित करना और अर्घपात्र का अर्थ अर्घ अर्पित करने का पात्र, यानी अरघा है।

दूसरी तरफ मानक हिंदी कोश में अर्घ्य का अर्थ जिसे अर्घ दिया जाने को हो अथवा देना उचित हो, जो आदर, पूजा, भेंट या सत्कार का पात्र हो तथा पूजा में देने योग्य अर्थात् जल, फूल, मूल आदि दिया गया है। अन्य कोशों में भी अर्घ्य का अर्थ पूजनीय, पूजा में देने योग्य वस्तु, अर्घ के उपयुक्त द्रव्य आदि दिया गया है। तात्पर्य यह कि जिन्हें अर्घ दिया जाए, वे अर्घ्य हैं तथा अर्घ में दी जानेवाली सामग्री को अर्घ्य कहा जाता है। अर्घ का एक अर्थ मूल्य भी है और इस दृष्टि से अर्घ्य का अर्थ, जिसका अधिक अर्घ हो अर्थात् बहुमूल्य है।

निलंबन और बरखास्तगी

लंबन और लंबित में 'नि' उपसर्ग लगने से क्रमशः निलंबन और निलंबित शब्द बनते हैं। लंबित पड़ा रहना का अर्थ लटका पड़ा रहना है। निलंबन में भी अधिकारी या कर्मचारी त्रिशंकु के समान बीच में लटका रहता है। उसे न तो नौकरी से पूरी तरह हटाया जाता है और न काम करने दिया जाता है। नौकरी में रहते हुए भी वह इसके एवज में मिलनेवाले लाभ से वंचित रहता है। इसके लिए अरबी में मुअत्तल और अंग्रेजी में सस्पेंशन शब्द है।

बरखास्तगी फारसी भाषा का शब्द है, जिसका हिंदी पर्याय पदच्युति और अंग्रेजी पर्याय डिसमिसल है। किसी को नौकरी से पूरी तरह हटा देना, यानी बरखास्त कर देना बरखास्तगी है। बरखास्त के लिए हिंदी में पदच्युत शब्द है। च्युत का अर्थ गिरना होता है। इस प्रकार पद से च्युत होने, यानी पद से गिरने का अर्थ पद से हटाया जाना है।

इन दोनों में फर्क यह है कि निलंबन में अस्थायी रूप से काम करने से रोका जाता है, जबकि बरखास्तगी में काम से स्थायी रूप से हटा दिया जाता है। गलती या अपराध की सूचना मिलने पर उसकी जाँच तक के लिए किसी को पद से हटाना निलंबन है, जबकि गलती या अपराध साबित हो जाने पर नौकरी से

हटा देना बरखास्तगी है। निलंबन को सजा या दंड इसलिए नहीं माना जाता कि आरोपमुक्त हो जाने पर निलंबन अवधि में रोके गए उसके सारे लाभ वापस मिल जाते हैं, जबकि बरखास्तगी सजा या दंड इसलिए है कि इसमें नौकरी के एवज में मिलनेवाले सभी लाभों से सदा के लिए पूरी तरह वंचित कर दिया जाता है।

सम्मान और पुरस्कार

किसी के प्रति मन में होनेवाला आदरपूर्ण भाव सम्मान है। ऐसा कार्य, जिसके द्वारा किसी के प्रति पूज्य भाव प्रकट या प्रदर्शित किया जाए, सम्मान कहलाता है। किसी क्षेत्र में विशेष उपलब्धि हासिल कर लेनेवाले व्यक्ति को समारोह आयोजित कर सम्मान दिया जाता है। ऐसे अवसर पर सम्मानित होनेवाले व्यक्ति को दुशाला, अंगवस्त्र, अभिनंदन पत्र, मानद उपाधि आदि देकर उसके प्रति सम्मान प्रकट किया जाता है। इसका अंग्रेजी पर्याय ऑनर है।

दूसरी तरफ कोई बड़ा या कठिन कार्य भली-भाँति करने पर उसके कर्ता को उत्साहित करने के लिए दिया जानेवाला धन या पदार्थ पुरस्कार है। पुरस्कार देने के लिए प्राय: प्रतियोगिता आयोजित की जाती है। पुरस्कार के लिए अरबी में इनाम और अंग्रेजी में प्राइज एवं अवार्ड शब्द हैं।

इन दोनों में फर्क यह है कि सम्मान ऐसे व्यक्ति को मिलता है, जो अपने क्षेत्र में विरला होता है, जबकि पुरस्कार वह पाता है, जो कई लोगों में से चुनकर आता है। सम्मान पानेवाले व्यक्ति का अपने व्यक्तित्व और कृतित्व की बदौलत क्षेत्र विशेष में इतना नाम हो जाता है कि वह सम्मान पाने का आप-से-आप हकदार हो जाता है, जिससे उसे किसी प्रतियोगिता में शामिल होने की जरूरत नहीं पड़ती, जबकि पुरस्कार पाने के लिए प्रतियोगिता में शामिल होना आवश्यक होता है।

नहीं और न

नहीं और न निषेधसूचक अव्यय हैं, जिनका प्रयोग असहमति, विरोध, अस्वीकृति, अभाव आदि का भाव प्रकट करने के लिए किया जाता है। लेकिन, हर जगह इनका एक के स्थान पर दूसरे का प्रयोग नहीं किया जा सकता, क्योंकि ये अलग-अलग अर्थों का भी द्योतन करते हैं। नहीं का प्रयोग अन्यथा के अर्थ में

भी होता है; जैसे—तुम जाओ, नहीं तो वह चला जाएगा। नहीं का प्रयोग होने पर वर्तमान काल की क्रिया है, हैं, हो आदि का लोप हो जाता है; जैसे—(क) यह पुस्तक पठनीय नहीं (है), (ख) ये अंगूर खट्टे नहीं (हैं), (ग) तुम पढ़ते क्यों नहीं (हो)।

दूसरी तरफ न का प्रयोग प्रश्नवाचक वाक्यों के अंत में कि नहीं और या नहीं के अर्थ में भी होता है; जैसे—वह आज वहाँ जाएगा न? एक ही क्रिया की पुनरावृत्ति के बीच में यह थोड़े समय या तुरंत के अर्थ में प्रयुक्त होता है; जैसे—वे जाते न जाते कुछ सोचकर रुक गए। यह एक प्रत्यय भी है, जिससे अनेक शब्द बनते हैं; जैसे—'ली' से लीन, 'स्वप्' से स्वप्न, 'यत्' से यत्न आदि। यह निषेधसूचक न रहकर क्रिया पर जोर देने के लिए भी प्रयुक्त होता है; जैसे—(क) मैं हूँ न, तुम चिंता मत करना, (ख) तुम जाओ न, मैं आ रहा हूँ। कभी-कभी तो इन दोनों अव्ययों का एक ही वाक्य में प्रयोग होने पर भी निषेधसूचक अर्थ का घोतन नहीं होता; जैसे—उनके आने से मैं जाना तो स्थगित नहीं कर देता न?

मिलीभगत और साँठगाँठ

किसी को तंग या परेशान करने के लिए अथवा धोखा देने या ठगने के लिए आपस में मिल-जुलकर चली जानेवाली ऐसी धूर्ततापूर्ण चाल, जो ऊपर से देखने पर बहुत कुछ निर्दोष या साधारण लगे, मिलीभगत है। इसमें एक पक्ष किसी को विश्वास में लेकर दूसरे पक्ष के पास ठगे जाने या धोखा खाने के लिए भेज देता है। उदाहरण के लिए यदि कोई व्यक्ति विश्वस्त बनकर किसी को कहे कि अमुक व्यक्ति नोट दूना कर देता है और उस पर भरोसा कर कोई उस व्यक्ति को अपना नोट देकर ठग लिया जाए, तो यह पहलेवाले दोनों व्यक्तियों की मिलीभगत कही जाएगी। इसी प्रकार दलालों और नर्सिंग होमवालों की मिलीभगत से रोगी के परिजन धोखा खा जाते हैं।

दूसरी तरफ आपस में होनेवाला ऐसा निश्चय, जिसका कोई गुप्त या गूढ़ उद्देश्य हो, साँठगाँठ कहलाता है। इसमें दो या दो से अधिक व्यक्ति मिलकर कोई दुष्टतापूर्ण व्यवहार करते हैं; जैसे—आतंकवादी हमलों में आतंकियों और पाकिस्तानी गुप्तचर संस्था की साँठगाँठ रहती है।

इन दोनों में फर्क यह है कि मिलीभगत में एक व्यक्ति या पक्ष भोला-भाला

बनकर दूसरे व्यक्ति या पक्ष को अपना उद्देश्य पूरा कर लेने का अवसर दिलाकर अलग हो जाता है, जबकि साँठगाँठ में दोनों व्यक्ति या पक्ष अंत तक एक-दूसरे की सहायता करते दिखाई पड़ते हैं। इसके अतिरिक्त मिलीभगत की मंशा अंत तक छिपी रहती है, जबकि साँठगाँठ का पता प्रारंभ या बीच में भी चल जाता है।

लोकार्पण और विमोचन

लोक का अर्थ जनता और अर्पण का अर्थ सौंपना या भेंट करना है। इन दोनों शब्दों के योग से बने लोकार्पण का अर्थ राष्ट्रीय महत्त्व अथवा जनसमूह के लिए विशेष रूप से उपयोगी किसी वस्तु को राष्ट्र या जनता को समर्पित करने की क्रिया या भाव है।

दूसरी तरफ मानक हिंदी कोश के अनुसार विमोचन का अर्थ बंधन आदि खोलकर मुक्त करना, छुड़ाना या छोड़ना अथवा किसी भार या देन से छूटने के लिए एक ही बार में कुछ इकट्ठा धन दे देना, धन देकर वस्तु को वापस लेना अर्थात् एकमुश्त राशि देकर किसी वस्तु को प्राप्त करना आदि है।

लोकार्पण और विमोचन, दोनों में समारोह आयोजित कर किसी वस्तु के पहली बार उपयोग की स्वीकृति दी जाती है, लेकिन इन दोनों में फर्क यह है कि लोकार्पण की जानेवाली वस्तु के बदले में कुछ पाने की मंशा नहीं होती, भले ही लागत खर्च निकालने अथवा रख-रखाव के लिए कभी-कभी कर के रूप में इनके उपयोग के बदले में मामूली रकम ली जाती है। पुल, पड़क, नहर आदि का लोकार्पण होता है। अर्पण हो जाने के बाद या तो मुफ्त में या निर्धारित कर का भुगतान कर इनका सार्वजनिक उपयोग प्रारंभ हो जाता है। दूसरी तरफ पुस्तक, पत्रिका, स्मारिका, अभिनंदन ग्रंथ, कैसेट आदि को किसी प्रतिष्ठित व्यक्ति से बंधन से मुक्त कराया जाता है, तो इसे विमोचन कहा जाता है। इसी के बाद विमोचित वस्तु की बिक्री प्रारंभ हो जाती है और तब निर्धारित मूल्य देकर इसे खरीदा जा सकता है, जबकि लोकार्पण की वस्तु को खरीदा नहीं जा सकता।

लोकार्पण में अर्पण का भाव समाहित होने से लोकार्पित वस्तु के बदले लाभ पाने की भावना नहीं होती, जबकि विमोचन में मुनाफा कमाना ही मूल उद्देश्य होता है, क्योंकि इसमें अर्पण नहीं, बल्कि मोचन अर्थात् अर्जन की भावना रहती है। लोकार्पण में लोकहित सर्वोपरि है, जबकि विमोचन में वैयक्तिक हित की

प्रधानता होती है। लोकार्पण का क्षेत्र व्यापक होने से इसका उपयोग करनेवालों की संख्या असीमित होती है, जबकि विमोचन का क्षेत्र संकुचित होने से इसका इस्तेमाल इसे जानने-समझनेवाले ही कर सकते हैं। उदाहरण के लिए हिंदी की पुस्तक का अहिंदीभाषियों के लिए कोई उपयोग नहीं हो सकता। इस प्रकार लोकार्पण असीम और विमोचन सीमित है। पुस्तक आदि के साथ लोकार्पण का प्रयोग करना इसलिए भी हास्यास्पद है कि अधिकतर पुस्तकों की ढाई-तीन सौ प्रतियाँ छपने से ये सीमित खरीदारों के पास ही पहुँच पाती हैं, जिससे न तो इनका लोक से मतलब होता है और न अर्पण से। लोकार्पण और विमोचन, दोनों का उद्‌देश्य प्रचार-प्रसार होता है, लेकिन लोकार्पण के प्रचार-प्रसार का उद्‌देश्य कोई सुविधा उपलब्ध कराने की सार्वजनिक जानकारी देना होता है, जबकि विमोचन के प्रचार-प्रसार का उद्‌देश्य उक्त वस्तु को खरीदने के लिए लोगों को प्रेरित करना मात्र होता है। इस प्रकार लोकार्पण के पीछे सार्वजनिक हित और विमोचन के पीछे व्यापारिक हित की प्रमुखता होती है।

भोगना और सहना

भोग की उत्पत्ति 'भुज्' धातु से हुई है और भोग से ही भोगना क्रिया बनी है। भोगनेवाले को भोगी या भोक्ता कहा जाता है। इंद्रियों का सुख भोगनेवाला व्यक्ति भोगी कहलाता है। यही भोगी शब्द जब भुक्त में जुड़कर भुक्तभोगी बनता है, तब ऐसे व्यक्ति के लिए प्रयुक्त होता है, जो दुःख या कष्ट को भोगकर उसका अनुभव प्राप्त कर चुका हो। भोग और भोक्ता में 'उप' उपसर्ग लगने से उपभोग और उपभोक्ता शब्द बनते हैं। मनुष्य अपनी इच्छा की तृप्ति के लिए विभिन्न वस्तुओं का उपभोग कर उनका सुख भोगता है और उपभोग करनेवाला ही उपभोक्ता कहा जाता है। बाजारवाद के इस दौर में नाना प्रकार की वस्तुओं का उपभोग बढ़ने से उपभोक्ता संस्कृति विकसित हुई है, जिसमें उपभोक्ता के भोगने की इच्छा को ध्यान में रखकर ही नई-नई चीजें बनाई जा रही हैं। यों तो भोगना में मूलतः सुखानुभूति छिपी है, जो राजभोग, छप्पनभोग, मोहनभोग आदि शब्दों से प्रकट होती है, लेकिन कष्ट, दुःख आदि को झेलना भी भोगना ही है। 'भुज्' धातु से ही विकसित भुगतना क्रिया का प्रयोग तो अब केवल सजा, कष्ट, परेशानी आदि को भोगने में ही होने लगा है।

भोगना और सहना, दोनों सकर्मक क्रियाएँ हैं। मानक हिंदी कोश के अनुसार कोई अनुचित, अप्रिय या हानिकारक बात होने पर अथवा कष्ट आदि आने पर किसी कारणवश चुपचाप अपने ऊपर ले लेना सहना है। इन दोनों क्रियाओं में मूल फर्क यह है कि भोगना में सुख और दुःख, दोनों हैं, जबकि सहना में दुःख-ही-दुःख है। भोग-विलास करना, ऐश करना, लुत्फ उठाना भी भोगना है तथा कष्ट, प्रकोप, रोग, शोक, विपत्ति, दुष्परिणाम आदि को भुगतना भी भोगना ही है। भोगना में सकारात्मक और नकारात्मक, दोनों पक्ष शामिल हैं, जबकि सहना में केवल नकारात्मक पक्ष है। व्यापार में हुए नुकसान को व्यापारी सहता है, लेकिन नफे के साथ इस क्रिया का प्रयोग नहीं किया जा सकता। सहना में मुख्य बिंदु सहनेवाले की शक्ति या सामर्थ्य है। जिस व्यक्ति में जितनी सहन शक्ति होगी, वह उस हद तक किसी वस्तु, बात, स्थिति आदि को सह सकेगा। बड़े व्यापारी के लिए पच्चीस-पचास हजार का घाटा सहना भी आसान हो सकता है, लेकिन छोटे व्यापारी का इतने में दिवाला पिट जा सकता है। दूसरी तरफ जब किसी अप्रिय स्थिति को टालने में मनुष्य असमर्थ हो जाता है, तो उस स्थिति को भोगना उसकी मजबूरी हो जाती है। ऐसी स्थिति में वह नियति पर सबकुछ छोड़कर कहता है कि विधि का विधान कौन टाल सकता है, उसे तो भोगना ही पड़ेगा। तात्पर्य यह है कि अप्रिय स्थिति को भोगने में विवशता या अक्षमता होती है, जबकि कभी उदारतावश, कभी उपेक्षा करके, कभी झंझट से बचकर सुख-शांति कायम रखने के लिए भी अपनी शक्ति भर मनुष्य अप्रिय स्थिति को सह लेता है, वरना वह पलटकर वार करने अथवा विद्रोह करने से भी नहीं चूकता और कह उठता है कि अब तक मैं उनकी बात या हरकत को चुपचाप सहता रहा, लेकिन अब ऐसा कतई संभव नहीं है।

आरोपी और आरोपित

आरोप के यों तो कई अर्थ हैं, लेकिन इसका सर्वाधिक प्रचलित अर्थ दोष-संस्थापन है अर्थात् जब किसी व्यक्ति के बारे में यह कहा जाए कि उक्त व्यक्ति ने अमुक नियम विरुद्ध और दंड के लायक कार्य किया है, तो इसे आरोप कहा जाएगा। आरोप का अंग्रेजी पर्याय एलिगेशन है। आरोपण दोष लगाने अथवा आरोप करने की क्रिया या भाव है। आरोप या अभियोग लगाने का कार्य करनेवाला

व्यक्ति आरोपक कहलाता है अर्थात् जो व्यक्ति किसी के आचरण, कार्य, व्यवहार आदि को अनुचित ठहराकर उसे दोषी सिद्ध करने का प्रयास करे, वह आरोपक है। आरोप पत्र अथवा आरोप फलक चार्जशीट को कहते हैं, जिसमें किसी पर लगाए गए आरोपों या दोषों का विस्तृत वर्णन होता है। जिस पर आरोप या दोष लगाया जाता है, उसे आरोपित कहा जाता है अर्थात् ऐसा व्यक्ति आरोपित होता है, जिसके अनुचित, अनुपयुक्त, दूषित कार्य अथवा व्यवहार की आलोचना करते हुए उस पर सही मार्ग से च्युत होने का दोषारोपण किया गया हो।

आरोप से संबंधित ये सभी शब्द तथा इनके अर्थ हिंदी के छोटे, यानी एक खंडीय शब्दकोशों में भी देखे जा सकते हैं, लेकिन आरोप से ही संबंधित आरोपी शब्द की ऐसे छोटे कोशों में अब तक प्रविष्टि नहीं हुई है। ऐसे एक खंडीय कोशों में इसका पर्याय आरोपक शब्द लिया गया है। आरोपी शब्द केवल हिंदी के बड़े, यानी कई खंडों वाले शब्दकोशों में मिलता है, जिसका अर्थ दोष लगाने या आरोप करनेवाला है, ठीक वैसे ही जैसे क्रोधी का अर्थ क्रोध करनेवाला, पापी का अर्थ पाप करनेवाला, लोभी का अर्थ लोभ करनेवाला, लालची का अर्थ लालच करनेवाला, मेहनती का अर्थ मेहनत करनेवाला, दुष्कर्मी का अर्थ दुष्कर्म करनेवाला, सत्कर्मी का अर्थ सत्कर्म करनेवाला, अधर्मी का अर्थ अधर्म करनेवाला, साहसी का अर्थ साहस करनेवाला, भोगी का अर्थ भोग करनेवाला, विलासी का अर्थ विलास करनेवाला, खोजी का अर्थ खोज करनेवाला, योगी का अर्थ योग करनेवाला आदि सैकड़ों शब्दों का होता है। इस प्रकार आरोपी और आरोपक, दोनों समानार्थी शब्द हैं।

अन्य बड़े कोशों के अतिरिक्त इस संबंध में आचार्य रामचंद्र वर्मा द्वारा संपादित और हिंदी साहित्य सम्मेलन, प्रयाग द्वारा पाँच खंडों में प्रकाशित मानक हिंदी कोश (द्वितीय संस्करण) के प्रथम खंड का पृष्ठ 283 देखा जा सकता है, जिस पर आरोपी का अर्थ आरोपक दिया गया है। इसलिए यदि 'आरोपी फरार' बोला या लिखा जाए, तो इसका अर्थ होगा कि आरोप लगानेवाला फरार हो गया। दूसरी तरफ यदि उद्‌देश्य यह बतलाना हो कि जिस पर आरोप लगाया गया है, वह फरार हो गया, तब 'आरोपित फरार' बोला या लिखा जाना चाहिए, क्योंकि सभी कोशों में जिस पर आरोप लगाया जाता है, उसके लिए आरोपित शब्द ही दिया गया है। अतः इन दोनों शब्दों के प्रयोग में विशेष सावधानी बरतने की आवश्यकता है।

अपराध और पाप

अपराध में 'राध्' धातु है। 'राध्' का अर्थ प्रसन्न करना होता है, लेकिन इसमें विपरीतता का बोधक अप जुड़ जाने से अपराध का अर्थ किसी को अप्रसन्न या रुष्ट करना हो जाता है। यह ऐसा अनुचित कार्य है, जिससे किसी का अपमान या हानि हो तथा जो विधि-विधान के विरुद्ध होने से दंडनीय हो। अरबी के कसूर और जुर्म शब्द इसके पर्याय हैं।

दूसरी तरफ धर्म या नीति के विरुद्ध किया गया कोई भी आचरण या कार्य पाप है। पाप का इस लोक के साथ परलोक से भी संबंध माना जाता है। महर्षि वेद व्यास ने अठारहों पुराणों का सार बताते हुए लिखा है कि दूसरों को पीड़ा पहुँचाना पाप और दूसरों का उपकार करना पुण्य है—

अष्टादश पुराणेषु व्यासस्य वचनम् द्वयम्।
परोपकारः पुण्याय पापाय परपीडनम॥

अपराध और पाप में प्रायः फर्क नहीं समझा जाता, क्योंकि दोनों ही निंदनीय हैं। लेकिन, इनमें सूक्ष्म अंतर है। मोटे तौर पर कानून का उल्लंघन अपराध है और धार्मिक नियमों के विपरीत आचरण करना पाप। अपराध की तुलना में पाप का क्षेत्र अत्यंत विस्तृत है। धर्मशास्त्रों के अनुसार दुष्कर्म, चोरी, डकैती, हत्या, लूट, धोखेबाजी जैसे अपराध तो पाप हैं ही, अनुचित आचरण और धर्म में निर्धारित कर्तव्यों का पालन न करना भी पाप है। पहले प्रकार का पाप अपराध की श्रेणी में आता है, जिसके लिए कानून में दंड का विधान तो है ही, शास्त्रों में इसके लिए प्रायश्चित्त की भी व्यवस्था है। धार्मिक मान्यता है कि राजदंड से केवल शरीर नियंत्रित होता है, जबकि प्रायश्चित्त से मानसिक शुद्धि होती है। प्रायश्चित्त मानसिक असंतुलन को समाप्त करने की क्रिया है, जिसके बाद ही मनुष्य पुनः सामाजिक संपर्क के लायक हो पाता है। इस पहले प्रकार के पाप का फल इसी लोक में मिल जाता है। दूसरे प्रकार का पाप धर्म से जुड़ा है, जिसका संबंध नैतिकता से है और इसका दंड नरक में भुगतना पड़ता है। बलात्कार अपराध भी है और पाप भी, लेकिन पराई स्त्री को बुरी नजर से देखना भर अपराध भले न हो, यह पाप है। इस प्रकार कहा जा सकता है कि अपराध का संबंध केवल शरीर से है, जबकि पाप का शरीर और मन दोनों से।

साक्ष्यों को मिटाकर, गवाहों को धमकाकर अथवा अन्य प्रकार के हथकंडे अपनाकर अपराधी सजा पाने से भले बच जाए, लेकिन मान्यता है कि पापी को

सजा अवश्य मिलती है, इस जन्म में नहीं, तो अगले जन्म में। अपराध और पाप, दोनों के सम्मिलित अर्थ का द्योतक फारसी का गुनाह शब्द है, जिसका जवाब कोर्ट-कचहरी में भी देना पड़ता है और खुदा के यहाँ भी। धार्मिक ग्रंथों में दोनों प्रकार के पापों के लिए प्रायश्चित्त का विधान है। उदाहरण के लिए आजकल कन्या भ्रूणहत्या की चर्चा जोरों पर है। धर्मग्रंथों में किसी प्रकार की भ्रूणहत्या से प्रायश्चित्त के लिए पापमोचक व्रत की चर्चा है, जिसमें बिल्व वृक्ष के नीचे 12 दिन तक निराहार बैठने का विधान है।

अनुरोध और प्रार्थना

अनुरोध 'रुध्' से बना है। 'रुध्' का अर्थ रोकना और रुकावट है। 'रुध्' से ही बने विरोध, प्रतिरोध, अवरोध, गतिरोध आदि शब्दों में रुध् का यह अर्थ देखा जा सकता है। अनुरोध का भी एक अर्थ चारों ओर से घेरना, पीछे से आकर रोकना अथवा नम्रतापूर्वक किया गया हठ है, लेकिन अब अनुरोध में नम्रता का भाव ही प्रधान हो गया है। इसलिए इसका सर्वाधिक प्रचलित अर्थ किसी बात, विषय या वस्तु के प्रति ध्यान आकृष्ट कराने के लिए नम्रतापूर्वक किया गया आग्रह है। इसमें नम्रता के साथ शिष्टता का भाव भी छिपा है। अनुरोध करनेवाले की मंशा चूँकि अपने मन के अनुकूल कार्य कराने की होती है, इसलिए अत्यंत सज्जनता से पेश आना उसके लिए आवश्यक हो जाता है। तात्पर्य यह कि अनुरोध अत्यंत नम्रता, शिष्टता और सज्जनता के साथ पेश आकर अपनी मंशा को पूरा कराने की क्रिया है।

प्रार्थना शब्द अर्थना में 'प्र' उपसर्ग लगने से बना है। अर्थना का अर्थ अपने लिए कुछ माँगना या याचना करना है। अपने हितसाधन के लिए विनयपूर्वक, विनम्रता से और विनीत होकर किसी से कुछ कहा जाना प्रार्थना है। ईश्वर या देवी-देवताओं से स्वयं के लिए, अपने परिजनों के लिए अथवा सभी के कल्याण के लिए श्रद्धा और भक्ति के साथ की गई याचना भी प्रार्थना है। इसी प्रकार विभिन्न संप्रदायों के वे गेय पद भी प्रार्थना हैं, जिनमें अपनी दीन-हीन दशा का वर्णन करते हुए मंगल कामना के भाव समाहित रहते हैं।

अनुरोध और प्रार्थना का प्रयोग तब किया जाता है, जब साधारण स्थिति में कोई कार्य होने की संभावना न हो, लेकिन अनुरोध करने और प्रार्थना करने में

फर्क है। अनुरोध करनेवाले व्यक्ति के लिए यह आवश्यक नहीं है कि अनुरोध करते समय उसे उस व्यक्ति से छोटा बन जाना पड़े, जिससे वह अनुरोध कर रहा है। वस्तुस्थिति से अवगत कराने, किसी विषय पर विचार करने, कहीं साथ आने-जाने, किसी समारोह में शामिल होने, कोई सुझाव देने आदि के लिए भी शिष्टाचारवश अनुरोध का प्रयोग किया जाता है; जैसे—(क) आपसे अनुरोध है कि आप इस समारोह का उद्घाटन करें, (ख) आपके अनुरोध पर ही मैं यहाँ आ गया, वरना मैं आने की स्थिति में कतई नहीं था, (ग) राष्ट्रपति ने प्रधानमंत्री से नई सरकार का गठन होने तक अपना काम चलाते रहने का अनुरोध किया है, लेकिन जब हम प्रार्थना करते हैं, तो हमें अनुरोध की तुलना में अधिक विनम्रता और आदर भाव का प्रदर्शन करना पड़ता है। प्रार्थना करनेवाले को प्रार्थी कहा जाता है। जब हम किसी काम के लिए आवेदन देते हैं, तो उसके नीचे प्रार्थी लिखते हैं, न कि अनुरोधक या अनुरोधकर्ता। ईश्वर या देवी-देवता से प्रार्थना की जाती है, अनुरोध नहीं किया जाता। प्रार्थना सदैव बड़ों से की जाती है, जबकि अनुरोध बड़ों के अतिरिक्त अपने बराबर के व्यक्ति से भी किया जा सकता है। सरकारी कार्यालयों के पत्रों में अनुरोध का ही अधिक प्रयोग किया जाता है, प्रार्थना का नहीं।

अनशन और उपवास

अनशन संस्कृत के अशन से बना है। अशन का अर्थ भोजन करना है, लेकिन जब इस अशन में संस्कृत का ही निषेधवाची उपसर्ग 'अन्' लगकर अनशन बनता है, तब इसका अर्थ भोजन न करना, यानी निराहार रहना हो जाता है। प्राचीन काल में मोक्ष की प्राप्ति के लिए मरने के कुछ दिन पूर्व से अनशन करने का विधान था, जिसमें अन्न का त्यागकर लोग मृत्यु को प्राप्त करते थे। लेकिन अब इसका धार्मिक महत्त्व समाप्त हो गया है और इसने पूरी तरह राजनीतिक रूप ले लिया है। अब इसका उपयोग केवल अपनी बात, आग्रह या माँग मनवाने के लिए किया जाने लगा है। राजनीतिक दलों और सामाजिक या श्रमिक संगठनों द्वारा धरना, घेराव, हड़ताल, प्रदर्शन, जुलूस, सड़क जाम, ट्रेन का चक्का जाम करने आदि के असफल होने पर इसका कारगर हथियार के रूप में इस्तेमाल किया जा रहा है, जिससे विवश होकर सरकार को झुकना पड़ता है। आजादी की लड़ाई में अपनी माँगें मनवाने के लिए महात्मा गांधी का भी यह अमोघ अस्त्र था। सांकेतिक

अनशन, धारावाहिक रूप में किया जानेवाला क्रमिक अनशन, अनिश्चितकालीन अनशन, आमरण अनशन आदि इसके कई रूप हैं।

उपवास 'वास' में 'उप' उपसर्ग लगने से बना है। 'उप' का अर्थ 'निकट' या 'सान्निध्य' में है और 'वास' का अर्थ रहना या ठहरना है। इस प्रकार उपवास का शाब्दिक अर्थ अपने आराध्य के समीप या सान्निध्य में वास करना या रहना है। इस धार्मिक क्रिया में आत्मशुद्धि के लिए भोजन का त्याग सहायक माना जाता है। इसलिए उपवास का अर्थ भोजन त्यागना है। आत्मशुद्धि के अतिरिक्त पाप से मुक्ति के लिए सभी धर्मों में इसे आवश्यक माना गया है। महात्मा बुद्ध, हजरत मुहम्मद, ईसा मसीह, महावीर स्वामी आदि ने ईश्वर की प्राप्ति के लिए उपवास का सहारा लिया था। धर्म के अतिरिक्त स्वास्थ्य लाभ के लिए भी इसे अत्यधिक महत्त्व दिया गया है। आयुर्वेद विशेषज्ञ वाग्भट से जब स्वस्थ रहने के लिए सर्वोत्तम औषधि बतलाने को कहा गया, तब उनका उत्तर था—

अभूमिजमनाकाशं पथ्यं रसविवर्जितम्।
पूर्वाचार्यैः समारकातः लङ्घने परमौषधम्॥

अर्थात् जो भूमि और आकाश में पैदा नहीं होती, रस से रहित है, फिर भी पथ्य है तथा जिसकी प्रशंसा सभी आचार्यों ने की है, वह परम औषधि है लंघन अर्थात् उपवास।

अनशन और उपवास, दोनों में भोजन का त्याग आवश्यक है, लेकिन इनमें अंतर यह है कि उपवास धर्म से जुड़ा आध्यात्मिक आचरण है, जबकि अनशन अपनी माँगें मनवाने का साधन है। रोष, क्रोध, खीझ, खिन्नता आदि की स्थिति में भोजन त्यागना भी अनशन है, जबकि स्वास्थ्य लाभ के लिए चिकित्सक की सलाह पर अन्न न ग्रहण करना उपवास है। अनशन सदैव अपनी इच्छा से किया जाता है, जबकि कभी चिकित्सक की सलाह पर, कभी अकाल की स्थिति में और कभी दरिद्रता के कारण अन्न उपलब्ध न होने पर मजबूरी में अनिच्छा से भी उपवास करना पड़ता है।

अनुकरण और अनुसरण

करण में 'कृ' धातु है। 'कृ' का अर्थ करना है। करण में 'अनु' उपसर्ग लगने से अनुकरण बना है। 'अनु' के अर्थ पश्चात्, पीछे, की भाँति, के बाद,

की ओर आदि हैं। इस प्रकार अनुकरण का अर्थ किसी के किए गए कार्य, की गई रचना या बनाई गई वस्तु देखकर वैसा ही कार्य और रचना करना अथवा वैसी ही वस्तु बनाना अनुकरण है। किसी की सुंदर लिखावट देखकर अथवा किसी की पेंटिंग या शैली से प्रभावित होकर वैसी ही लिखावट, पेंटिंग या शैली को अपनाना अनुकरण करना है। आए दिन जालसाजों द्वारा भी किसी के हस्ताक्षर का हू-ब-हू अनुकरण कर जालसाजी करने की घटनाएँ प्रकाश में आती रहती हैं। अनुकरण करनेवाले को अनुकरणकर्ता, अनुकरणकारी और अनुकर्ता कहा जाता है। अनुकर्ता का अर्थ अभिनेता भी है, क्योंकि अभिनेता किसी के हाव-भाव, आवाज आदि का अनुकरण करता है। अनुकरण से संबंधित शब्द अनुकारक, अनुकारी और अनुकृति के अर्थ क्रमशः नकलची, देखादेखी करनेवाला और नकल हैं। मतलब किसी का अनुकरण करना उसकी नकल करना है।

अनुसरण सरण में अनु उपसर्ग लगने से बना है। सरण में 'सृ' धातु है और 'सृ' का अर्थ जाना है। इस प्रकार अनुसरण का अर्थ किसी के पीछे या बाद में उसी दिशा में जाना हुआ। जब हम किसी को बहुत आगे बढ़ा हुआ देखते हैं, तब उसी के समान आगे बढ़ने के लिए उसी मार्ग का अनुसरण करते हैं, जिस मार्ग पर चलकर वह व्यक्ति आगे बढ़ा है; जैसे—भारत कृषि प्रधान देश होते हुए भी पश्चिमी देशों की तरक्की देखकर उनके औद्योगिकीकरण का अनुसरण कर रहा है। तात्पर्य यह कि जब हम किसी को आदर्श मानकर उसी के अनुसार उसी रास्ते पर चलते हैं, तब इसे अनुसरण करना कहा जाता है। यहाँ ध्यान देने की बात है कि अनुसरण में सरण शब्द है, इसलिए शरण के भ्रम में पड़कर इसे कभी अनुशरण नहीं लिखना चाहिए। अनुसरण करनेवाले को अनुसारक या अनुसारी कहा जाता है।

सामान्य व्यवहार में इन दोनों शब्दों के अर्थ में फर्क न कर एक के स्थान पर दूसरे का प्रयोग कर दिया जाता है। दरअसल, अनुकरण या अनुसरण उसी व्यक्ति का होता है, जिसे हम अपना नेता या अगुआ मान लेते हैं, लेकिन इन दोनों शब्दों में सूक्ष्म अंतर है। किसी को कुछ करते हुए देखकर या सुनकर वैसा ही करना अनुकरण है, जबकि जिस रास्ते से कोई व्यक्ति जिस ओर गया है, उसी रास्ते से उसी ओर जाना अनुसरण है; जैसे—(क) महात्मा गांधी द्वारा किए गए कार्यों का हमें अनुकरण करना चाहिए और (ख) महात्मा गांधी सत्य और अहिंसा के जिस रास्ते पर चले थे, हमें उसी रास्ते का अनुसरण करना चाहिए। इस प्रकार किसी महापुरुष के क्रियाकलापों और उनके रहन-सहन का अनुकरण किया जाता

है तथा उनके द्वारा दिखाए गए रास्तों और तय किए गए सिद्धांतों, विचारों, मतों, आदर्शों, मान्यताओं, उपदेशों, नीतियों आदि का अनुसरण किया जाता है।

अंकुश और नियंत्रण

अंकुश छोटे भाले या बरछी की तरह का एक दोमुहाँ अंकुड़ा या काँटा है। इसके अगले सिरे पर दोनों ओर दो उलटी अंकुड़ियाँ लगी रहती हैं, जो नुकीली और मुड़ी हुई होती हैं। इसी हथियार से महावत हाथी को काबू में रखकर उसे अपनी इच्छा के अनुसार आगे बढ़ाता, रोकता, बैठाता, मोड़ता या खड़ा करता है। अपने विकसित अर्थ में अंकुश वह शक्ति है, जिसके बल पर कोई किसी को आगे बढ़ने के लिए या रुकने के लिए विवश करता है। इससे किसी की स्वेच्छाचारिता पर प्रतिबंध लगाए जाने का भाव प्रकट होता है और यह किसी को दबाव, काबू या वश में रखने की क्रिया है। शिक्षक छात्र पर इसलिए अंकुश रखता है कि वह मनमाना आचरण कर पढ़ाई से विमुख न हो। 'निः' के साथ इसकी संधि होने पर निरंकुश शब्द बनता है। निरंकुश व्यक्ति पर अंकुश नहीं होता और वह किसी का आदेश या निर्देश न मानकर स्वेच्छा से सबकुछ करता रहता है।

दूसरी तरफ नियंत्रण यंत्र से बना है। यंत्र का अर्थ निग्रह, यानी नियमों में बाँधकर रखना अथवा अधिकार में रखना है। इस प्रकार नियंत्रण किसी के मनमाने क्रियाकलापों को रोकने के लिए उसे किसी नियम या बंधन में बाँधना है। व्यापारियों द्वारा की जा रही कालाबाजारी पर नियंत्रण के लिए सरकार समय-समय पर उपभोक्ता वस्तुओं का मूल्य स्वयं तय कर इसे निर्धारित मूल्य पर निश्चित मात्रा में जन वितरण प्रणाली के माध्यम से उपभोक्ताओं को उपलब्ध कराने का प्रबंध करती है। नियंत्रण में किसी अधिकार प्राप्त व्यक्ति द्वारा अपने अधीनस्थ लोगों को निर्धारित नियमों के तहत वश में रखकर उन्हें उचित मार्ग से विचलित नहीं होने देने का भाव है। यह मुख्य रूप से किसी को पथभ्रष्ट होने से बचाने की क्रिया है। नियंत्रण करनेवाले को नियंत्रक कहा जाता है, जो नियमों के अनुसार किसी काम, बात या व्यक्ति पर नियंत्रण रखता है। उदाहरण के लिए परीक्षा नियंत्रक परीक्षा पर और आय-व्यय नियंत्रक आय-व्यय पर नियंत्रण रखकर किसी भी प्रकार की गड़बड़ी को रोकता है।

इन दोनों शब्दों में किसी को वर्जित गतिविधियों की तरफ स्वच्छंद होकर

बढ़ने से रोकने का भाव है। इसके बावजूद इन दोनों में फर्क है। नियंत्रण में निर्धारित मापदंडों से इधर-उधर होने से रोकने का भाव प्रमुख है, जबकि अंकुश किसी को किसी कार्य में बलपूर्वक प्रयुक्त करना या रोकना है। अंकुश मूल रूप से एक हथियार है, जिससे महावत बलपूर्वक हाथी को अपने वश में रखता है। इसलिए अंकुश लगाने में बल प्रयोग का भाव समाहित है। फलतः नियंत्रण की अपेक्षा इसमें अधिक शक्ति है। उदाहरणस्वरूप दो वाक्य द्रष्टव्य हैं-(क) उच्च रक्तचाप वाले व्यक्ति को नमक खाने पर नियंत्रण रखना चाहिए और (ख) चीनी के रोगी को मीठी वस्तु खाने पर अंकुश लगाना चाहिए। तात्पर्य यह कि नमक तो थोड़ी मात्रा में लिया जा सकता है, लेकिन मीठी वस्तु बिल्कुल नहीं ली जा सकती। इस प्रकार नियंत्रण में सीमित करने, यानी सीमा में रखने का भाव है, जबकि अंकुश पूरी तरह प्रतिबंध लगाना है।

आज्ञा और आदेश

आज्ञा 'ज्ञा' धातु से उत्पन्न है। 'ज्ञा' धातु का अर्थ सूचित करना, लिहाज करना, जानना आदि है। आज्ञा का शाब्दिक अर्थ किसी को किसी बात की जानकारी देना या किसी बात से परिचित कराना है, लेकिन अपने विकसित अर्थ में अब यह किसी मान्य व्यक्ति द्वारा कही गई ऐसी बात का द्योतक हो गया है, जिसका सुननेवाला अपना कर्तव्य समझकर पालन करे। आज्ञा में 'ता' प्रत्यय लगने से बना आज्ञाता का अर्थ आज्ञा देनेवाला और 'कारी' प्रत्यय लगने से बना 'आज्ञाकारी' का अर्थ आज्ञा माननेवाला है। 'जो आज्ञा' का प्रयोग अपनी शिष्टता अथवा सौजन्य दिखलाने के लिए होता है। यह किसी का कहा हुआ पूरा करने के लिए शिष्टाचारवश कहा जाता है, जो किसी के निर्देश को शिरोधार्य करने का सूचक है; जैसे—गुरु (शिष्य से)—परीक्षा नजदीक है, इसलिए पढ़ने के लिए प्रातः चार बजे जग जाया करो। शिष्य (जवाब में)—जो आज्ञा। आज्ञा का प्रयोग अनुमति के अर्थ में भी होता है, जैसे—कोलकाता आए कई दिन हो गए, अब मुझे मुंबई लौटने की आज्ञा दीजिए।

दूसरी तरफ आदेश 'दिश्' धातु से उत्पन्न है। 'दिश्' का अर्थ संकेत करना, दिखाना, बताना आदि है। आदेश का मूल अर्थ कोई उद्‌देश्य सिद्ध करने के लिए अथवा किसी कार्य में प्रवृत्त करने के लिए कही जानेवाली बात है, लेकिन अपने विकसित अर्थ में यह किसी को कोई काम करने या न करने के लिए

अधिकारपूर्वक कहा जाना है। आदेश देनेवाला आदेशी या आदेशक और पालन करनेवाला आदेशपाल है। यों, आदेशपाल अब पीउन के अर्थ में रूढ़ हो गया है। आदेश का अंग्रेजी पर्याय ऑर्डर है।

आज्ञा और आदेश में बड़ों की ओर से छोटों को कुछ करने या न करने को कहे जाने का भाव है। इसी कारण इनका एक के स्थान पर दूसरे का प्रयोग कर दिया जाता है, लेकिन इनमें सूक्ष्म अंतर है। आज्ञा के पीछे नैतिकता की शक्ति होती है, जबकि आदेश के पीछे कानून का बल है। कानून का बल होने से आदेश में अधिक ताकत है। इसलिए आज्ञा का पालन कर्तव्य है और आदेश का पालन विवशता, क्योंकि आदेश का पालन न करने पर कानून में दंड की व्यवस्था होती है। आज्ञा प्राय: मौखिक होती है, जो माता-पिता या गुरुजनों द्वारा दी जाती है, जबकि आदेश न्यायालय या प्रशासनिक अधिकारी द्वारा लिखकर दिया गया होता है। आज्ञा देनेवालों का पालन करनेवालों से प्राय: आत्मीय संबंध होता है और पालनकर्ता पर कुछ-न-कुछ एहसान भी रहता है। इसलिए इसका पालन बिना दबाव के स्वेच्छा से और सहर्ष किया जाता है, जबकि आदेश में इतना कानूनी दबाव होता है कि इसका पालन आवश्यक ही नहीं, अनिवार्य और अपरिहार्य हो जाता है। इन सबके अतिरिक्त आदेश में औपचारिकता होती है, जबकि आज्ञा अनौपचारिक है। अरबी के हुक्म में आज्ञा और आदेश, दोनों के भाव समाहित हैं।

गुरु और गुरू

कोशों में गुरु के अर्थ भारी, वजनी, दीर्घ, बड़ा, लंबा-चौड़ा, विस्तृत, कठिन, कठोर, दुष्पाच्य, पूज्य, महत्त्वपूर्ण, प्रतिष्ठित, मान्य, आदरणीय, वंदनीय, शिक्षा-दीक्षा देनेवाला, अध्यापक, शिक्षक आदि मिलते हैं। गुरु का एक अर्थ बृहस्पति भी है। इसीलिए बृहस्पतिवार को गुरुवार कहा जाता है। गुरु से अनेक शब्द बने हैं, जिनमें कुलगुरु, गुरुकुल, गुरुता, गुरुत्व, गुरुजन आदि तो संस्कृत से आए हैं और गुरुआइन, गुरुआई, गुरुडम, गुरुद्वारा, गुरुभाई, गुरुमुखी आदि हिंदी ने स्वयं गढ़े हैं। प्राचीन काल से ही गुरु का सर्वाधिक प्रचलित अर्थ शिक्षा-दीक्षा देनेवाला रहा है और इसकी महिमा अपरंपार बताई गई है, यहाँ तक कि इसे दूसरा पिता मानते हुए प्राकृतिक पिता से भी अधिक आदरणीय स्थान दिया गया है। कबीर ने तो गोविंद से भी गुरु को पूज्य माना है—

गुरु गोविंद दोऊ खड़े, काके लागूँ पाएँ।
बलिहारी गुरु आपने, जिन गोविंद दियो बताए॥

'गु' का अर्थ अंधकार और 'रु' का अर्थ तमोनाश है, यानी जो अंधकार से प्रकाश की ओर ले जाए, वही गुरु है। इसे साक्षात् परमब्रह्म तक माना गया है—

गुरुर्ब्रह्मा गुरुर्विष्णुर्गुरुर्देवो महेश्वरः।
गुरुः साक्षात् परब्रह्म तस्मै श्रीगुरवे नमः॥

अर्थात् गुरु ही ब्रह्मा, गुरु ही विष्णु तथा गुरु ही महेश हैं। गुरु साक्षात् परमब्रह्म हैं। ऐसे गुरु को विनम्र नमस्कार है।

गुरु से ही 'गरिमा' और 'गौरव' जैसे प्रतिष्ठासूचक शब्द विकसित हुए हैं। दूसरी तरफ इससे ऐसे शब्द भी बने हैं, जो गुरु की गरिमा और गौरव को क्षति पहुँचाते हैं। गुरु से बना विशेषण गरिष्ठ दुष्पाच्य, यानी कठिनाई से और देर से पचनेवाला अर्थ देता है। आप्टे के संस्कृत-हिंदी कोश में गुरु का एक अर्थ गर्व करनेवाला, अहंकारी और घमंडी भी है। संस्कृत गुरु में हिंदी का 'आई' प्रत्यय लगने से बने शब्द गुरुआई का अर्थ गुरु का कार्य के अतिरिक्त चालाकी और धूर्तता है; जैसे—उसने मेरे साथ ही गुरुआई कर दी। एक अन्य संकर शब्द गुरुडम भी है, जो संस्कृत के गुरु में अंग्रेजी का 'डम' प्रत्यय लगने से बना है और जिसका अर्थ दूसरों पर अपना प्रभुत्व जमाने के लिए गुरु बनने का ढोंग रचना है।

इसी प्रकार सम्मानसूचक गुरु के विपरीत गुरू अपमानजनक शब्द है, जिसका प्रयोग धूर्त और चालाक व्यक्ति के लिए किया जाता है। इसमें घंटाल लगने से बना शब्द गुरूघंटाल का अर्थ अत्यंत शातिर और बहुत चालाक है; जैसे—अब गुरु गुरु नहीं रहकर गुरूघंटाल हो गए हैं। इसलिए जो लोग 'रु' और 'रू' लिखने में सावधानी नहीं बरतते, उन्हें 'गुरु' और 'गुरू' के प्रयोग में विशेष रूप से सतर्क रहना चाहिए, वरना अर्थ का अनर्थ हो जाएगा।

व्यापार और व्यवसाय

व्यापार की उत्पत्ति संस्कृत के 'व्यापृ' से हुई है। 'व्यापृ' का अर्थ काम में लगे रहना अथवा कार्य करते रहना है। व्यापार का प्रचलित अर्थ कोई माल खरीदकर उसे बेचना है। अंग्रेजी की एक उक्ति है—'बिजनेस इज बिजनेस' यानी व्यापार व्यापार है। इसका आशय यह है कि व्यापार में व्यापारिक हितों

का ही ध्यान रखना चाहिए, न कि रिश्तेदारी या मित्रता आदि का, क्योंकि इससे लाभ गँवाने या घाटा उठाने का खतरा रहता है। प्राचीन काल में व्यापार का सारा दारोमदार हवाओं के रुख पर निर्भर था, जिससे अंग्रेजी के ट्रेड विंड्ज के स्थान पर हिंदी में व्यापारिक हवाएँ, फारसी में कारोबारी हवाएँ और अरबी में तिजारती हवाएँ शब्द प्रचलित हुए। इन शब्दों की प्रसिद्धि की वजह यह हुई कि विभिन्न देशों के बीच समुद्र मार्ग से ही व्यापार होता था और यह पूरी तरह हवा के रुख पर निर्भर था, क्योंकि हवा अनुकूल होने पर नाव या जहाज के गंतव्य स्थान तक जल्दी पहुँचने से माल की लागत कम होती थी, जिससे मुनाफा अधिक होता था। दूसरी तरफ हवा के प्रतिकूल होने से माल की ढुलाई का खर्च बढ़ जाने से या तो मुनाफा कम होता या घाटा उठाना पड़ता था। इस प्रकार हवा के रुख पर व्यापार का नफा-नुकसान आधारित रहने के कारण इन्हें व्यापारिक हवाएँ कहा गया। तात्पर्य यह कि प्रारंभ से ही व्यापार में मुख्य भाव मुनाफा कमाना रहा है।

व्यवसाय की उत्पत्ति संस्कृत के 'व्यवसो' से हुई है। 'व्यवसो' का अर्थ अलग होकर कहीं रहना है। व्यवसाय के अनेक अर्थों में सर्वाधिक प्रचलित अर्थ परिश्रमपूर्वक प्रयास करना है। यह जीविकोपार्जन के लिए किया गया ऐसा कार्य है, जो व्यापार से अलग हो, क्योंकि व्यापार भी जीविका निर्वाह के लिए ही किया जानेवाला कार्य है। कुछ व्यवसायों के लिए प्रशिक्षण की भी आवश्यकता होती है; जैसे—मूर्तिकला, चित्रकला अथवा कोई तकनीकी कार्य। व्यवसाय के लिए फारसी में पेशा और अंग्रेजी में प्रोफेशन शब्द प्रचलित हैं।

कोशों में इनका एक के अर्थ के लिए दूसरे का प्रयोग किया गया है। इसीलिए कुछ लोग इन्हें समानार्थी मान लेते हैं, लेकिन सूक्ष्म दृष्टि से देखने पर इनके अर्थ का अंतर स्पष्ट हो जाता है। व्यवसाय कई प्रकार के हो सकते हैं, जिनमें एक व्यापार भी है। इस प्रकार व्यापार की अपेक्षा व्यवसाय का क्षेत्र अधिक विस्तृत है; जैसे—राम का व्यवसाय व्यापार है और श्याम का व्यवसाय मॉडलिंग। व्यापार में क्रय-विक्रय का भाव प्रधान है, जिससे इसमें दो पक्ष, क्रेता और विक्रेता का होना आवश्यक है, जबकि व्यवसाय एक पक्ष से भी संभव है। खुद के खाने के लिए मछली मारना व्यवसाय है, जबकि इसकी खरीद-बिक्री करना व्यापार। व्यापार में पूँजी और मुनाफे की प्रधानता होती है, जबकि व्यवसाय में ये दोनों गौण हैं। नौकरी व्यापार नहीं, व्यवसाय है, जबकि दुकानदारी व्यवसाय भी है और व्यापार भी। इसी प्रकार खेती करना किसान का, पढ़ाना शिक्षक का और हजामत बनाना नाई का व्यवसाय होता है, व्यापार नहीं।

अध्यादेश और समादेश

'अधि' और 'आदेश' की संधि से अध्यादेश बना है। इसका अंग्रेजी पर्याय ऑर्डिनेंस है। अध्यादेश प्रशासनिक व्यवस्था को ठीक रखने के लिए अथवा किसी जटिल, आकस्मिक या विशेष स्थिति का सामना करने के लिए निकाला जाता है और ऐसी स्थिति के समाप्त हो जाने के बाद वापस ले लिया जाता है। लेकिन यदि आवश्यकता महसूस की जाए, तो इसे कानून का रूप भी दिया जा सकता है। भारत के संविधान के अनुसार पूरे देश अथवा इसके किसी भाग के लिए अध्यादेश निकालने का अधिकार राष्ट्रपति को है। राज्यों में यह अधिकार राज्यपाल के पास रहता है। इसके साथ कुछ शर्तें भी हैं। यह तभी निकाला जा सकता है, जब संसद् या विधानमंडल का सत्र नहीं चल रहा हो। इसकी अधिकतम अवधि भी मात्र छह माह की होती है। इस अवधि में राष्ट्रपति द्वारा जारी अध्यादेश संसद् द्वारा और राज्यपाल द्वारा जारी अध्यादेश विधानमंडल द्वारा पारित हो जाने पर कानून का रूप ले लेता है। जिन राज्यों में विधान परिषद् नहीं है, वहाँ इसे विधानमंडल के केवल एक ही सदन विधानसभा से पारित कराया जाता है।

समादेश 'सम्' और 'आदेश' की संधि से बना है। 'समादेश' का सामान्य अर्थ अपने अधीनस्थ को अधिकारपूर्वक दिया गया आदेश है, लेकिन अपने विकसित अर्थ में अब यह ऐसे आदेश का द्योतक हो गया है, जो उच्चतम न्यायालय अथवा उच्च न्यायालय द्वारा अपने अधीनस्थ न्यायालयों को दिया जाता है। इसे अंग्रेजी में रिट कहा जाता है। इसमें अपने अधीनस्थ न्यायालयों को तब तक के लिए किसी मामले की सुनवाई को रोके रखने का आदेश होता है, जब तक उच्चतम न्यायालय या उच्च न्यायालय इस मामले पर अपना मंतव्य न दे दे। ऐसा आदेश दिलाने के लिए सर्वोच्च न्यायालय अथवा उच्च न्यायालय में प्रार्थना पत्र दिया जाता है, जिसे समादेश याचिका कहते हैं। समादेश याचिका या रिट याचिका में आग्रह किया जाता है कि अमुक राजनीतिक या विधिक आदेश का कार्यान्वयन तब तक रोका जाए, जब तक आपके द्वारा इसके औचित्य के संबंध में निर्णय न हो जाए। समादेश याचिका तब दाखिल की जाती है, जब किसी न्यायालय में राजनीतिक या सांविधानिक विवाद से संबंधित कोई मामला प्रस्तुत किया गया हो और प्रतिवादी को इस मामले पर कोई वैधानिक आपत्ति हो।

अध्यादेश और समादेश, दोनों के मूल में आदेश है और ये दोनों शब्द उच्च स्तर और विशेष प्रकार के आदेश का प्रतिनिधित्व करते हैं। फिर भी, इन दोनों के

आदेशों में थोड़ा फर्क है। अध्यादेश प्रशासनिक आदेश है, जो कार्यपालिका के प्रधान द्वारा दिया जाता है, जबकि समादेश विधिक आदेश है, जो न्यायपालिका के प्रधान द्वारा दिया जाता है। अध्यादेश मंत्रिमंडल की सिफारिश पर दिया जाता है, जबकि समादेश प्रतिवादी के प्रार्थना पत्र पर। इनके अतिरिक्त अध्यादेश छह माह की सीमा में बँधा होता है, जबकि समादेश की कोई समय सीमा नहीं होती।

अत्युक्ति और अतिशयोक्ति

अति में 'अत्' धातु है। 'अत्' का अर्थ लगातार चलते रहना तथा 'अति' का अर्थ आगे बढ़ा हुआ, साधारण से बढ़कर, चरम सीमा तक पहुँचा हुआ, अधिक आदि है। 'अति हर चीज की बुरी होती है' में अति संज्ञा है। ऐसे ही भाव अन्य भाषाओं में भी प्रकट किए गए हैं; जैसे—(क) अति सर्वत्र वर्जयेत् (ख) एक्सेस ऑफ एवरी थिंग इज वेरी बैड आदि। अति में उक्ति मिलने से अत्युक्ति बनती है। अत्युक्ति का अर्थ किसी बात को बढ़ा-चढ़ाकर कहना है। यह एक अलंकार भी है, जिसमें किसी के बल, पराक्रम, यश, उदारता, सौंदर्य आदि का औचित्य से अधिक, झूठ-मूठ का, अपनी ओर से नमक-मिर्च लगाकर वर्णन किया जाता है; जैसे—

भूषण भार संभारि हैं, क्यों यह तन सुकुमार।
सूधे पाँव न धर परत, सोभा ही के भार॥

इसमें कवि नायिका की सुंदरता का वर्णन करते हुए कहता है कि जिसके पाँव अपने सौंदर्य के भार से ही धरती पर सीधे नहीं पड़ रहे हों, उसका सुकुमार शरीर आभूषणों का भार कैसे सँभाल सकता है?

अतिशय में उक्ति लगने से अतिशयोक्ति बनती है। अतिशय के अति में अति के बाद 'शी' धातु है। अतिशय का विकसित और प्रचलित अर्थ अत्यंत और अत्यधिक के समान है। अत्यंत यानी उचित अंत से बहुत आगे और अत्यधिक, यानी जो अधिक की अति हो। अतिशयोक्ति में किसी बात, वस्तु या व्यक्ति का बहुत बढ़ा-चढ़ाकर अतिरंजित वर्णन किया जाता है। यह भी एक अलंकार है, जिसमें किसी की निंदा, प्रशंसा आदि करते समय कोई बात वास्तविकता से इस हद तक बढ़ा-चढ़ाकर कही जाती है कि उस पर सहसा विश्वास करना कठिन हो जाता है; जैसे—

मैं बरजि कई बार तू, इतकित लेति करोट।
पंखुरी गरे गुलाब की, परिहैं गात खरोट॥

गुलाब की पंखुरी जितनी मुलायम वस्तु के स्पर्श से किसी नायिका के गाल पर खरोंच लगने की आशंका के चलते यदि उसे करवट बदलने से मना किया जाए, तो इसे अविश्वसनीय ही कहा जाएगा और ऐसा वर्णन पढ़-सुनकर कोई भी दंग हुए बिना नहीं रहेगा।

अत्युक्ति और अतिशयोक्ति, दोनों शब्दों में उक्ति है। उक्ति का अर्थ भाषण, अभिव्यक्ति, वक्तव्य, पंक्ति आदि है। अत्युक्ति अति+उक्ति है और अतिशयोक्ति अतिशय+उक्ति। अतः इन दोनों में वही अंतर है, जो अति और अतिशय में है। अतिशय अर्थ की दृष्टि से अति से थोड़ा आगे बढ़ा हुआ है। अति का अर्थ यदि मर्यादा या सीमा से आगे बढ़ा हुआ या अधिक है, तो अतिशय का अर्थ मर्यादा या सीमा से बहुत आगे बढ़ा हुआ या बहुत अधिक है। तात्पर्य यह कि अत्युक्ति की तुलना में अतिशयोक्ति अधिक अतिरंजित कथन है।

अक्षर और वर्ण

'क्षर' का अर्थ नाशवान या नश्वर है। इसमें 'अ' उपसर्ग लगने से अक्षर बनता है। 'अ' लगने से क्षर के विरोधी धर्म से युक्त हो जाने के कारण अक्षर अविनाशी और अनश्वर है। 'न क्षरति इति अक्षरः' अर्थात् 'जिसका क्षर या नाश न हो', वह अक्षर है। नष्ट नहीं होने के कारण अक्षर को ब्रह्म भी कहा गया है। यह तो इसका विशेषण रूप में अर्थ हुआ, लेकिन संज्ञा रूप में यह वह ध्वनि या ध्वनि समूह है, जो हवा के एक झटके में उच्चरित हो जाए। तात्पर्य यह कि किसी शब्द के जितने खंड या भाग का उच्चारण एक झटके में हो, उसे अक्षर कहते हैं। इस प्रकार सभी स्वर और सभी स्वरयुक्त व्यंजन अक्षर हैं; जैसे—अ,आ,इ,ई,ऊ,क,च,ट,त,प आदि। यदि अक्षर की गणना की जाए, तो 'सत्' और 'चित्' में एक-एक अक्षर है, क्योंकि इनमें स्वरयुक्त व्यंजन केवल 'स' (स्+अ) और 'चि' (च्+इ) हैं। दोनों के 'त्' स्वरविहीन होने के कारण अक्षर नहीं हैं। दूसरी तरफ आलू में दो अक्षर हैं, क्योंकि 'अ' स्वर और 'लू' (ल्+ऊ) स्वरयुक्त व्यंजन होने से अक्षर हैं। इसी प्रकार सवारी में तीन और दियासलाई में पाँच अक्षर हैं।

वर्ण का मूल अर्थ रंग है। शरीर के रंग के आधार पर मनुष्य का विभाजन गौरवर्ण, श्यामवर्ण, पीतवर्ण आदि के रूप में किया गया है। ब्राह्मण, क्षत्रिय, वैश्य और शूद्र चार वर्ण हैं। यह सामाजिक व्यवस्था वर्ण व्यवस्था कहलाती है। मनुष्य की पूरी जीवन अवधि को चार भागों में बाँटा गया है—(1) ब्रह्मचर्य (2) गृहस्थ (3) वानप्रस्थ और (4) संन्यास। ये चारों आश्रम भी वर्णाश्रम कहलाते हैं। इन अर्थों के अतिरिक्त किसी भी भाषा की मूल ध्वनि वर्ण कहलाती है। सभी स्वर और स्वररहित व्यंजन, यानी शुद्ध व्यंजन वर्ण हैं; जैसे—अ, आ, इ, ई, ऊ, क्, च्, ट्, त्, प् आदि। स्वर में वायु अबाध गति से निस्सरित होती है, जिससे इनका उच्चारण बिना किसी की सहायता के स्वतः होता है, जिससे ये स्वाधीन हैं। दूसरी तरफ व्यंजन के उच्चारण में कहीं-न-कहीं प्रतिरोध होता है, जिससे इनके उच्चारण के लिए स्वर की सहायता लेनी पड़ती है। अतः ये पराधीन हैं। उदाहरणस्वरूप स्वर रहने के कारण 'अ' का उच्चारण स्वतः हो रहा है, लेकिन व्यंजन होने के कारण 'क' का उच्चारण 'अ' की सहायता से (क्+अ) होता है। उच्चारण की सुविधा के लिए ही वर्णमाला में सभी व्यंजनों में 'अ' जुड़ा रहता है।

कुछ लोग अक्षर और वर्ण में भेद नहीं करते और इन्हें पर्याय समझकर एक के स्थान पर दूसरे का प्रयोग कर देते हैं। कई कोशों में भी इन्हें समानार्थी बताया गया है, लेकिन इन दोनों में थोड़ा फर्क है। सभी स्वर निर्विवाद रूप से अक्षर भी हैं और वर्ण भी, लेकिन व्यंजनों में शुद्ध व्यंजन वर्ण और स्वरयुक्त व्यंजन अक्षर हैं। एक अक्षर में कई वर्ण हो सकते हैं, क्योंकि स्वरविहीन व्यंजन की गिनती भी वर्ण में होती है, जबकि अक्षर में नहीं होती। प्रत्येक शुद्ध व्यंजन (स्वररहित व्यंजन) वर्ण का उच्चारण किसी-न-किसी अक्षर (स्वरयुक्त व्यंजन) के साथ ही संभव है।

आदि और आरंभ

यों तो आदि और आरंभ के संज्ञा रूप में भी अनेक अर्थ हैं, लेकिन शुरू के अर्थ में ये दोनों समानार्थी हैं। इस अर्थ में इन दोनों का विपरीतार्थक शब्द अंत है। 'वह आदि से अंत तक पूरी पुस्तक पढ़ गया है' में आदि का अर्थ आरंभ ही है। आरंभ का प्रयोग केवल संज्ञा में होता है। हालाँकि इसमें वाद जुड़कर बना शब्द आरंभवाद न्याय शास्त्र का एक सिद्धांत हो गया है, जिसके अनुसार

सृष्टि का आरंभ या रचना ईश्वर की इच्छा से परमाणुओं के योग से हुई है। दूसरी तरफ आदि का प्रयोग संज्ञा के अतिरिक्त विशेषण के रूप में भी होता है; जैसे—वाल्मीकि आदि कवि के रूप में ख्यात हैं। यहाँ आदि का अर्थ आरंभ या पहला है। इसी अर्थ में अन्य प्रयोग भी हैं; जैसे—आदि काव्य वाल्मीकि रामायण है, तो आदि ग्रंथ सिख गुरुओं की वाणी का संग्रह तथा आदि देव विष्णु हैं, तो आदि शक्ति दुर्गा। इसी प्रकार आदि निवासी पहले से बसनेवाला या जनजाति है, जिसे आदिवासी भी कहा जाता है। शब्द के प्रारंभ में स्वर आ जाने को आदि स्वरागम कहते हैं, जैसे—इस्कूल (स्कूल), इस्थिति (स्थिति), अस्नातक (स्नातक) आदि। आदिकाल प्रारंभिक काल को कहा जाता है। सांख्य के मत से प्रकृति, वैशेषिक के मत से परमाणु और वेदांत के मत से ब्रह्म इस सृष्टि के आदि कारण माने गए हैं।

संज्ञा और विशेषण के अतिरिक्त आदि का अव्यय के रूप में इत्यादि या वगैरह के अर्थ में प्रयोग होता है। यहाँ यह इसी प्रकार के और बहुत से अथवा इसी वर्ग के अन्य भी का अर्थ देता है; जैसे—(क) गाय, भैंस, घोड़े, हिरन, ऊँट आदि चौपाए जानवर हैं, (ख) उसने बटेर, कबूतर, मुरगे आदि पाल रखे हैं, (ग) कोट, पैंट, शर्ट, पाजामे आदि अलमारी में हैं। आदि का प्रयोग विस्तार भय से बचने के लिए किया जाता है। अन्य की चर्चा न कर आदि लिख देने से स्पष्ट हो जाता है कि इसी प्रकार के अन्य जानवर, पक्षी, वस्तु, व्यक्ति आदि हैं, जिनकी चर्चा यहाँ नहीं की गई है।

वारिस और बारिश

कुछ लोग इन दोनों शब्दों की वर्तनी को लेकर बहुत दिनों तक असमंजस के शिकार होते रहते हैं और एक के स्थान पर दूसरे का प्रयोग करते देखे जाते हैं। वारिस अरबी का पुल्लिंग शब्द है, जिसके अरबी में वारिसान और वुरसा बहुवचन होते हैं। इसका प्रयोग उत्तराधिकारी के अर्थ में होता है, यानी किसी की मृत्यु के बाद उसकी संपत्ति आदि का जो स्वामी हो। स्वत्वाधिकारी, खोज-खबर लेनेवाला, रक्षक आदि भी इसके अर्थ हैं। इसका एक अर्थ वह व्यक्ति भी है, जिसने अपने आपको किसी दूसरे के कार्यों आदि का संचालन करने के योग्य बना लिया हो। वारिसी का अर्थ वारिस होने का भाव है, विरसा मृतक की संपत्ति को

कहा जाता है और विरासत उत्तराधिकार में मिला हुआ धन है।

दूसरी तरफ बारिश फारसी का स्त्रीलिंग शब्द है, जिसका अर्थ वर्षा, मेह और बरसात है। संस्कृत का पुल्लिंग वारि शब्द जल के अर्थ में प्रयुक्त होता है।

बहुत और बड़ा

संस्कृत के प्रभूत से प्राकृत में पहुत्त और बहुत्त होते हुए आया हिंदी का बहुत शब्द थोड़ा का विपरीतार्थक है। यह संख्या में अधिक का सूचक है; जैसे—उनके पास बहुत जानवर हैं। यह मात्रा में अधिक के अर्थ में भी प्रयुक्त होता है; जैसे—उनके पास बहुत धन-संपत्ति है। 'मुंबई जाने के लिए इतनी रकम बहुत है', वाक्य में यह यथेष्ट के अर्थ में प्रयुक्त हुआ है। उचित से अधिक के अर्थ में इसका प्रयोग 'बहुत बोलना अच्छा नहीं होता', वाक्य में है। बहुत अच्छा स्वीकृति सूचक पदबंध है; जैसे—(क) राम—कल तुम मेरे यहाँ आ जाना, (ख) श्याम—बहुत अच्छा। इसका प्रयोग डराने-धमकाने के लिए भी किया जाता है; जैसे—बहुत अच्छा, तुमसे भी किसी दिन निबट लूँगा। 'बहुत कुछ' पदबंध का प्रयोग उचित मात्रा से कुछ ही कम के अर्थ में होता है; जैसे—इस झगड़े में उन्हें सब तो नहीं, फिर भी बहुत कुछ हासिल हो गया। 'बहुत बढ़िया' पदबंध उत्तम के अर्थ में प्रयुक्त होता है; जैसे—उसने 'बहुत बढ़िया' तसवीर बनाई। क्रिया-विशेषण के रूप में इसका प्रयोग होगा—उसने 'बहुत बढ़िया' गाया। 'बहुत खूब' का प्रयोग वाह! क्या कहना के अर्थ में होता है। बहुत का प्रयोग क्रिया विशेषण में अधिक परिमाण या ज्यादा के अर्थ में होता है; जैसे—वह बहुत झगड़ा और फिर रोते हुए चला गया।

बड़ा की उत्पत्ति संस्कृत के वर्धन से मानी जाती है। बड़े दिल का व्यक्ति उसे कहा जाता है, जो गरिमा, गुण, महत्त्व आदि की दृष्टि से औरों से बढ़कर हो। युवावस्था को प्राप्त होने के अर्थ में इसका प्रयोग होगा—यह लड़की बड़ी, यानी शादी के योग्य हो गई है। कार्यालय के प्रधान लिपिक बड़ा बाबू कहलाते हैं, तो चेचक या शीतला को बड़ी माता कहा जाता है। ऊँचे कुल-खानदान वाले घर को बड़ा घर कहा जाता है, तो बड़े घर की हवा खाना जेल का अर्थ देता है। 25 दिसंबर का बड़ा दिन ईसाइयों का त्योहार है, तो 22 जून साल का सबसे बड़ा दिन है। 'बड़े-से-बड़ा' पदबंध सबसे बड़ा का अर्थ देता है; जैसे—इस मामले में बड़े-से-बड़ा अधिकारी भी तुम्हारी कोई मदद नहीं कर सकता। 'बड़ा ही' पद अत्यधिक का

द्योतक है; जैसे—वह बड़ा ही शातिर निकला। 'बड़ा' उत्तर भारत का एक व्यंजन भी है, जो दक्षिण भारत में 'वड़ा' हो जाता है; जैसे—मिर्चीबड़ा, भाजीबड़ा, पालकबड़ा, उड़दबड़ा (उत्तर भारत), वड़ासांभर, दालवड़ा, वड़ापाव (दक्षिण भारत) आदि।

बड़ा का प्रयोग आकार, धारिता, विस्तार, अवस्था, गुण आदि की विशिष्टता सूचित करने के लिए किया जाता है, जबकि बहुत मान-परिमाण, अनुभव आदि की अधिकता प्रकट करने के लिए प्रयुक्त होता है। वहाँ बड़ा भूकंप आया और वहाँ बहुत भूकंप आए तथा वहाँ बड़े लोग रहते हैं और वहाँ बहुत लोग रहते हैं, के अर्थों में फर्क है। दोनों का एक ही पंक्ति में प्रयोग होगा—जानवर तो बहुत हैं, लेकिन उनमें सबसे बड़ा हाथी है। इनका एक साथ प्रयोग 'वहाँ बहुत बड़ा मेला लगता है' वाक्य में है।

अपेक्षा और आवश्यकता

अपेक्षा में 'इक्ष्' धातु है। 'ईक्ष्' का अर्थ ताकना या ध्यानपूर्वक देखना है। अपेक्षा में 'अप' भी जुड़ा हुआ है। 'अप' का अर्थ अभाव या कमी है। इस प्रकार अपेक्षा का शाब्दिक अर्थ ऐसी चीज पाने के लिए इधर-उधर देखना अथवा उस पर दृष्टि रखना है, जिसका अभाव खटक रहा हो। अपने विस्तृत अर्थ में अपेक्षा किसी कार्य में कमी की ऐसी स्थिति की द्योतक है, जिसके हुए बिना पूर्णता न आती हो और जिसकी पूर्ति हो जाने पर उसकी उपयोगिता या महत्त्व और बढ़कर वह कार्य अपनी मानक स्थिति में पहुँच जाता हो; जैसे—यह लेख ऐसे तो ठीक-ठाक है, फिर भी इसमें विषय की स्पष्टता के लिए थोड़े और उदाहरणों की अपेक्षा है। अपेक्षा के लिए फारसी में दरकार शब्द है और इसका अंग्रेजी पर्याय रिक्वायरमेंट है। यह कहीं-कहीं प्रतीक्षा के अर्थ में भी प्रयुक्त होता है; जैसे—कुछ लोग वहाँ बहुत देर से आपकी अपेक्षा (प्रतीक्षा) कर रहे हैं। 'अपेक्षा बुद्धि' पारस्परिक घटनाक्रम को ठीक तरह से समझने की मानसिक शक्ति है; जैसे—तुम्हारी ऐसी अनर्गल बात पर तो वही भरोसा करेगा, जिसमें अपेक्षा बुद्धि बिल्कुल नहीं होगी। किसी बात की अपेक्षा करने या रखनेवाला अपेक्षी है। इसीलिए उत्तरापेक्षी उत्तर की अपेक्षा करने या रखनेवाला होता है। अपेक्षा प्रत्याशा के अर्थ में भी प्रयुक्त होता है; जैसे—मुझे आपसे ऐसी अपेक्षा कतई नहीं थी। अपेक्षित वह है, जिसकी अपेक्षा या जरूरत हो, जिसकी आशा की गई हो, जिसकी चाह हो अथवा जो

इच्छित हो; जैसे—इस कार्य में उसे अपेक्षित सफलता मिल गई है। की, री और नी (उसकी अपेक्षा, मेरी अपेक्षा, अपनी अपेक्षा) के साथ अपेक्षा संज्ञा में नहीं, बल्कि अव्यय में 'तुलना' या 'मुकाबले में', के अर्थ में प्रयुक्त होता है। यहाँ यह अपेक्षया, अपेक्षाकृत और अरबी के बनिस्बत का अर्थ देता है; जैसे—राम की अपेक्षा श्याम पढ़ने में अधिक तेज है।

आवश्यक होने की अवस्था या भाव आवश्यकता है। यह ऐसी स्थिति का द्योतक है, जिसमें विवश होकर कुछ करना पड़े अथवा जिसमें किसी वस्तु या बात के बिना काम न चल सकता हो; जैसे—कपड़े की बुनाई के लिए सूत की आवश्यकता होती है। यह भाववाचक संज्ञा है, जिसमें आवश्यक विशेषण में 'ता' प्रत्यय लगा हुआ है। इसका अरबी पर्याय जरूरत और अंग्रेजी पर्याय नेसिसिटी है। 'आवश्यकता भर' क्रिया विशेषण पदबंध है, जिसका आशय जरूरत के अनुसार है; जैसे—वे चाय में चीनी कम, यानी आवश्यकता भर लेते हैं।

ये दोनों शब्द ऐसे भाव के वाचक हैं, जिनमें किसी काम या बात में कुछ कमी महसूस की जा रही हो और जिसके पूरा किए बिना उसमें अधूरापन रह जाए। फिर भी अपेक्षा की तुलना में आवश्यकता में अधिक जोर है; जैसे—पढ़ाई के लिए किताब की आवश्यकता होती है, लेकिन इसके लिए स्कूल की भी अपेक्षा की जाती है। तात्पर्य यह कि किताब के बिना पढ़ाई हो ही नहीं सकती, जबकि स्कूल गए बिना ट्यूशन या स्वाध्याय से भी पढ़ाई की जा सकती है।

अनावरण और उद्घाटन

आवरण में 'वृ' धातु है। 'वृ' का अर्थ चुनना, छिपाना आदि है। वरण में चुनने का भाव है और आवरण में छिपाने का। आवरण का अर्थ ढक्कन, परदा, आच्छादन, चहारदीवारी, बाड़ा, बाधा आदि है। ये सभी शब्द छिपाने अथवा घेरे के अंदर रखने के भाव के द्योतक हैं। किसी चीज को छिपाने के लिए उस पर परदा या किसी प्रकार का आवरण डाल दिया जाता है। आवरण में 'अन्' उपसर्ग लगने से अनावरण बनता है। 'अन्' उपसर्ग नकारात्मक भाव का सूचक है। इस प्रकार अनावरण का शाब्दिक अर्थ किसी चीज पर पड़ा हुआ परदा या आवरण हटाना है। लेकिन अपने विस्तृत अर्थ में अनावरण अब ऐसे समारोह का प्रतीक बन गया है, जिसमें किसी महापुरुष की नई मूर्ति या चित्र आदि के सामने लगा हुआ परदा या

आवरण हटाकर मूर्ति या चित्र को अनावृत्त किया जाता है, ताकि जन साधारण उसका अवलोकन कर सके। अनावरण का यह कार्य किसी प्रतिष्ठित व्यक्ति से कराया जाता है, जो उक्त अवसर पर संबद्ध महापुरुष और उनकी मूर्ति या चित्र के संबंध में प्रकाश डालते हैं; जैसे—प्रधानमंत्री ने विश्वविद्यालय परिसर में सर्वपल्ली डॉक्टर राधाकृष्णन के व्यक्तित्व पर प्रकाश डालते हुए उनकी मूर्ति का अनावरण किया।

उद्घाटन का अर्थ आवरण या परदा हटाना, खोलना, ऊपर उठाना आदि है। इस प्रकार उद्घाटन का शाब्दिक अर्थ भी अनावरण से मिलता-जुलता है। रहस्योद्घाटन में यह अर्थ देखा जा सकता है, जिसका तात्पर्य रहस्य पर से आवरण हटाना होता है, जिससे रहस्य का वास्तविक रूप प्रकट हो जाता है और फिर भेद खुल जाने से रहस्य रहस्य नहीं रह जाता, लेकिन शाब्दिक अर्थ से आगे बढ़कर उद्घाटन अब ऐसी रस्म का द्योतक हो गया है, जो कोई नया कार्य प्रारंभ करने के लिए समारोह के रूप में आयोजित हो। नहर, पुल, बाँध, सड़क, सभा, सम्मेलन, कार्यक्रम आदि का उद्घाटन किया जाता है, जिसके बाद समारोह का शुभारंभ होता है; जैसे—राज्यपाल ने पखवारा भर चलनेवाले पल्स पोलियो अभियान का उद्घाटन किया अथवा मुख्यमंत्री ने परिवार नियोजन सप्ताह का उद्घाटन किया। हालाँकि आचार्य रामचंद्र वर्मा उद्घाटन शब्द के प्रयोग को गलत मानते थे और उनका सुझाव था कि ऐसे अवसरों पर उद्घाटन के स्थान पर सभारंभ शब्द का प्रयोग किया जाना चाहिए, लेकिन इनके लिए उद्घाटन का प्रयोग ही धड़ल्ले से चल रहा है और उद्घाटन अब अंग्रेजी के इनॉग्युरेशन का पर्याय हो गया है।

ये दोनों शब्द प्रचार-प्रसार या लोगों का ध्यान आकृष्ट करने के लिए प्रारंभ में आयोजित होनेवाले ऐसे कार्यक्रम हैं, जिनके बाद समारोह की शुरुआत होती है, लेकिन अनावरण में सामने का आवरण या परदा हटाकर समारोह प्रारंभ होता है, जबकि उद्घाटन में दीप प्रज्वलित कर, गुब्बारे उड़ाकर या फीता काटकर समारोह की शुरुआत की जाती है।

अनिवार्य और आवश्यक

वार्य का अर्थ 'वरण' करने योग्य है। वार्य में निषेधसूचक उपसर्ग 'नि' लगने से निवार्य बनता है। 'निवार्य' का अर्थ रोके जाने योग्य अथवा हटाए जाने योग्य है, जिसका निवारण किया जा सके, वह निवार्य है। निवार्य में निषेधसूचक

'अ' उपसर्ग लगने से अनिवार्य बनता है। अनिवार्य वह है, जिसका निवारण न हो सकता हो। इस प्रकार अनिवार्य अत्याज्य, अटल, अपरिहार्य और अवश्यंभावी है।

दूसरी तरफ 'वश्य' का अर्थ 'वश', काबू या अधिकार में रहने अथवा आनेवाला है। वश्य निषेधसूचक उपसर्ग 'अ' लगने से अवश्य बनता है। जिस पर कोई वश न हो अथवा जो वश में न किया जा सके, वह अवश्य है। अवश्य से ही आवश्यक बना है। अवश्य क्रिया-विशेषण है और आवश्यक विशेषण; जैसे—मुझे अवश्य जाना है और मुझे आवश्यक कार्य से जाना है। जिसके बिना काम न चल सकता हो, वह आवश्यक है; जैसे—स्वस्थ रहने के लिए व्यायाम आवश्यक है, जिसके बिना साधारणतः काम चलाना संभव न हो, वह भी आवश्यक है; जैसे—अच्छी शिक्षा पाने के लिए सुयोग्य गुरु का होना आवश्यक है। आवश्यक वह भी है, जिसके संबंध में तुरंत और निश्चित रूप से कोई काररवाई होनी हो; जैसे—अब सरकार के लिए लोकपाल के संबंध में कुछ निर्णय करना आवश्यक हो गया है। इसका अरबी पर्याय जरूरी और अंग्रेजी पर्याय नेसेसरी है।

आवश्यक नेसेसरी है, तो अनिवार्य कंपलसरी और अनएवाएडेबुल। आवश्यक का तो विकल्प हो सकता है, लेकिन अनिवार्य निर्विकल्प है; जैसे—जीने के लिए भोजन आवश्यक है और हवा अनिवार्य। तात्पर्य यह कि भोजन के बिना तो कुछ समय तक जिंदा रहा जा सकता है, लेकिन हवा के बिना एक पल भी जीना असंभव है। शिशु के लिए माँ का दूध आवश्यक होता है, अनिवार्य नहीं, क्योंकि वह दूसरी औरत या गाय, बकरी आदि के दूध अथवा शिशुओं के लिए उपलब्ध मिल्क पाउडर के सहारे भी स्वस्थ रह सकता है। आवश्यक में अवश्य विद्यमान है, यानी आवश्यक वह है, जिसे वश में नहीं किया जा सके। दूसरी तरफ अनिवार्य निवार्य का विपरीतार्थक शब्द है, यानी जिसे टाला नहीं जा सके अथवा जिससे बचा नहीं जा सके, वह अनिवार्य है; जैसे—स्नातक के पाठ्यक्रम में अंग्रेजी अनिवार्य है और अंग्रेजी के अतिरिक्त भारतीय भाषाओं में से कोई एक भाषा आवश्यक। तात्पर्य यह कि भारतीय भाषाएँ वैकल्पिक, यानी ऐच्छिक हैं। अब यह विद्यार्थी पर निर्भर है कि वह भारतीय भाषाओं में से अपने लिए किसे आवश्यक समझता है और किसे अनावश्यक। उदाहरणस्वरूप हिंदीभाषी क्षेत्र का छात्र भारतीय भाषाओं में सामान्यतः हिंदी का चुनाव करता है, तो अहिंदीभाषी क्षेत्र का विद्यार्थी तमिल, तेलुगू, मलयालम, कन्नड़, मराठी, गुजराती, बांग्ला, कश्मीरी, असमी, उर्दू आदि में से किसी एक भाषा का। लेकिन, अंग्रेजी अनिवार्य होने से इसका कोई तोड़ नहीं है।

उद्देश्य और ध्येय

उद्दिष्ट से बने उद्देश्य का अर्थ किसी कार्य की दिशा का निर्देश या संकेत करना है। जब कोई कार्य प्रारंभ कर उसे पूरा करने के लिए प्रयत्न किया जाता है तथा उसमें शक्ति और समय लगाया जाता है, तो उससे फल या परिणाम की भी आशा की जाती है। फल पाने की यही इच्छावाली भावना उद्देश्य है; जैसे—इस कृषि योजना का उद्देश्य खेतों में उपज बढ़ाना है। किसी कार्य को करने के लिए जो प्रेरक विचार होता है, वही फल पाने की दिशा में आगे बढ़ाने का कार्य करता है। उद्देश्य उसी फल या परिणाम का वाचक है, जिसके लिए हम परिश्रम करते हैं। उद्देश्य के अच्छा रहने पर इसे दृढ़ता और बुरा रहने पर हठधर्मिता कहा जाता है। उद्देश्य किसी कार्य में प्रवृत्त करनेवाला मनोभाव है। यह वह मानसिक भाव है, जिससे प्रेरित होकर कुछ कहा या किया जाए; जैसे यह देखना चाहिए कि बंदूक लेकर वहाँ जाने का उसका उद्देश्य क्या था। तात्पर्य यह कि वह वहाँ हत्या के इरादे से गया था अथवा अनजाने में अचानक उससे गोली छूट जाने से अमुक व्यक्ति की मौत हो गई, क्योंकि किसी के उद्देश्य पर ही सजा के बिंदु पर विचार किया जाता है। व्याकरण की पुस्तक में भी विधेय के साथ उद्देश्य की चर्चा मिलती है। वहाँ उद्देश्य किसी वाक्य का कर्तृ पद है, जो उसके विधेय से भिन्न होता है। संक्षेप में जिसके विषय में कुछ कहा जाए, वह उद्देश्य और जो कुछ कहा जाए, वह विधेय है; जैसे—हिंदी के शिक्षक गीत बहुत अच्छा गा लेते हैं। इस वाक्य में 'हिंदी के शिक्षक' उद्देश्य और वाक्य का शेष भाग विधेय है। 'उनके यहाँ आने का उद्देश्य कुछ और था' वाक्य में उद्देश्य का अर्थ मतलब, मंशा, प्रयोजन है।

ध्येय 'ध्यै' धातु से बना है। 'ध्यै' का संज्ञात्मक अर्थ ध्यान करना, ध्यान का विषय आदि है। 'ध्यै' धातु में सोच-विचार, चिंतन-मनन जैसे भाव हैं। ध्येय का संज्ञा में अर्थ वह तत्त्व, कार्य या बात है, जिसे ध्यान में रखकर उसकी सिद्धि के लिए प्रयत्न किया जाए। ध्येय का विशेषण में अर्थ जिसका ध्यान किया जा सकता हो, जो ध्यान में रखने या लाने के योग्य हो, जो ध्यान का विषय हो आदि है; जैसे—राजनीति का ध्येय सेवा की भावना होना चाहिए। ध्यान में सूक्ष्म चिंतन शामिल है। ध्यानस्थ, ध्याननिष्ठ जैसे शब्दों में यह भाव देखा जा सकता है। इसका अर्थ ध्यान लगाना, सोचना, इच्छा करना, कल्पना, चिंतन, एकटक देखना, दृष्टि केंद्रित करना आदि है। तात्पर्य यह कि यह साधना की स्थिति तक पहुँचा हुआ

है। कहा भी गया है कि ध्येय जितना महान् होता है, उसका रास्ता उतना ही लंबा और बीहड़ होता है।

उद्देश्य और ध्येय ऐसे कार्यों के वाचक हैं, जिन्हें पूरा करने अथवा प्राप्त करने के लिए कोई प्रयत्न किया जाए। इनका संज्ञा और विशेषण, दोनों में प्रयोग होता है। उद्देश्य की तुलना में ध्येय का प्रयोग भले ही सीमित हो, पर यह उद्देश्य की अपेक्षा अधिक निष्ठासाध्य और ऊँची चीज है; जैसे शासन का उद्देश्य कानून-व्यवस्था कायम रखना हो सकता है, लेकिन उसका ध्येय जनता का कल्याण करना होना चाहिए।

संवेदना और सहानुभूति

संवेदना संवेदन से बना है। संवेदन और संवेदना में वेदन और वेदना के साथ 'सम्' उपसर्ग है। 'सम्' का अर्थ साथ, सामीप्य, आधिक्य, पूर्णता आदि है। वेदन और वेदना के मूल में 'विद्' है। 'विद्' का अर्थ जानना है। विद्या और विद्वान में यही 'विद्' है। विद्या और विद्वान का ज्ञान से सीधा ताल्लुक है। संवेदना मन में होनेवाला ज्ञान, अनुभव या बोध है। यह अनुभूति है, जिसका इंद्रियों को अनुभव होता है। यह अंग्रेजी का कंडोलेंस है। प्रेमचंद के शब्दों में, 'रोगी को देख आना एक बात है। दवा लाकर उसे देना दूसरी बात है। पहली बात शिष्टाचार से होती है, दूसरी सच्ची संवेदना से।' वस्तुतः सुख-दुःख, सर्दी-गरमी का ज्ञान या अनुभव होना ही संवेदना है। सहृदय व्यक्ति के मन में दूसरे को दुःखी देखकर दुःख का और सुखी देखकर सुख का अनुभव होना स्वाभाविक है। लेकिन अब संवेदना का अर्थ संकुचित होकर केवल कष्ट, विपत्ति और शोक में ही इसका प्रयोग होने लगा है। उदाहरण के लिए कोई दुर्घटना या मृत्यु आदि होने पर लोग पीड़ित व्यक्ति के यहाँ संवेदना प्रकट करने जाते हैं और नहीं जाने की स्थिति में पत्र लिखकर संवेदना प्रकट करते हैं।

सह+अनुभूति से बनी सहानुभूति ऐसी अनुभूति है, जो साथ-साथ दो या अधिक व्यक्तियों को हो। यह ऐसी अवस्था है, जिसमें मनुष्य शुद्ध हृदय से दूसरे की अनुभूति का अनुभव करता है और उससे उसी प्रकार प्रभावित होता है, जिस प्रकार दूसरा व्यक्ति प्रभावित हो रहा हो। प्रेम के बाद सहानुभूति मानव हृदय की पवित्रतम भावना मानी जाती है। यह अंग्रेजी की सिंपैथी और फारसी की हमदर्दी

है। अपने मूल अर्थ में किसी को उदास देखकर स्वयं भी उदास हो जाना और किसी की प्रसन्नता से स्वयं भी प्रसन्न होना सहानुभूति है। यूँ अब सहानुभूति का प्रयोग भी केवल कष्टपूर्ण अनुभूति के लिए होने लगा है।

किसी आत्मीय को कष्ट में पड़ा देखकर उसे धैर्य दिलाने के लिए संवेदना या सहानुभूति प्रकट की जाती है। इसका आशय यह होता है कि तुम्हारे इस दुःख से हम भी समान रूप से दुःखी हैं और इस दुःख को कम करने में यदि सहायता की आवश्यकता है, तो हम इसके लिए दिल से तैयार हैं। लेकिन सहानुभूति का प्रयोग अधिक विस्तृत अर्थ में भी होता है; जैसे विपक्षी दलों की इस बात पर हमें सहानुभूतिपूर्वक विचार करना चाहिए। यहाँ आशय यह है कि विरोधी दलों द्वारा कही जाने के कारण इस बात का हमें विरोध न कर उन परिस्थितियों की गहराई में जाकर उनका दृष्टिकोण समझने का प्रयास करना चाहिए। दूसरी तरफ संवेदना का प्रयोग इस विस्तृत अर्थ में न होकर केवल दूसरों के कष्ट, दुःख आदि तक ही सीमित है। जिनकी संवेदना मर चुकी है, उनका हृदय किसी भी प्रकार की संवेदना से शून्य हो जाता है। फलतः न तो उनके मन में किसी के प्रति सहानुभूति होती है और न वे किसी की सहानुभूति के पात्र हो पाते हैं; जैसे—आतंकवादी संवेदनाशून्य होने की वजह से लोगों की सहनुभूति खो बैठे हैं।

धन और संपत्ति

धन 'धन्' धातु से बना है। 'धन्' का अर्थ शब्द करना है। इसलिए धन की आवाज तेज होती है और इसकी शोहरत दूर-दूर तक फैलती है। गणित में जोड़ के चिह्न (+) को धन कहा जाता है। पहले धन का अर्थ अत्यंत व्यापक था तथा हर मूल्यवान और प्रिय वस्तु धन कहलाती थी। विद्याधन, तपोधन, स्त्रीधन, पुत्रधन, मानधन, पशुधन, भूधन आदि शब्दों से इसकी व्यापकता प्रकट होती है। गोस्वामी तुलसीदास ने हाथी, घोड़ा, गाय और रत्न को धन बताते हुए संतोष को सबसे बड़ा धन कहा है, जिसके सामने सभी धन धूल के समान हैं—

गोधन, गजधन, बाजिधन और रतनधन खान।
जब आवै संतोषधन, सब धन धूरि समान॥

प्राणों के समान प्रिय ईश्वर को जीवनधन कहा गया है। धान अपने देश का प्राचीन अनाज है। धार्मिक कृत्यों में प्रयुक्त अक्षत इसी से बनता है। धान भी धन है।

पहले जिसके पास ज्यादा धान होता था, वह धनी माना जाता था। धान का संक्षिप्त रूप धन है। यौगिक शब्दों के प्रारंभ में आने पर धान धन हो जाता है; जैसे—धनकटी, धनकुट्टी, धनकटाई आदि। लेकिन, अब लोक व्यवहार में सोना, चाँदी, ताँबा या अन्य धातुओं के सिक्के, यानी रुपया-पैसा ही धन हैं। उधार दी हुई रकम, जिसमें सूद न जोड़ा गया हो, मूलधन है। सूद भी धन है। मूलधन में जब ब्याज मिल जाता है, तब यह मिश्रधन कहलाता है। घोटाला, भ्रष्टाचार, दलाली, घूस आदि से प्राप्त रकम भी धन है और लूट का माल भी धन है। इस प्रकार की अवैध कमाई को काला धन कहा जाता है। धन का पर्याय अरबी का दौलत शब्द है।

संपदा और संपन्न के समान संपत्ति में भी 'पद्' धातु और 'सम्' उपसर्ग है। कोई भी मूल्यवान वस्तु, जिस पर किसी व्यक्ति का स्वामित्व हो, वह उसकी संपत्ति कही जाती है। संपत्ति का पद् धातु गति और चलने का अर्थ देता है। इसीलिए लक्ष्मी को चंचला कहा जाता है, क्योंकि संपत्ति की खरीद-बिक्री से इसका मालिकाना हक बदलता रहता है। यह फारसी की जायदाद और अंग्रेजी की प्रॉपर्टी है। अब खरीद-बिक्रीवाली हर वस्तु संपत्ति है।

धन से संपत्ति खरीदी जाती है; जैसे—उन्होंने काले धन से बहुत संपत्ति अर्जित कर ली है। संपत्ति बेचने पर धन प्राप्त होता है; जैसे—उन्होंने जमीन, मकान आदि संपत्ति बेचकर कुल धन व्यापार में लगा दिया है। जब कहा जाता है कि उनकी कुल संपत्ति पाँच लाख की होगी, तो आशय यह होता है कि उनकी संपत्ति बेचने पर पाँच लाख रुपए मिलेंगे। दूसरी तरफ अब धन का सीधा अर्थ रुपया-पैसा है; जैसे—पुल की स्वीकृति तो मिल गई है, लेकिन धन के अभाव में आवंटन नहीं होने से अभी काम प्रारंभ नहीं हो सका है।

उन्नति और प्रगति

उन्नत में 'इ' प्रत्यय लगने से उन्नति बनी है। यह उन्नत का ही भाववाचक रूप है। उन्नति का अर्थ उन्नत होने की अवस्था, क्रिया या भाव है। इसमें उच्चता, यानी ऊँचाई तक अथवा ऊपर पहुँचे होने का भाव है। किसी कार्य या क्षेत्र में विकसित होने की अवस्था उन्नति है। यह साधारण स्थिति से बहुत ऊपर उठने का सूचक है; जैसे—एक समय अंग्रेजों ने इतनी उन्नति कर ली थी कि उनके राज में सूरज नहीं डूबता था। उन्नति में शील जुड़ने से उन्नतिशील शब्द बना है,

जिसमें उन्नति करते रहने की योग्यता हो अथवा जो बराबर उन्नति कर रहा हो, वह उन्नतिशील है।

गति में 'प्र' उपसर्ग लगने से प्रगति बनी है। यह हिंदी का आधुनिक शब्द है, जो मराठी से लिया गया है। इसमें आगे की ओर बढ़ने, किसी कार्य को पूर्णता की ओर बढ़ाने, विभिन्न कार्यों में क्रमिक विकास करने आदि का भाव है; जैसे—हाल के वर्षों में भारत ने औद्योगिक क्षेत्र में अच्छी प्रगति की है। इसका तात्पर्य यह है कि भारत में अनेक कल-कारखाने खुले हैं और उत्पादन की नई तकनीकों से भी देश परिचित हुआ है। प्रगति में शील जुड़ने से प्रगतिशील शब्द बना है। प्रगतिशील वह है, जो प्रगति कर रहा हो अथवा आगे बढ़ रहा हो।

ये दोनों शब्द ऐसे भाव के सूचक हैं, जिनमें किसी उद्देश्य की प्राप्ति के लिए किए जा रहे प्रयासों में उत्तरोत्तर सुधार होने का भाव हो। उन्नति को मंजिल तक पहुँचने के लिए लंबे रास्ते से गुजरना होता है, जबकि प्रगति से गति की स्थिति और रफ्तार का पता चलता है। इस प्रकार प्रगति का संबंध पथ से है और उन्नति का मंजिल से। पथ पर ठीक से चलने से ही आगे बढ़ा जा सकता है। इसलिए प्रगति में चलने और बढ़ने की प्रधानता होती है, जबकि उन्नति में ऊपर उठकर ऊँचाई, यानी शिखर पर पहुँचने की प्रधानता है; जैसे—चीन हर क्षेत्र में प्रगति कर आज उन्नति के शिखर पर है। प्रगति में गति है। अत: यह प्राय: चलती रहती है। दूसरी तरफ उन्नति शिखर पर पहुँचकर स्थिर हो जाती है; जैसे—इस संस्थान में आपने अच्छी प्रगति की है और सर्वोच्च पद पर पहुँचने के लिए अब आपको केवल एक उन्नति की आवश्यकता है। यहाँ उन्नति का प्रयोग तरक्की, प्रोमोशन एवं पदोन्नति के अर्थ में हुआ है। सड़क, पुल आदि की मरम्मत के समय बोर्ड लगाकर लिखा जाता है— कार्य प्रगति पर है, धीरे चलें। यहाँ प्रगति के स्थान पर उन्नति का प्रयोग नहीं किया जा सकता। इसी प्रकार 'इस पद पर उनकी पिछले महीने ही उन्नति हुई है', वाक्य में प्रगति का प्रयोग करना ठीक नहीं होगा। प्रगति सुधार, विस्तार और संस्कार के निकट है, तो उन्नति उत्कर्ष, उत्थान और उन्नयन के निकट। प्रगति का आकलन अधिक या कम विकास से किया जा सकता है, तो उन्नति का आकलन ऊँचे या नीचे के स्तर से। उन्नति के लिए प्रगति आवश्यक है, क्योंकि प्रगति पथ पर अग्रसर होकर ही उन्नति के शिखर तक पहुँचा जा सकता है। दूसरी तरफ प्रगति के लिए उन्नति आवश्यक नहीं है, क्योंकि प्रगति प्रक्रिया और उन्नति परिणाम है।

उपस्थित और विद्यमान

उपस्थित के 'उप' का अर्थ निकट और 'स्थित' का अर्थ खड़ा हुआ है। उपस्थित का अर्थ दूसरों के समक्ष या उनकी उपस्थिति में आया हुआ, प्रस्तुत, पास या समीप बैठा हुआ है; जैसे—कक्षा में अधिकतर छात्र उपस्थित हैं। उपस्थित का एक अर्थ ध्यान या मन में आया हुआ भी है; जैसे मेरे मन में एक विचार उपस्थित हुआ। सभा आदि में इकट्ठे लोगों के लिए यह बतौर संबोधन भी प्रयुक्त होता है; जैसे—उपस्थित देवियो और सज्जनो! 'उपस्थित करना' का अर्थ सामने लाना या पेश करना है; जैसे—अभियुक्तों को न्यायालय में उपस्थित करने का आदेश दिया गया। 'उपस्थित होना' से तात्पर्य सामने आने या हाजिर होने से है; जैसे—मैं आपकी सेवा में उपस्थित हूँ। किसी वस्तु या बात आदि को विचारार्थ प्रस्तुत करने के अर्थ में भी इसका प्रयोग होता है; जैसे—विपक्षी दल के नेता ने विधानसभा में यह प्रस्ताव उपस्थित किया। 'उपस्थित बुद्धि' हाजिरजवाबी या तुरंत बुद्धि है, जो आवश्यकता पड़ने पर स्वयं हल निकाल लेती है।

अस्तित्व का सूचक होने से विद्यमान में मुख्य रूप से अस्तित्व का भाव ही प्रधान है; जैसे—गांधीजी के असहयोग आंदोलन के समय मेरे दादाजी विद्यमान थे। इस वाक्य का आशय यह है कि उक्त आंदोलन के समय दादाजी का अस्तित्व था, यानी उक्त आंदोलन उनके जीवनकाल में हुआ था। कभी-कभी विद्यमान का प्रयोग किसी विशिष्ट स्थान पर उपस्थित होने के अर्थ में भी होता है। गोस्वामी तुलसीदास ने रामचरित मानस के सीता स्वयंवर प्रकरण में विद्यमान का इसी अर्थ में प्रयोग किया है। जब जनकपुर में बड़े-बड़े राजा-महाराजा शिवजी के धनुष को नहीं उठा सके, तो राजा जनक के 'बीर बिहीन महि मैं जानी' जैसे वचन कहने पर लक्ष्मण जी क्रोध में बोल उठे—

रघुबंसिन्ह महुं जहं कोउ होई। तेहि समाज अस कहइ न कोई॥
कहि जनक जसि अनुचित बानी। बिद्यमान रघुकुलमनि जानी॥

अर्थात् रघुवंशियों में कोई भी जहाँ होता है, उस समाज में ऐसे वचन कोई नहीं कहता, जैसे अनुचित वचन रघुकुल शिरोमणि श्रीराम को उपस्थित जानते हुए भी जनकजी ने कहे हैं।

उपस्थित और विद्यमान में मूल अंतर यह है कि उपस्थित में किसी के सामने आने या होने के भाव की प्रधानता रहती है, जबकि विद्यमान का मुख्य भाव कहीं या किसी जगह वर्तमान रहने या सत्तात्मक होने का है। उपस्थित होने में निकट

पहुँचने के भाव की प्रधानता है, जबकि विद्यमान में होने का भाव प्रमुख है। उपस्थित का संबंध जहाँ सामान्यत: मनुष्य से है, वहीं विद्यमान का संबंध इतर वस्तुओं से। मकान, दुकान, कुरसी, टेबुल जैसी वस्तुएँ अपनी जगहों पर विद्यमान होती हैं, उपस्थित नहीं रहतीं। ऐसे लंबी अवधि तक उपस्थित रहने की स्थिति में मनुष्य के साथ भी विद्यमान का प्रयोग होता है; जैसे—(क) आप यहाँ पाँच मिनट पहले उपस्थित हुए और (ख) आप यहाँ पाँच वर्षों से विद्यमान हैं। यहाँ उपस्थित का प्रयोग ठीक नहीं लगेगा।

प्रस्तुत और वर्तमान

प्रस्तुत 'स्तु' धातु से बना है। 'स्तु' का अर्थ प्रशंसा करना और 'स्तुत' का अर्थ 'जिसकी विशेष रूप से स्तुति की गई हो' है। इस प्रकार प्रस्तुत का मूल अर्थ है—जिसकी प्रशंसा या स्तुति की गई हो। प्रस्तुत से ही प्रस्तोता बना है, जिसका अर्थ प्रस्तावक अथवा प्रस्ताव करनेवाला है। दीक्षांत समारोह में छात्रों को उपाधि दिलाने के लिए बारी-बारी से प्रस्तुत करने के कारण कुल सचिव को प्रस्तोता भी कहा जाता है। नाटक आदि प्रस्तुत करनेवाले को प्रस्तुतकर्ता कहते हैं। इसके लिए प्रस्तुति शब्द का भी प्रचलन है। दूरदर्शन पर कार्यक्रम तैयार कर दिखलाने वाले के लिए ये दोनों शब्द खूब चलते हैं। जो उपयोग के लिए तैयार हो, उसके लिए भी प्रस्तुत शब्द का प्रयोग होता है; जैसे—भोजन प्रस्तुत है, शुरू करें। निर्णय या विचार के लिए प्रस्ताव के रूप में रखी जानेवाली बात के लिए भी इसका प्रयोग होता है; जैसे—बैठक में उन्होंने यह प्रस्ताव विचारार्थ प्रस्तुत किया। अलंकार शास्त्र में उपमेय को ही प्रस्तुत कहा जाता है, अर्थात् जिसकी प्रत्यक्ष रूप से चर्चा हो रही हो, वह प्रस्तुत है; जैसे—उसके नेत्र कमल के समान हैं। इस वाक्य में नेत्र वर्ण्य विषय होने के कारण प्रस्तुत हैं, जिनकी उपमा कमल से दी गई है। अत: कमल अप्रस्तुत है।

वर्तमान 'वृत्' धातु से बना है। 'वृत्' का अर्थ होना है और वर्तमान का अर्थ है—जो उपस्थित हो, सामने हो, मौजूद हो अथवा जो कुछ भी इस समय चल रहा हो। व्याकरण में तीन कालों में से वर्तमान एक काल है, जिससे सूचित होता है कि क्रिया अभी चल रही है। वर्तमान ऐसा विभाजक है, जो बीच में रहकर भूत और भविष्य को एक-दूसरे से अलग करता है। जिस समय कोई बोल रहा है,

वह वर्तमान है, लेकिन क्षण भर बाद ही यह भूत में बदल जाता है। हालाँकि इस क्षणिक प्रयोग के अतिरिक्त वर्तमान का स्थूल प्रयोग भी होता है; जैसे—वर्तमान काल, वर्तमान साहित्य, वर्तमान पीढ़ी आदि। इनमें वर्तमान लंबी अवधि का सूचक हो जाता है। सामान्यत: पीढ़ी 20 वर्षों की मानी जाती है। वर्तमान अस्तित्व का सूचक है; जैसे—हमारे यहाँ यह परंपरा अब भी वर्तमान है। इसका प्रयोग निश्चित काल, पदार्थ आदि के लिए भी होता है; जैसे—यह खँडहर, जो आप देख रहे हैं, सौ साल पहले यहाँ सुंदर महल वर्तमान था अर्थात् महल नष्ट नहीं हुआ था। यहाँ इसका प्रयोग भूतकाल की ओर संकेत करने के लिए हुआ है। इसी प्रकार अनेक वाक्यों का क्रिया रूप वर्तमान काल का होता है, लेकिन अर्थ की दृष्टि से वे भविष्य की ओर संकेत करते हैं; जैसे— वह कल कोलकाता जा रहा है।

ऊपर के उदाहरणों में प्रस्तुत के स्थान पर वर्तमान का और वर्तमान के स्थान पर प्रस्तुत का प्रयोग नहीं किया जा सकता। इसी प्रकार शोध पत्र आदि प्रस्तुत किया जाता है, वर्तमान नहीं। संक्षेप में जो चल रहा हो, वह वर्तमान है और जिसकी चर्चा चल रही हो, वह प्रस्तुत है। वर्तमान लंबी अवधि का भी हो सकता है, जबकि प्रस्तुत का काम अपेक्षाकृत जल्दी हो जाता है।

भूल और चूक

संस्कृत का 'भ्रष्टकृत' प्राकृत में 'भुल्ल' और हिंदी में भूल बना। भूल का अर्थ भूलने की क्रिया या भाव है। इसका संबंध मुख्यत: स्मरण शक्ति से है, क्योंकि भूल तब होती है, जब स्मरण शक्ति ठीक से काम नहीं करती है; जैसे—मैं चाबी लाना भूल गया। अज्ञान, असावधानी, भ्रम आदि के कारण कुछ का कुछ समझ लेने और उसी के आधार पर कोई गलत काम कर देने की अवस्था या भाव भी भूल है; जैसे—मैंने उन्हें अकारण बुरा-भला कह दिया, यह मुझसे बहुत बड़ी भूल हो गई। तथ्य को ठीक तरह से न समझने के कारण कोई गलती कर देना भी भूल है; जैसे—उसके साथ व्यापार करके तुमने बहुत बड़ी भूल कर दी। जल्दी में रहने या पूरा ध्यान नहीं दे सकने के कारण होनेवाली त्रुटि भी भूल की श्रेणी में आती है; जैसे—जल्दबाजी के कारण इस रचना में व्याकरण संबंधी कुछ भूलें रह गई हैं। भूलभुलैया बहुत घुमाव-फिराववाली बात को कहा जाता है। लखनऊ के इमामबाड़े में स्थित इमारत का नाम भूलभुलैया इसलिए है कि अधिक गलियाँ और

दरवाजे होने से उसमें जाने के बाद आदमी रास्ता भूल जाता है और जल्दी बाहर नहीं निकल पाता। भूल अनजाने में होती है, जिसे स्वयं एहसास करने पर अथवा दूसरों के द्वारा ध्यान दिलाए जाने पर सुधारा भी जा सकता है। इसलिए भूल सुधार शब्द प्रचलित हुआ। पत्र-पत्रिकाओं में भूल सुधार के माध्यम से अपनी गलतियों का परिमार्जन किया जाता है।

संस्कृत का 'च्युतकृत' प्राकृत में 'चुक्क' और हिंदी में चूक बना। चूक चूकना क्रिया का भाववाचक रूप है। इसका अर्थ चूकने की क्रिया या भाव है। इसका संबंध मुख्यतः लक्ष्य संधान से है; जैसे—निशाना चूक गया। तात्पर्य यह कि लक्ष्य पर वार नहीं हुआ। इस प्रकार चूक सीधे मार्ग से थोड़ा इधर-उधर हो जाने का परिणाम है। कभी-कभी चूक इतनी सूक्ष्म होती है कि उसका जल्दी पता नहीं चलता; जैसे—न जानें मुझसे कौन-सी चूक हो गई कि गुरुजी नाराज हो गए।

सामान्य तौर पर भूल और चूक में फर्क नहीं समझा जाता, लेकिन इन दोनों में सूक्ष्म भेद है। किसी बात, वस्तु आदि को याद न रख पाना भूल जाना है और लक्ष्य तक सही ढंग से नहीं पहुँच पाना चूक जाना। लक्ष्य की जानकारी नहीं रहने अथवा उसे याद नहीं रख पाने के कारण भूल होती है, जबकि चूक तब होती है, जब लक्ष्य की सही जानकारी होने के बावजूद किसी वजह से हम वहाँ तक पहुँचने में असफल हो जाते हैं। रास्ते का स्मरण हो जाने पर सुबह का भूला शाम को घर आ सकता है, लेकिन जो चूक जाता है, उसे अपने लक्ष्य की प्राप्ति के लिए दुबारा प्रयास करना पड़ता है। तवा गरम रहने की जानकारी न होने पर उसे छू लेना भूल है, जबकि जानकारी होने के बावजूद गरम तवे को छूना चूक कही जाएगी। व्यापारियों के बीच होनेवाले हिसाब-किताब के अंत में भूल-चूक लेनी-देनी लिखा जाना भी इन दोनों के अंतर को स्पष्ट करता है।

यश और कीर्ति

यश 'अश्' धातु से बना है। 'अश्' का अर्थ व्याप्त होना है। यश कोई अच्छा काम करने का श्रेय है। बहुत अधिक ख्याति या नाम होना यश है। इसका गुण अपने आप फैलना है। इससे कई मुहावरे भी बने हैं। यश गाना का अर्थ हर जगह किसी की प्रशंसा करते फिरना है। कृतज्ञतापूर्वक किसी का उपकार कर देना यश मानना है। यश लूटने का अर्थ बिना कोई बहुत बड़ा काम किए सहज में इसे प्राप्त

करना है। यश कमाना बहुत अधिक ख्याति या नाम होना है। यश किसी के द्वारा किए गए गौरवपूर्ण कार्य की चारों ओर फैली हुई प्रसिद्धि का वाचक है। ऋग्वेद में कहा गया है—'यश मित्र का काम करता है, यह सभा-समाज में प्रधानता प्राप्त कराता है। इसे प्राप्त करके सभी प्रसन्न होते हैं, क्योंकि यश से दुर्नाम नष्ट हो जाता है।' काव्य पहले यश के लिए होता है, बाकी चीजों के लिए बाद में—'काव्यं यशसे अर्थकृते व्यवहारविदे शिवेतर क्षतये।' यश से बने यशस्वी का अर्थ है जिसका चारों ओर यश फैला हो। यश:शेष का अर्थ मृत है अर्थात् जिसका केवल यश बचा हो।

कीर्ति का मुख्य अर्थ अच्छे कार्यों का उल्लेख करना है। कीर्तन इसी से संबद्ध शब्द है, जिसमें परमात्मा के उपकारों और गुणों का कीर्तिवर्णन और कीर्तिगान होता है। कीर्ति किसी की वह प्रसिद्धि है, जो उसे अच्छे और बड़े काम करने पर प्राप्त होती है तथा अधिक समय तक बनी रहती है। संसार में उसी की कीर्ति होती है, जो लोक कल्याण का कार्य करता है। ऐसे व्यक्ति के प्रति मन में श्रद्धा और सम्मान का भाव जाग्रत् हो जाता है; जैसे गंगा के रूप में भगीरथ की कीर्ति आज भी विद्यमान है। कीर्ति वह अच्छा या बड़ा काम है, जिसके कारण उसे करनेवाले के न रहने पर भी उसका नाम हो। कीर्तिशेष का अर्थ है—इस संसार में अब जिसकी कीर्ति ही शेष रह गई हो अर्थात् जो कीर्ति छोड़कर चला गया हो। कीर्तिस्तंभ वह स्तंभ है, जो किसी की कीर्ति का स्मरण कराने और उसे स्थायी रखने के लिए बनाया गया हो; जैसे चित्तौड़ का कीर्तिस्तंभ। धर्म से ब्याही गई राजा दक्ष प्रजापति की एक कन्या के अतिरिक्त राधा की माता का नाम भी कीर्ति है। प्रतिद्वंद्वियों द्वारा की गई प्रशंसा सर्वोत्तम कीर्ति मानी जाती है। गोस्वामी तुलसीदास के अनुसार कीर्ति, कविता और वैभव वही अच्छा है, जिससे गंगाजी के समान सबका कल्याण हो—

कीरति भनिति भूति भलि सोई।
सुरसरि सम सब कह हित होई॥

यश और कीर्ति में मुख्य अंतर यह है कि कीर्ति की जाती है और यश प्राप्त होता है। कीर्ति करने से यश अर्जित होता है। इस प्रकार कीर्ति महत्त्वपूर्ण कार्य की ओर संकेत करती है और यश उसके परिणामस्वरूप लोगों के बीच व्याप्त सुख्याति और सुनाम की ओर ले जाता है। महत्त्वपूर्ण कार्य करने से कीर्ति प्रचारित होती है और यश कमाया जाता है।

कल्पना और उपज

कल्प और कल्पना में 'कृप्' धातु है। 'कृप्' का अर्थ कल्पना करना होता है। कल्प में 'सं' जुड़ने से 'संकल्प' और 'वि' जुड़ने से विकल्प बनता है। 'सं' का अर्थ पूरी तरह से है। अतः संकल्प का अर्थ पूरी तरह से निश्चय कर लेना, पक्का इरादा करना, कोई कार्य करने की प्रतिज्ञा करना और दृढ कल्पना है। दूसरी तरफ 'वि' का अर्थ परिवर्तन है। अतः विकल्प का अर्थ दो या दो से अधिक चीजों या बातों में से चुनी हुई चीज या बात है। यह ऐसी कल्पना है, जो अनिर्णीत हो। कल्पना कल्पन का विकारी रूप है। यह किसी वस्तु को बनाने, रचने या उसे कोई दूसरा रूप देने की क्रिया या भाव है। यह वह मानसिक शक्ति है, जिसके माध्यम से मनुष्य नई बातों या वस्तुओं की प्रतिमाएँ या रूप-रेखाएँ अपने मानस पटल पर बनाकर उनकी अभिव्यक्ति काव्यों, चित्रों, प्रतिमाओं आदि के रूप में या अन्य किसी प्रकार से मूर्त रूप में करता है। तात्पर्य यह कि चित्रकार और मूर्तिकार अपनी कल्पना से ही नए-नए चित्र और मूर्तियाँ बनाते हैं तथा कवि की रचनाएँ उसकी कल्पना से ही आकार पाती हैं। नए-नए आविष्कारों के अतिरिक्त विभिन्न प्रकार के यंत्रों का बनना भी मूल रूप से कल्पना पर ही आधारित होता है। कल्पना मन की वह क्रिया है, जिसमें अनेक प्रकार के रूप और विचार गढ़े जाते हैं। ये रूप और विचार देखे-सुने भी हो सकते हैं और बिल्कुल नए भी। बाल्यावस्था की कल्पना बीती हुई और देखी-सुनी होती है, तो आनेवाली वृद्धावस्था की कल्पना बिल्कुल नई। कल्पना का विशेषण रूप काल्पनिक है। जो वास्तव में न हो और जिसकी मात्र कल्पना की गई हो, वह काल्पनिक या कल्पित है। कपोल कल्पना और कोरी कल्पना मनगढ़ंत बात को कहते हैं। जिसकी कल्पना की जा सकती हो अथवा जो कल्पना में आने के योग्य हो, वह कल्पनीय है। कल्पना में जो आनंद है, वह यथार्थ में नहीं, क्योंकि कल्पना में मोहक और प्रिय प्रतीत होती हुई बातें भी यथार्थ में सदा प्रिय नहीं होतीं।

उपज की उत्पत्ति संस्कृत के 'उपजनः' से हुई है। इसमें जन का अर्थ जनमना, उत्पन्न होना तथा उप उपसर्ग का अर्थ चेष्टा, प्रयत्न आदि है। किसान की मेहनत और उसके प्रयास से फसल उत्पन्न होती है। अतः उपज का भाव स्पष्ट है। फारसी में इससे मिलता-जुलता शब्द पैदावार है। कृषि की उपज होती है और हमारे मन में विचार आदि भी उपजते हैं। उपज उपजना क्रिया का भाववाचक संज्ञा रूप है। उपज के 'ज' का संबंध जन्म से है, जो पैदा होने का सूचक है। उपज

में 'आऊ' प्रत्यय लगने से बना उपजाऊ शब्द अधिक मात्रा में उत्पन्न करने की शक्ति का द्योतक है। साधारणतः उपज उन सभी चीजों को कहा जाता है, जो पैदा करके या बनाकर तैयार की गई हों; जैसे—कल-कारखाने अथवा खेती की उपज।

ये दोनों शब्द चिंतन और मनन शक्ति के वाचक हैं, जो हमारे मस्तिष्क में नई चीज या बात का मूर्तिमान स्वरूप उत्पन्न करती हैं और उन्हें कार्य क्षेत्र में प्रत्यक्ष रूप से लाने के लिए प्रवृत्त भी करती हैं। उपज में कल्पना का कुछ अंश तो रहता है, लेकिन यह क्षणिक या तात्कालिक होने से प्रभावकारी नहीं होती। कुल मिलाकर कल्पना निर्माण की पृष्ठभूमि है और उपज इसका परिणाम।

खोज और शोध

खोज खोजना क्रिया का भाववाचक संज्ञा रूप है। खोजना की उत्पत्ति संस्कृत के 'खुज्' धातु से हुई है। 'खुज्' का अर्थ चुराना, छीनना और लूटना है। इसलिए खोज का अर्थ खोई, चोरी गई या छिपी हुई चीज को ढूँढ़ना है। इसके लिए तलाश शब्द का भी प्रयोग होता है, जो मूलतः तुर्की भाषा का शब्द है। चोरी की गई अथवा छिपाई गई वस्तु को ढूँढ़ निकालने के लिए किसी के घर या अन्य स्थान की सभी वस्तुओं की अच्छी तरह छानबीन करना तलाशी लेना है। किसी वांछित व्यक्ति को ढूँढ़ने का काम भी खोज है; जैसे—पुलिस चोर, डाकू, खूनी, अपहर्ता या बलात्कारी की खोज में लगी है। किसी ऐसी वस्तु को ढूँढ़ निकालना भी खोज है, जो पहले से वर्तमान हो, लेकिन किसी कारणवश जिसे लोग नहीं जानते हों; जैसे—कोलंबस ने अमेरिका की खोज की थी। वैज्ञानिक क्षेत्र में नए-नए आविष्कार को भी खोज कहते हैं। खोज में 'ई' प्रत्यय लगने से खोजी शब्द बना है। खोजी पत्रकार की आजकल खूब चर्चा होती है। जो खोज करनेवाला अथवा खोज करने में सफल हो, वह खोजी है। खोज का एक अर्थ किसी व्यक्ति या पशु के चलने से जमीन या मिट्टी पर बननेवाला चिह्न या निशान भी है। इस दृष्टि से खोजी वह भी है, जो पैरों के निशान देखकर चोरों, डाकुओं, पशुओं आदि को ढूँढ़ निकाले। आधुनिक युग में यह कार्य उँगलियों के निशान(फिंगर्स प्रिंट)के सहारे किया जाता है। खोज-बीन करना और खोज-खबर लेना में भी खोजने के भाववाला अर्थ विद्यमान है।

शोध का मूल अर्थ किसी वस्तु का दोष दूर कर उसे शुद्ध कर देना है। यह

त्रुटियों को दूर कर उसे दुरुस्त करने, अशुद्ध को शुद्ध करने और गलत को सही करने की क्रिया है। अशुद्धि और गंदगी दूर कर साफ-सुथरा कर देना शोध है। इस प्रकार यह शुद्धि है, सफाई है और संस्कार भी है। शोध का विस्तृत अर्थ जाँच-पड़ताल करना और छानबीन करना है। आधुनिक युग में इसका प्रयोग वैज्ञानिक, साहित्यिक आदि क्षेत्रों में किसी नई बात का पता लगाकर किसी व्यक्ति द्वारा अपने दृष्टिकोण के अनुसार अपना मत प्रकट किए जाने के अर्थ में किया जाता है। खोज की क्रिया खोजना के समान शोध की क्रिया शोधना है, जिसका अर्थ आयुर्वेद में किसी धातु को इस प्रकार शुद्ध करना है कि वह औषधि बन जाए। शोध निबंध ऐसा निबंध है, जिसमें विचारणीय विषय के सभी अंगों की भली-भाँति छानबीन कर उसके संबंध में कोई मत या विचार स्थिर किया गया हो।

खोज किसी छिपी हुई चीज को उसी रूप में प्राप्त कर लेना है, जबकि शोध में किसी वस्तु को ढूँढ़ निकालने के बाद उसमें संशोधन-परिवर्धन भी किया जाता है। शोध में खोज कम तथा जाँच और शुद्धीकरण अधिक है। शोध केवल खोज नहीं, बल्कि सुधार भी है। कुल मिलाकर शोध में तो खोज मिली रहती है, लेकिन खोज में शोध शामिल नहीं है।

प्रयत्न और प्रयास

प्रयत्न में 'यत्' धातु है। 'यत्' का अर्थ कोशिश करना, उद्योग करना, परिश्रम करना आदि है। प्रयत्न यत्न में 'प्र' उपसर्ग लगने से बना है। यत्न का अर्थ इच्छाशक्ति का क्रियाशील होना है। इस प्रकार प्रयत्न हमारी इच्छाशक्ति का सूचक तो है ही, साथ ही इसमें हमारी मानसिक क्रियाशीलता का भाव भी समाहित है। यह वह मानसिक या शारीरिक चेष्टा है, जो उद्देश्य या कार्य पूरा करने के लिए की जाती है। इस प्रकार किसी कार्य की पूर्ति के लिए जब हम अपनी बुद्धि का उपयोग करते हैं, तो यह प्रयत्न कहलाता है; जैसे—आपका काम पूरा करने के लिए जहाँ तक मुझसे बन सकेगा, मैं प्रयत्न करूँगा। अपने प्रयत्न में सफल होने के लिए शुरू से आखिर तक हम जितने भी प्रकार के उपाय करते हैं या युक्ति लगाते हैं, ये सब हमारे बौद्धिक क्षेत्र से संबद्ध होते हैं। न्यायशास्त्र के अनुसार जीव या प्राणी के छह गुणों में से यह एक गुण है, जो उसकी सक्रिय चेष्टा का सूचक होता है। इसके तीन भेद हैं। (1) प्रकृति, (2) निवृत्ति और (3) जीवन कारण या जीवन

योनि। भाषाशास्त्र के अनुसार यह गले या मुख के अंदर की वह क्रिया या चेष्टा है, जो ध्वनियों के उच्चारण के लिए होती है और जिसमें जीभ आसपास के किसी भीतरी अवयव को छूकर तथा साँस को रोककर या विकृत करके ध्वनियों का उच्चारण कराती है। इसके दो भेद बताए गए हैं—(1) आभ्यंतर और (2) बाह्य।

प्रयास में 'यश्' धातु है। 'यश्' का अर्थ परिश्रम करना, श्रम करना, कोशिश करना, चेष्टा करना, उद्योग करना आदि है। प्रयास का अर्थ किसी नए कार्य को प्रारंभ करने के लिए की जानेवाली कोशिश है; जैसे—यह पुस्तक नवोदित लेखक का प्रशंसनीय प्रयास है। जैसे यास में 'प्र' उपसर्ग लगने से प्रयास शब्द बना है, वैसे ही यास में 'आ' उपसर्ग लगाने से आयास शब्द बनता है। आयास का अर्थ शारीरिक श्रम होता है। आयास में ही निषेधसूचक उपसर्ग 'अन्' लगने से अनायास शब्द बना है, जो बिना कुछ परिश्रम किए, बिना कठिनाई के, आसानी से, आप-से-आप, अचानक अर्थों का द्योतक है। इस दृष्टि से प्रयास ऐसी चेष्टा है, जिसमें हमें विशेष रूप से श्रम करना पड़ता है; जैसे सती प्रथा की समाप्ति के लिए राजा राम मोहन राय को जीवनपर्यंत प्रयास करना पड़ा था।

ये दोनों शब्द हमारी शारीरिक, मानसिक और बौद्धिक क्रियाओं के द्योतक हैं। ये ऐसी क्रियाएँ हैं, जो हमें कोई कार्य प्रारंभ कर उसे मंजिल तक पहुँचाने के लिए करनी पड़ती हैं। यास और यत्न एक ही अर्थ के वाचक हैं, जिनमें 'प्र' उपसर्ग लगने से प्रयास और प्रयत्न बनते हैं। इसलिए इन शब्दों में अंतर न कर इनका एक ही अर्थ में प्रयोग कर दिया जाता है, लेकिन सूक्ष्म दृष्टि से विचार करें, तो इनका अंतर स्पष्ट हो जाता है। प्रयत्न का अर्थ बार-बार किया जानेवाला परिश्रम और प्रयास का अर्थ अतिशय परिश्रम है। कुल मिलाकर यदि प्रयास किसी कार्य को प्रारंभ किए जाने के लिए की जानेवाली कोशिश है, तो प्रयत्न किसी कार्य को पूरा करने के लिए किया जानेवाला उद्योग या चेष्टा।

ग्रंथ और पुस्तक

संस्कृत की 'ग्रथ्' धातु से 'ग्रंथ' की उत्पत्ति हुई है। 'ग्रथ्' का अर्थ एक जगह जमा, झुंड, लच्छा, गुच्छा आदि तथा ग्रंथ का अर्थ गूँथना, बाँधना, नत्थी करना आदि है। किताब के अर्थवाला ग्रंथ भी विभिन्न पृष्ठों का समुच्चय या झुंड है। किताब के अर्थ में ग्रंथ का प्रचलन इसलिए हुआ कि जब कागज का आविष्कार

नहीं हुआ था, तब लिखने का काम भोजपत्र या ताड़ के पत्तों पर किया जाता था। इन पत्तों को सुरक्षित रखने और इन्हें सिलसिलेवार ढंग से पढ़ने के लिए इनमें छेद कर डोरी आदि से नत्थी करके एक साथ रखा जाता था। गूँथने के कारण ही इसका नाम ग्रंथ हो गया। ग्रंथ का मूल अर्थ किसी चीज में गाँठ लगाना और विकसित अर्थ ठीक क्रम से लगाना अथवा व्यवस्थित रूप देना है। लिखी हुई चीज, यानी कृति या रचना को नत्थी करने अथवा गूँथने के कारण ग्रंथ ने बाद में किताब का अर्थ ग्रहण कर लिया। ग्रंथ में 'ई' प्रत्यय लगने से ग्रंथी शब्द बना है। सिखों के पुरोहित ग्रंथी कहलाते हैं, जिनका वास्ता धार्मिक ग्रंथों से होता है। ग्रंथी के समान ही ग्रंथों को आदर और सम्मान के भाव से देखा जाता है और इनकी पूजा तक की जाती है। पूज्य भाव के कारण ही सिखों का धर्मग्रंथ गुरु ग्रंथसाहब कहलाता है। गुरु ग्रंथसाहब को पूरा करनेवाले सिखों के पाँचवें गुरु अर्जुन देवजी थे। ये स्वयं भी कवि थे और इन्होंने ही अमृतसर का स्वर्ण मंदिर बनवाया था। गुरु ग्रंथसाहब में गुरु नानक, अन्य सिख गुरुओं तथा कबीर आदि संत कवियों के वचनों का संग्रह किया गया है।

संस्कृत के 'पुस्त' का अर्थ ढकने से संबंधित है। 'पुस्त' के पुस्तक वाले अर्थ में इसके आवरण वाला भाव ही प्रधान है। पहले किताब के आवरण, यानी कवर को ही पुस्तक कहा जाता था, लेकिन बाद में इसमें किताब का भाव समाहित हो गया, अब तो अंग्रेजी के बुकपोस्ट के लिए हिंदी में 'पुस्तडाक' शब्द प्रचलित है। हाथ से लिखे हुए या छपे हुए पन्नों का बँधा हुआ या सजिल्द रूप पुस्तक है, लेकिन यह पत्रिका से अलग है। पुस्तक का मूल अर्थ शिल्प कार्य करना, पलस्तर करना, लेप करना, रेखाचित्र बनाना आदि है। हस्तलेखन भी शिल्प कार्य है, जिससे हाथ से लिखी हुई सामग्री पुस्तक हो गई। पुस्तक से ही पुस्तिका बनी है, जो कॉपी या बुक के अर्थ में प्रचलित है; जैसे—आंसर बुक के लिए उत्तर पुस्तिका।

ग्रंथ पुल्लिंग है और पुस्तक स्त्रीलिंग। ग्रंथ ऐसी कृति को कहा जाता है, जिसमें साहित्यिक, आध्यात्मिक, दार्शनिक, धार्मिक, वैज्ञानिक आदि विषयों का सूक्ष्म, उत्कृष्ट, सारगर्भित और विचारपूर्ण विवेचन किया गया हो। दूसरी तरफ सभी प्रकार की अच्छी-बुरी, छोटी-बड़ी तथा सभी विषयों की रचनाओं के लिए पुस्तक का प्रयोग होता है। इसी कारण पुस्तक की अपेक्षा ग्रंथ समादृत कृति माना जाता है। कुल मिलाकर प्रत्येक ग्रंथ पुस्तक तो है, लेकिन प्रत्येक पुस्तक ग्रंथ नहीं कही जा सकती।

लोकतंत्र और गणतंत्र

लोक शब्द की उत्पत्ति संस्कृत की 'लोक्' धातु से हुई है। लोक से बने संस्कृत के लोकः का अर्थ दुनिया, संसार है। ऋग्वेद आदि संहिताओं में भी लोक का अर्थ विश्व है। लौकिक संस्कृत में तीन लोकों का ही वर्णन है—(1) स्वर्ग (2) पृथ्वी और (3) पाताल। लेकिन लोक के विस्तृत वर्गीकरण में इसकी संख्या 14 बताई गई है। इनमें सात पृथ्वी के नीचे हैं और पृथ्वी से शुरू करते हुए सात ऊपर। मनुष्यों के समूह को लोग कहा जाता है, जिसकी उत्पत्ति भी 'लोकः' से हुई है। लोकतंत्र वह शासन प्रणाली है, जिसमें सभी वयस्क स्त्री और पुरुष प्रत्यक्ष या अप्रत्यक्ष रूप से अपने राष्ट्र या राज्य के शासनाध्यक्ष का चुनाव करते हैं। इसमें प्रभुसत्ता प्रतिनिधियों की संसद् तथा उसके द्वारा बनाए गए संविधान में होती है। इस तंत्र में कोई भी निर्णय बहुमत से होता है, जिसमें अल्पसंख्यकों के हितों का भी ध्यान रखा जाता है। इसमें सभी नागरिकों को समान अधिकार रहता है तथा अपने विश्वास के अनुसार धर्म का पालन करने और लेखों एवं भाषणों के माध्यम से अपने विचार प्रकट करने की स्वतंत्रता होती है। इसे अंग्रेजी में डेमोक्रेसी कहा जाता है।

गण का अर्थ समूह है; जैसे—देवगण, मित्रगण आदि। प्राचीन काल में गणों (कबीलों) की अपनी राजनैतिक और सामाजिक व्यवस्था पर आधारित स्वतंत्र राज्य गणराज्य कहलाते थे। ये बाहरी हस्तक्षेप स्वीकार नहीं करते थे। ये अपना सरदार या मुखिया स्वयं चुनते थे, जिसे आवश्यकता महसूस होने पर बदल भी देते थे। इसमें राजा या उसके वंशानुक्रम का कोई स्थान नहीं होता था। वैशाली गणराज्य को विश्व का पहला गणतंत्र कहा जाता है। गणतंत्र की सरकार जनसाधारण द्वारा निर्वाचित प्रतिनिधियों की होती है, जो अपने मतदाताओं के प्रति उत्तरदायी होती है। भारत जैसे गणतंत्र में केंद्र शासित प्रदेशों के अलावा कई छोटे-बड़े राज्य हैं, जो अनेक दृष्टियों से स्वाधीन होते हुए भी एक केंद्रीय सत्ता के अधीन हैं। इन राज्यों और केंद्र शासित प्रदेशों के प्रतिनिधि एक नियत अवधि के लिए संविधान द्वारा निर्धारित अधिकारों वाले राष्ट्रपति का चुनाव करते हैं। इसे अंग्रेजी में रिपब्लिक कहा जाता है।

लोकतंत्र को ही प्रजातंत्र और जनतंत्र भी कहा जाता है। लोकतंत्र में प्रधान सत्ताधारी वंशानुक्रम से सीमित अधिकारवाला राजा भी हो सकता है और जनसाधारण द्वारा चुना गया राष्ट्रपति भी। इंग्लैंड के लोकतंत्र का प्रधान वंशानुक्रम

से महाराजा होता है, जबकि अमेरिका, भारत और फ्रांस में ऐसा लोकतंत्र है, जिसमें सर्वोच्च सत्ताधारी निर्वाचित राष्ट्रपति होता है। इसीलिए इंग्लैंड के लोकतंत्र को गणतंत्र नहीं कहा जा सकता, जबकि अमेरिका, भारत आदि में लोकतंत्र और गणतंत्र दोनों हैं। लीबिया आदि दुनिया के अनेक ऐसे देश हैं, जहाँ केवल गणतंत्र है। अब प्रजातंत्र का प्रचलन इसलिए कम होता जा रहा है कि जब राजा ही नहीं रहे, तो प्रजा कैसे हो सकती है। ऐसे इंग्लैंड, नेपाल, भूटान आदि में राजा होने से वहाँ का लोकतंत्र प्रजातंत्र भी है।

परिणाम और फल

'नम्' धातु और 'परि' उपसर्ग से परिणाम बना है। परिणाम का अर्थ तब्दीली, रूपांतरण, नतीजा, अंत आदि है। सांख्य दर्शन में परिणाम को प्रकृति का मुख्य गुण या स्वभाव कहा गया है। सभी चीजें अपनी एक अवस्था या रूप को छोड़कर दूसरी अवस्था या रूप को धारण करती हैं। अवस्था या रूप का यही परिवर्तन परिणाम है। इस प्रकार किसी वस्तु की अवस्था या रूप में समय के अनुसार स्वाभाविक रीति से होनेवाला परिवर्तन परिणाम है; जैसे—राख लकड़ी, गोइठा आदि के जलने का परिणाम है। किसी कार्य के उपरांत क्रियात्मक रूप से पड़नेवाला उसका प्रभाव भी परिणाम है; जैसे—उस दिन के झगड़े का परिणाम यह हुआ कि दोनों में बोलचाल बंद हो गई। किसी काम या बात के तर्कसंगत रूप से अंत होने पर उससे प्राप्त होनेवाले नतीजे को भी परिणाम कहा जाता है; जैसे—उस बहस का परिणाम यह हुआ कि नाले की उड़ाही शुरू हो गई। बातों को सुन-समझकर उससे निकाला हुआ निष्कर्ष भी परिणाम कहा जाएगा; जैसे—उनकी बातें सुनकर मैं इसी नतीजे पर पहुँचा कि वे पूरे अंधविश्वासी हैं। परिणाम के आधार पर ही किसी नाटक को सुखांत या दुखांत कहा जाता है। परिणाम किसी कार्य विशेष की सबसे बाद वाली, यानी अंतवाली स्थिति का द्योतक है; जैसे—गेहूँ के पिसने का परिणाम आटा, दूध के जमने का परिणाम दही और गीली मिट्टी के चाक पर चढ़ने का परिणाम घड़ा है। इस प्रकार यह घटनाओं आदि का क्रमिक विकास मात्र है।

फल का सामान्य अर्थ वनस्पतियों, वृक्षों आदि में फूल आने के बाद उससे उत्पन्न होनेवाली वस्तु है; जैसे—जायफल (दवा के रूप में प्रयुक्त होनेवाला एक सुगंधित फल), पुंगीफल (कसेली) आदि। किसी प्रकार की क्रिया या प्रयत्न

करने के बाद उसके नतीजे के रूप में प्राप्त होनेवाली बात या वस्तु भी फल है; जैसे—परीक्षाफल। गणित में कोई क्रिया करने के बाद उससे अंक के रूप में प्राप्त नतीजा भी फल कहा जाता है; जैसे—गुणनफल, योगफल, क्षेत्रफल आदि। फलित ज्योतिष में ग्रहों की स्थिति और योग से सुख-दुःख के रूप में प्राप्त होनेवाला नतीजा भी फल है; जैसे—राशिफल, वर्षफल आदि। छुरी, तलवार, भाला, तीर, हल आदि की तेज धार वाला या नुकीला अंग भी फल है, जिससे ये आघात या काट करते हैं। जीवन में किए गए कार्यों के चार अभीष्ट फल धर्म, अर्थ, काम और मोक्ष हैं।

ये दोनों शब्द किसी ऐसी स्थिति के वाचक हैं, जो किसी कार्य के अंत में उत्पन्न होती या सामने आती है। परिणाम क्रमिक रूप से घटित होनेवाली स्थिति मात्र है और फल उस स्थिति के कारण उत्पन्न होनेवाले भोग का सूचक है। परिणाम अच्छा भी हो सकता है और बुरा भी। लेकिन, मनुष्य को उस परिणाम का जो अच्छा या बुरा भोग भोगना पड़ता है, वही फल है; जैसे—इन दोनों देशों के युद्ध का परिणाम चाहे जो हो, इसका फल वहाँ की जनता और आनेवाली पीढ़ी को भुगतान पड़ेगा।

पर्याप्त और यथेष्ट

'परि' और 'आप्त' के मिलने से पर्याप्त बना है। आप्त में 'आप्' धातु है। 'आप्' का अर्थ प्राप्त करना और आप्त का अर्थ प्राप्त किया हुआ है। इसमें चारों ओर वाला 'परि' का अर्थ मिला दें, तो पर्याप्त का अर्थ, जो पूरी तरह से प्राप्त किया हुआ है, हो जाएगा। इसका अंग्रेजी पर्याय सफिशिएंट और अरबी पर्याय काफी है। यह समग्र के अर्थ में भी प्रयुक्त होता है; जैसे—ईश्वर की कृपा से उनके पास पर्याप्त विद्या, बुद्धि, धन, बल आदि हैं। कोशों में पर्याप्त का एक अर्थ बहुत अधिक भी मिलता है, किंतु इस अर्थ में इसका सभी जगह प्रयोग नहीं किया जा सकता। उदाहरण के लिए ऐसा कहना ठीक नहीं होगा कि वह पर्याप्त मूर्ख या दुष्ट है, क्योंकि पर्याप्त में मूल भाव जितना आवश्यक हो, उतने का है। इस कारण इसका संबंध उपयोगिता और औचित्य से हो जाता है और दुष्टता या मूर्खता में आवश्यक, उपयोगी और उचित होने का कोई भाव नहीं है। दूसरी तरफ हम कह सकते हैं कि जितना चंदा इकट्ठा हुआ है, वह इस सम्मेलन के लिए

पर्याप्त है अथवा आपने जितने रुपए दिए हैं, वे मुंबई आने-जाने के लिए पर्याप्त हैं। इन दोनों वाक्यों में आवश्यकता की अच्छी तरह से पूर्ति होने के कारण संतोष का भाव प्रकट होता है।

यथा+इष्ट की संधि से यथेष्ट बना है। 'इष्ट' में 'इष्' धातु है। 'इष्' का अर्थ चाहना और 'इष्ट' का अर्थ चाहा हुआ है। यदि इसमें यथा का जिस प्रकार या जैसा वाला अर्थ मिला दिया जाए, तो यथेष्ट का अर्थ जैसा चाहा गया हो, वैसा हो जाएगा। यथेष्ट में चाह या कामना का भाव है, जिससे इसकी परिणति तृप्ति में होती है। इस वजह से इसमें संतोष आदि धनात्मक भावों की प्रधानता है, असंतोष आदि ऋणात्मक भावों की नहीं। इसीलिए यथेष्ट लाभ, यथेष्ट सुख, यथेष्ट भोजन, यथेष्ट धन आदि का प्रयोग तो ठीक है, लेकिन यथेष्ट हानि, यथेष्ट दु:ख, यथेष्ट विपत्ति, यथेष्ट कष्ट, यथेष्ट पीड़ा, यथेष्ट चिंता, यथेष्ट झगड़ा आदि का नहीं, क्योंकि ये किसी के इष्ट नहीं हो सकते अथवा कोई इनकी इच्छा या कामना नहीं कर सकता। न्यायशास्त्र के अनुसार अपराधी को यथेष्ट दंड मिलना चाहिए। इसका तात्पर्य यह है कि दंड अपराध के अनुसार होना चाहिए। न तो यह अपराध के अनुपात से बहुत कम हो और न बहुत अधिक।

इन दोनों शब्दों का प्रयोग धनात्मक भावों की अभिव्यक्ति के लिए होता है। लेकिन यथेष्ट से पर्याप्त की मात्रा अधिक होती है, क्योंकि इसमें अपेक्षित के अतिरिक्त एक भाव प्रचुरता का भी है। यह जितना चाहिए, उससे अधिक के भाव का द्योतक है। पर्याप्त का प्रयोग ऐसी स्थिति का द्योतन करने के लिए किया जाता है, जिससे हमारी आवश्यकता की अच्छी तरह से पूर्ति तो हो ही, उस पूर्ति के बाद भी उसमें से कुछ अंश बचे रहने की संभावना हो। अत: पर्याप्त में आवश्यकता और उपयोगिता के साथ अधिकता वाला भाव भी समाहित है; जैसे—(क) उनके पास पर्याप्त धन है, जिससे वे अपने लड़के की पढ़ाई पर यथेष्ट खर्च कर सकते हैं, (ख) उनके पास जीवन निर्वाह के लिए तो यथेष्ट धन था, लेकिन वह दीन-दुखियों की सहायता के लिए पर्याप्त नहीं था।

मजदूरी, पारिश्रमिक और वेतन

श्रमिक में 'श्रम्' धातु है। 'श्रम्' धातु का अर्थ मेहनत करना और थकना है। श्रमिक श्रम करनेवाले को कहा जाता है, जिसका फारसी पर्याय मजदूर है। मजदूर

को उसके श्रम के बदले मजदूरी दी जाती है। मजदूर शारीरिक श्रम द्वारा जीविका कमानेवाला व्यक्ति होता है। खेतों में काम करनेवाले अथवा ईंट या बोझा ढोनेवाले मजदूर कहलाते हैं।

पारिश्रमिक परिश्रम का विकारी रूप है। किसी प्रकार का परिश्रम करने पर उसके बदले में लिया या दिया जानेवाला धन पारिश्रमिक है। मजदूरी के समान इसका संबंध केवल शारीरिक श्रम से न होकर बौद्धिक श्रम से भी है। यह श्रम से अधिक परिश्रम के निकट है। यों, श्रम में जीवी लग जाने से श्रमजीवी का संबंध बौद्धिक श्रम से भी हो जाता है। इसीलिए पत्रकारों को श्रमजीवी पत्रकार कहा जाता है। कवि सम्मेलनों में कविता पाठ करनेवाले कवियों, फिल्म में काम करनेवाले अभिनेता-अभिनेत्रियों, उत्तर पुस्तिकाएँ जाँचनेवाले अध्यापकों-प्राध्यापकों, पत्र-पत्रिकाओं में रचनाएँ प्रकाशित करानेवाले लेखकों-कवियों, साल भर के बही-खाते का हिसाब लिखनेवाले अथवा इनकी जाँच करनेवाले मुंशियों को मजदूरी नहीं दी जाती, बल्कि पारिश्रमिक दिया जाता है। पारिश्रमिक मजदूरी के समान समय के हिसाब से न देकर परिश्रम के हिसाब से दिया जाता है। किसी से कोई काम लेते समय अथवा देते समय उसका पारिश्रमिक प्रायः पहले ही तय कर लिया जाता है।

वेतन वित्त से बना है। वित्त वह है, जिससे किसी को उपकृत या पुरस्कृत किया जा सके अथवा जिसका दान किया जा सके। वित्त का अर्थ धन, संपत्ति, दौलत, द्रव्य, अर्थ आदि हैं। वेतन में निरंतरता, निश्चितता और समयबद्धता है। यह ऐसा धन है, जो निरंतर काम करते रहने पर निश्चित रूप से नियमित रूप में नियत समय पर दिया जाता है। यह प्रायः हर महीने या सप्ताह में निश्चित तिथि को दिया जाता है। यदि ऐसी नियमितता दैनिक आधार पर लागू हो, तो इसे भी वेतन की श्रेणी में रखा जाता है। इसी कारण दैनिक वेतनभोगी कर्मचारी शब्द भी चलता है। वेतन पानेवाले लोग दो प्रकार के होते हैं। एक वे हैं, जो घर-गृहस्थी आदि के लिए अपनी सेवाएँ देते हैं। दूसरे वे हैं, जो कार्यालयों आदि में कार्य करते हैं; जैसे—कलक्टर साहब सरकारी नौकरी करते हैं और उन्होंने अपने घर के काम के लिए एक नौकर रख लिया है।

वेतन पारिश्रमिक कहा जा सकता है, क्योंकि वेतन पाने के लिए कुछ-न-कुछ परिश्रम करना पड़ता है, परंतु पारिश्रमिक अथवा मजदूरी को वेतन नहीं कहा जा सकता। इसका कारण यह है कि इनमें नियमितता नहीं होती। प्रतिदिन की शुद्ध मजदूरी न तो पारिश्रमिक है और न वेतन। इसी प्रकार डॉक्टर या वकील को दी

जानेवाली फीस मजदूरी नहीं, पारिश्रमिक है, जिसे वेतन की श्रेणी में भी नहीं रखा जा सकता। कुछ वेतनभोगियों को सेवानिवृत्ति के बाद पेंशन भी मिलती है, लेकिन मजदूरी या पारिश्रमिक में ऐसा संभव नहीं है।

प्रकृति और स्वभाव

प्रकृति में 'कृ' धातु है। 'कृ' में करने अथवा होने का भाव है। प्रकृति शब्द कृति में 'प्र' उपसर्ग लगने से बना है। इसलिए इसका मूल अर्थ विशिष्ट रचना है। प्रकृति के विपरीतार्थक शब्द विकृति का अर्थ परिवर्तित रूप है। इस दृष्टि से प्रकृति का मतलब स्वाभाविक रूप होगा। यह किसी पदार्थ या प्राणी का ऐसा स्वाभाविक गुण है, जो उसमें मूल रूप से विद्यमान रहता है और इसमें कोई परिवर्तन नहीं होता; जैसे—किसी वस्तु या प्राणी को जला देना अग्नि की प्रकृति है। अधिकतर दार्शनिक प्रकृति को ही सारी सृष्टि के उद्गम का एकमात्र कारण मानते हैं। यही सभी कार्यों और कारणों का मूल है तथा इसी से सभी जीव या पदार्थ बनते, विकसित होते तथा अंत में नष्ट हो जाते हैं। प्रकृति वह दृश्य जगत् भी है, जिसमें हमें सभी प्राणी और वस्तुएँ अपने मूल रूप में दिखाई देती हैं; जैसे—कश्मीर की प्रकृति की छटा देखने योग्य होती है। प्रकृति के वश में रहकर ही मनुष्य सभी प्रकार के कार्य करता है, जिसके अनुसार ही उसका चरित्र बनता-बिगड़ता है; जैसे—लोभी व्यक्ति प्रकृति से स्वार्थी होते हैं। प्रकृति का एक अर्थ जीवनयापन का ढंग है, जिस पर आधुनिक सभ्यता का प्रभाव न पड़ा हो; जैसे—आदिवासी प्रकृति की गोद में ही पलते-बढ़ते हैं। प्राणियों के भीतर की रोग प्रतिरोधक क्षमता, यानी जीवनदायिनी शक्ति भी प्रकृति कही जाती है; जैसे—आजकल उन्होंने दवा लेना बंदकर अपने को प्रकृति पर छोड़ दिया है।

स्वभाव 'स्व' और 'भाव' के मिलने से बना है। 'स्व' का अर्थ निजी या अपना है। इस प्रकार स्वभाव का अर्थ अपना या निजी भाव अथवा स्वयं की प्रवृत्ति है। स्वभाव प्राणियों की वह मानसिक स्थिति है, जो प्राय: एक ही प्रकार से काम करती हुई दिखाई देती है और उसकी समस्त जाति में जन्मजात रूप से विद्यमान रहती है; जैसे—शेर स्वभाव से ही हिंसक होता है। स्वभाव मनुष्य के मन के भीतर का वह रूप है, जो उसके आचार-विचार आदि का संचालक होता है; जैसे—वह स्वभाव से ही क्रोधी है। यह आदत और अभ्यास का भी वाचक है; जैसे—इधर कुछ दिनों से तुम्हारा सबसे बहस करने का स्वभाव हो गया है। यों तो

स्वभाव जन्मजात होता है, लेकिन कुछ अवस्थाओं में इसमें परिवर्तन भी देखने को मिलता है; जैसे—वृद्धावस्था की वजह से उनका स्वभाव चिड़चिड़ा हो गया है।

प्राणियों से इतर संदर्भ में स्वभाव का प्रयोग न होकर केवल प्रकृति का प्रयोग होता है। प्रकृति चारों ओर है, जबकि स्वभाव हमारे भीतर की चीज है। प्रकृति की कृति और स्वभाव के भाव पर विचार करें, तो कृति मूर्त, स्थूल और बाह्य है, जबकि भाव अमूर्त, सूक्ष्म और आंतरिक। प्रकृति का संबंध शरीर और स्वभाव का रिश्ता मन से जुड़ता है। इसीलिए प्रकृति का प्रयोग शरीर संबंधी आदत के लिए और स्वभाव का प्रयोग मन संबंधी आदत के लिए किया जाना चाहिए; जैसे—वे वात प्रकृति के हैं। तात्पर्य यह कि कफ और पित्त की अपेक्षा उनमें वात की अधिकता है। इसी प्रकार वे ईर्ष्यालु स्वभाव के हैं, कहना ठीक होगा, क्योंकि ईर्ष्या का संबंध सीधे मन से है, शरीर से नहीं।

विरुद्ध और विपरीत

'रुद्ध' में 'वि' उपसर्ग लगने से 'विरुद्ध' बना है। 'रुद्ध' का अर्थ 'रुका' या रोका हुआ, बाधित, घिरा या घेरा हुआ, पकड़ा हुआ, जिसकी गति बंद हो गई हो आदि है। विरुद्ध से ही विरोध बना है। विरुद्ध विरोध का भाव सूचित करनेवाला विशेषण है, जिसका अर्थ किसी कार्य या प्रयत्न का विरोध करनेवाला अथवा उसकी विफलता चाहनेवाला है। इसका प्रयोग संबंधबोधक के रूप में होता है तथा इसका रूप के विरुद्ध है; जैसे—वह आपके विरुद्ध कदापि नहीं बोलेगा। विरुद्ध में उलटेपन का भाव है; जैसे—संत और शैतान के आचरण एक-दूसरे के विरुद्ध होते हैं। जो किसी के सामने आकर उसका विरोध करे, वह उसके विरुद्ध समझा जाता है; जैसे—भारत ने पाकिस्तान के विरुद्ध 55 रनों से जीत दर्ज की। अव्यय के रूप में इसका अर्थ प्रतिकूल स्थिति में और खिलाफ है; जैसे—किसी के विरुद्ध चलना या बोलना। इसके अतिरिक्त इसका प्रयोग क्रिया विशेषण के रूप में भी होता है। विरुद्धकर्मा निंदनीय आचरण करनेवाले को कहा जाता है। जो साधारण नियमों आदि से उलटा हो, वह भी विरुद्ध कहलाता है; जैसे—नियम, विधान, शास्त्र आदि के विरुद्ध आचरण या व्यवहार करना।

विपरीत का अर्थ जैसा होना चाहिए, उसका उलटा है। यह प्रतिकूल अथवा मेल न खानेवाला है। इसका आशय या भाव उचित, उपयुक्त आदि से बिल्कुल

उलटे होने का है; जैसे—विनाशकाले विपरीत बुद्धि। इस पंक्ति का आशय यह है कि जब विनाश का समय आता है, तब बुद्धि वैसी ही नहीं रह जाती, जैसी सामान्य अवस्था में होती है, बल्कि उससे ठीक उलटी हो जाती है। विपरीत का अर्थ उलटी दिशा में जानेवाला भी है; जैसे—अब हवा विपरीत दिशा में बहने लगी है। इसका अर्थ यह है कि हवा पहले जिस दिशा में बह रही थी, अब वह उसकी उलटी दिशा में है। जो चीजें आपस में इस प्रकार आमने-सामने और इतनी दूर होती हैं कि उनमें परस्पर कभी मेल या संगति नहीं होती अथवा उनमें समझौते की गुंजाइश नहीं होती, तो उन्हें भी विपरीत कहा जाता है। 'विपरीता' बदचलन स्त्री अथवा दुश्चरित्र पत्नी को कहा जाता है।

विरुद्ध में विरोध करने का भाव होना आवश्यक है। इसमें प्रतिरोध की भावना होती है; जैसे—राम श्याम के विरुद्ध दिन-रात विष उगलता रहता है। इसका अंग्रेजी पर्याय अगेंस्ट है। दूसरी तरफ विपरीत किसी बात या वस्तु आदि के विषय में भिन्न वैचारिक स्थिति अथवा उलटी भौगोलिक अवस्था को व्यक्त करता है; जैसे—(क) विपरीत सोच के कारण उन दोनों में कभी मेल संभव नहीं है। (ख) विपरीत मौसम के कारण आज उन्हें अपनी यात्रा स्थगित करनी पड़ी। विपरीत का अंग्रेजी पर्याय अपोजिट है। यदि कहा जाए कि बाप और बेटा एक-दूसरे के विपरीत सोचते हैं, तो इसका आशय होगा कि बाप कुछ सोचता और बेटा कुछ सोचता है, लेकिन यदि कहा जाए कि बाप और बेटा एक-दूसरे के विरुद्ध सोचते हैं, तो इसका मतलब होगा कि बाप बेटे के खिलाफ और बेटा बाप के खिलाफ सोचता है। इन दोनों का एक साथ प्रयोग इस प्रकार होगा—विपरीत विचारधारा के कारण पति और पत्नी चुनाव में एक-दूसरे के विरुद्ध खड़े हैं।

उपदेश और प्रवचन

उपदेश में 'दिश्' धातु है। 'दिश्' का अर्थ बतलाना है। यही 'दिश्' धातु दिशा, निर्देश और निर्देशन में भी है। इसलिए उपदेश देना में दिशा दिखाना, निर्देश देना और निर्देशन करना का भाव प्रधान है। सूक्ति, आज्ञा, दीक्षा, नसीहत, अच्छी सलाह, नेक वचन आदि के अर्थ में भी उपदेश शब्द प्रचलित है। मंत्र आदि का कथन भी उपदेश है। गुरु अपना शिष्य बनाते समय जो तत्त्व की बात बतलाते हैं, वह उपदेश ही है, जिसे गुरु मंत्र कहा जाता है। मनु ने इसका प्रयोग शिक्षण के अर्थ में किया है। उपदेश के माध्यम से ही संत-महात्माओं ने देश-विदेश

में जगह-जगह घूमकर दार्शनिक भाव उजागर किए हैं। किसी को सही दिशा में ले जाने के लिए प्रेरित करनेवाली बात बतलाना, धर्म तथा नीति से संबंधित उपयोगी बातें कहना तथा अच्छे आचरण और व्यवहार की सीख देना उपदेश है। उपदेश देनेवाला उपदेशक या उपदेष्टा कहलाता है। जनसमूह के बीच मौखिक व्याख्यान द्वारा विचारों को प्रचारित करने की परंपरा महात्मा गौतम बुद्ध और उनके अनुनायियों से प्रारंभ होती है। इसके पूर्व उपदेश के बदले अपने आचरण द्वारा लोगों को अच्छे मार्ग पर चलने की प्रेरणा देने की पद्धति थी। भगवान् बुद्ध के बाद ही उपदेश के जरिए धर्म के प्रचार की रीति चली। इसके बाद सनातन धर्म, आर्य समाज आदि का प्रचार उपदेश के माध्यम से हुआ। अन्य धर्मों के प्रचार का भी प्राय: यही तरीका है। अपने द्वारा दिए गए उपदेश के अनुकूल स्वयं आचरण नहीं करने पर यह ढोंग का भी अर्थ देता है। गोस्वामी तुलसीदास ने लिखा है—

पर उपदेश कुशल बहुतेरे।
जे अचरहिं ते नर न घनेरे॥

अर्थात् दूसरों को उपदेश देने में बहुत से लोग चतुर होते हैं, परंतु जो लोग अपने उपदेश के अनुसार आचरण करते हैं, वे बहुत थोड़े होते हैं। उपदेश तब आदेश की श्रेणी में आ जाता है, जब इसका आँख मूँदकर पालन किया जाता है।

प्रवचन में 'वच्' धातु है। 'वच्' का अर्थ बोलना है। भाषण की 'भाष्' धातु का अर्थ भी बोलना है। इस प्रकार प्रवचन नीति, धर्म और अध्यात्म से संबंधित भाषण है। शतपथ ब्राह्मण में प्रवचन का अर्थ मौखिक शिक्षा दिया गया है। धर्म में प्रवचन का बहुत महत्त्व है, क्योंकि आचार्य और गुरु के मुख से निकले हुए वचनों का श्रोताओं पर सीधा प्रभाव पड़ता है। इसीलिए प्राय: सभी संप्रदायों में प्रवचन की प्रणाली प्रचलित है। प्रवचन का प्रयोग ऐसे शिक्षाप्रद और नैतिक व्याख्यान के लिए होता है, जो धार्मिक ग्रंथों में आई हुई बातों के आधार पर और उनकी व्याख्या के रूप में हो। महापुरुषों के वचनों अथवा धार्मिक ग्रंथों का स्पष्टीकरण करते हुए उनका महत्त्व समझाना ही प्रवचन है; जैसे—गीता या रामायण का प्रवचन।

ये दोनों शब्द ऐसी बातों के सूचक हैं, जो श्रोताओं के समक्ष उनके कल्याण की दृष्टि से कहे जाते है। इनमें उपदेश का आज्ञा से निकट का संबंध है और प्रवचन की व्याख्यान से नजदीकी है। इसके अतिरिक्त सामान्यत: उपदेश दिया जाता है और प्रवचन किया जाता है।

प्राप्ति और उपलब्धि

प्राप्ति में 'आप्' धातु है। 'आप्' धातु का अर्थ प्राप्त करना, पकड़ लेना आदि है। प्राप्ति शब्द 'प्र' और 'आप्ति' की संधि से बना है। प्राप्ति का अर्थ प्राप्त होने, यानी अपने अधिकार में आने की क्रिया, अवस्था या भाव है; जैसे—उन्हें इस कार्य में अच्छी रकम की प्राप्ति हुई। किसी स्थिति का प्रकट होना भी प्राप्ति है; जैसे—ईश्वर के भजन से उन्हें सुख की प्राप्ति होती है। किसी वस्तु का इस रूप में मिलना भी प्राप्ति है, जिससे आर्थिक या अन्य प्रकार का लाभ हो; जैसे—प्राप्ति ही उनका मुख्य उद्देश्य होता है, जिससे जहाँ कुछ मिलने की आशा हो, वहाँ वे जरूर जाते हैं। किसी वस्तु या बात के पास पहुँचने की क्रिया भी प्राप्ति है; जैसे उन्हें अपने पत्र के उत्तर की प्राप्ति हो गई। कहीं-कहीं लाक्षणिक रूप में भी इसका प्रयोग होता है; जैसे—वृद्धावस्था की प्राप्ति के बाद ही भक्ति की तरफ उनका ध्यान गया। कहीं से आनेवाली किसी चीज को ग्रहण करना भी प्राप्ति है; जैसे—कानों से ध्वनियों की प्राप्ति के बाद ही हम किसी की बात सुन पाते हैं। जो वस्तु हमारे पास है, उसके अलावा कोई वस्तु कहीं से हमारे हाथ में आ जाए, तो वह प्राप्ति कही जाती है। जैनेंद्र कुमार के शब्दों में 'प्रत्येक व्यय एक प्रकार की प्राप्ति है। हम रुपए देते हैं, तो कुछ और चीज पाते हैं। ऐसा हो नहीं सकता कि हम दें और लें नहीं।'

उपलब्धि में 'लभ्' धातु है। लभ् धातु का अर्थ हासिल करना, वसूल करना आदि है। उपलब्धि शब्द लब्धि में 'उप' उपसर्ग लगने से बना है। लब्धि का अर्थ लाभ है और उपलब्धि का अर्थ उपलब्ध होने की क्रिया, अवस्था या भाव है। यह प्रयास करके प्राप्त की हुई सफलता या सिद्धि है। यह ज्ञान, योग्यता, अनुभव आदि के उस विशिष्ट और विकसित रूप का परिचायक है, जो सामान्यतः सभी लोगों को प्राप्त नहीं हो पाता। कला, विज्ञान, साहित्य, धर्म, अध्यात्म, राजनीति आदि के क्षेत्रों में प्रयत्न करके हम जो ज्ञान आदि प्राप्त करते हैं, वही उपलब्धि कही जाती है।

ये दोनों शब्द ऐसी चीजों या बातों के सूचक हैं, जो चीजें या बातें किसी प्रकार हमारे अधिकार में आती या मिलती हैं। इन दोनों में लाभ और उपार्जन के भाव सम्मिलित हैं। फिर भी, इनमें फर्क है, क्योंकि प्राप्ति चाहे कितनी भी बड़ी क्यों न हो, उपलब्धि का वजन उससे ज्यादा है; जैसे—उसे प्रथम श्रेणी की प्राप्ति की आशा तो सबको थी, लेकिन मेरिट लिस्ट में आ जाना उसकी उपलब्धि कही

जाएगी। मूल रूप से प्राप्ति का प्रयोग धन और वस्तुओं के संदर्भ में ही होता है, जबकि किसी भी क्षेत्र में बड़ी सफलता प्राप्त करने पर वह उपलब्धि कही जाती है। प्राप्ति बिना किसी प्रयास के भी हो सकती है; जैसे—उन्हें राह चलते रास्ते पर गिरे हजार रुपए के नोट की प्राप्ति हो गई। इसके विपरीत उपलब्धि के लिए विशेष प्रयास अपेक्षित है; जैसे—उन्हें आई.ए.एस. बनने के लिए दिन-रात एक करना पड़ा। इन दोनों शब्दों का एक साथ प्रयोग होगा—यश की प्राप्ति बड़ी उपलब्धि मानी जाती है।

प्रायः और बहुधा

प्रायः का अर्थ अकसर, करीब-करीब, लगभग, बीच-बीच में आदि है; जैसे मुझे प्रायः कोलकाता जाना पड़ता है। इसमें अधिकतर अवसरों, अवस्थाओं या प्रसंगों में रह-रहकर घटित होते रहने अथवा अधिकतर स्थानों पर बीच-बीच में सामने आते रहने का भाव है; जैसे—(क) उन्हें प्रायः रोज बुखार हो जाता है, (ख) उस बस्ती के प्रायः सभी मकानों में बाढ़ का पानी घुस गया है, (ग) उनके द्वारा लिखी गई प्रायः सभी कहानियाँ प्रकाशित हो चुकी हैं, (घ) गरमी की छुट्टियों में वे प्रायः शिमला चले जाते हैं; (ड.) सुबह की चाय मैं प्रायः उन्हीं के यहाँ पीता हूँ! प्रायः कुछ कम या कुछ अधिक के अर्थ में भी प्रयुक्त होता है; जैसे—मृत्यु के समय उनकी आयु प्रायः 80 वर्ष की थी। इसका अर्थ यह है कि मृत्यु के समय वे या तो 80 वर्ष से दो चार वर्ष कम के थे या दो-चार वर्ष अधिक के। प्रायः का विसर्ग हटा देने पर इसका रूप प्राय हो जाता है। प्राय विशेषण है। इसका अर्थ रूप, स्थिति आदि की दृष्टि से किसी के बहुत कुछ समान अथवा मिलता-जुलता या उस तक पहुँचता हुआ है। यह प्रायः किसी शब्द के अंत में लगकर नया शब्द बनाता है; जैसे—(क) नष्टप्राय अर्थात् जिसका करीब-करीब विनाश हो गया हो, (ख) मृतप्राय अर्थात् जो मृत्यु के बहुत पास पहुँच गया हो, (ग) समाप्तप्राय अर्थात् जो समाप्त के बराबर हो। यहाँ यह तुल्य (समान, अनुरूप) का अर्थ दे रहा है। (घ) कष्टप्राय अर्थात् कष्ट से भरा हुआ अथवा जलप्राय अर्थात् जल से बहुत अधिक युक्त। कभी-कभी यह शब्द के प्रारंभ में भी लगता है, जैसे—द्वीप के प्रारंभ में जुड़कर प्रायद्वीप शब्द बनता है। जो अधिकांश में द्वीप है, उसे ही प्रायद्वीप कहा जाता है। द्वीप चारों ओर से जल से घिरा हुआ थल है, जबकि प्रायद्वीप तीन

तरफ से पानी से घिरा होता है।

बहुधा में बहु (बहुत) है, जिससे इसके मुख्यतः दो अर्थ हैं— (1) बहुत प्रकार से या बहुत तरह से और (2) बहुत बार। जब अनेक अवसरों पर और अकसर कोई बात होती या घटना घटती है, तो वहाँ बहुधा का प्रयोग किया जाता है, इसमें आवृत्ति, पुनरावृत्ति और बारंबरता का भाव प्रधान है।

इन दोनों क्रिया विशेषणों का प्रयोग ऐसे प्रसंगों में होता है, जो थोड़े-थोड़े अंतरों पर या बीच-बीच में एक दूसरे के बाद होते चलते हैं। इनमें प्रायः में मुख्यतः घटना के होने पर जोर रहता है, जबकि बहुधा का जोर आवृत्तियों और पुनरावृत्तियों पर होता है। इसी कारण प्रायः में बहुधा की तुलना में कम आवृत्तियाँ होती हैं; जैसे—जाड़े के दिनों में कश्मीर में बहुधा बर्फ गिरती है। इसका अर्थ यह होगा कि जाड़े में वहाँ निश्चित रूप से और बार-बार बर्फ गिरती है। यदि इस पंक्ति में बहुधा के स्थान पर प्रायः का प्रयोग कर दिया जाए, तो बर्फ गिरने की निश्चयात्मकता और संभावना में कमी आ जाएगी। प्रायः की नजदीकी लगभग और तकरीबन से है, जबकि बहुधा बहुत बार के करीब है; जैसे राम प्रायः रोज स्कूल जाता है, जबकि उसका भाई श्याम स्कूल में बहुधा अनुपस्थित रहता है।

प्रज्ञा और प्रतिभा

प्रज्ञा बुद्धि का परिष्कृत रूप है। यह बुद्धि की विकसित स्थिति है, जो अध्ययन, मनन, चिंतन, अभ्यास, निरीक्षण आदि से पैदा होती है। इससे मनुष्य में ऐसी विवेक शक्ति उत्पन्न हो जाती है, जिससे वह सभी बातों का वास्तविक रूप जल्दी समझकर उनके हानि-लाभ से अवगत होते हुए सहज में कोई निर्णय ले पाता है। यह मुख्यतः आध्यात्मिक और दार्शनिक क्षेत्रों में प्रयुक्त होनेवाला शब्द है, जिसमें अनुभूति और अंतर्दृष्टि से आत्मा अथवा परमात्मा के संबंध में ज्ञान उत्पन्न होता है। यह साधारण बुद्धि का ऐसा तराशा हुआ रूप है, जिसमें पांडित्य और विचारशीलता का सम्मिश्रण रहता है। यह विशिष्ट ज्ञान और बुद्धिमत्ता है। प्रज्ञा चतुर और दूरदर्शी बनाती है, जिससे मनुष्य प्रत्येक विषय का अत्यंत गंभीर विश्लेषण करने में समर्थ होता है। जिसकी बुद्धि ही आँख का काम करे, उसे प्रज्ञाचक्षु कहा जाता है। इसलिए बुद्धि से ही सभी बातें जान और समझ लेनेवाले अंधे व्यक्ति को प्रज्ञाचक्षु कहा जाता है। ऐसे नेत्रहीन पंडित और विद्वान देखने और

पढ़ने में साधारण लोगों की तुलना में अधिक सक्षम और काबिल होते हैं। सरस्वती का एक नाम प्रज्ञा है तथा बुद्धिमती और विदुषी स्त्री को भी प्रज्ञा कहा जाता है। प्रज्ञा का अर्थ धृतराष्ट्र और ज्ञानी पुरुष भी है। हितोपदेश में कहा गया है कि जिस मनुष्य की अपनी प्रज्ञा न हो, उसके लिए शास्त्र बेकार है, जैसे दोनों आँखों से रहित अंधे व्यक्ति के लिए आईना व्यर्थ है।

प्रतिभा बौद्धिक शक्तियों का पुंज है। यह असाधारण बुद्धि बल है। यह ऐसी प्राकृतिक बुद्धि या मानसिक शक्ति है, जिसमें विशेष तीव्रता या प्रखरता हो। प्रतिभा की बदौलत ही मनुष्य अपनी कल्पना के द्वारा उच्च कोटि की मौलिक और रचनात्मक कृतियों को प्रस्तुत करने में सक्षम होता है। इसलिए जिन रचनाकारों में प्रतिभा होती है, वे अपनी कृतियों को ऐसा रूप देते हैं, जो मन को आकर्षित करने तथा आनंद और सुख देनेवाला होता है। प्रतिभा में असाधारण और विलक्षण कल्पना शक्ति एवं क्रियाशक्ति होती है। कुछ लोगों में ऐसी प्रतिभा होती है, जिसके बल पर वे करोड़ों का जोड़, घटाव, गुणा और भाग मिनटों में कर देते हैं। प्रतिभा संपन्न व्यक्ति प्रखर और विलक्षण बुद्धिवाले होते हैं। प्रतिभाशाली व्यक्तियों में कुछ ऐसे अद्‍भुत गुण होते हैं, जो साधारण लोगों में नहीं होते। विनोबा भावे के शब्दों में 'प्रतिभा के माने है बुद्धि में नई-नई कोंपलें फूटते रहना। नई कल्पना, नया उत्साह, नई खोज, नई स्फूर्ति-ये सब प्रतिभा के लक्षण हैं।' प्रतिभा का सबसे बड़ा गुण नवीनता और मौलिकता है। प्रतिभाशाली व्यक्तियों की मानसिकता अत्यंत उन्नत होती है, जिससे इनमें किसी वस्तु की परख की विलक्षण शक्ति होती है।

ये दोनों शब्द बुद्धि के असाधारण और उत्कृष्ट रूप के द्योतक हैं, लेकिन प्रतिभा प्रज्ञा से कहीं आगे की चीज है। इसलिए इसे ईश्वर प्रदत्त भी कहा जाता है। 'भावोन्मेष शालिनी प्रज्ञा प्रतिभा:' अर्थात् जिस प्रज्ञा के फलस्वरूप मन में नित नई-नई और अद्‍भुत कल्पनाएँ उत्पन्न होती हों, वही प्रतिभा है।

बुद्धि और समझ

बुद्धि की उत्पत्ति 'बुध्' धातु से हुई है। बुध् का अर्थ जानना, सोचना, समझना, ज्ञान होना आदि है। बुध् से ही बुद्ध, बुध, बोधि, बोध, बुद्धिमान जैसे शब्द बने हैं, जिनके भीतर भी जानना, समझना, प्रकाशमान और जागा हुआ जैसे भाव छिपे हैं। मोटे तौर पर बुद्धि जानने और विचार करने की शक्ति है। स्मृति, मेधा, मति,

विवेक और प्रज्ञा ही बुद्धि है। बुद्धि शरीर की वह शक्ति है, जिससे हमें आवश्यक ज्ञान प्राप्त होता है और जिसके द्वारा हम तर्क-वितर्क करके किसी चीज को समझ सकते हैं। दार्शनिकों के अनुसार अच्छी और बुरी बातों का ज्ञान बुद्धि के सहारे ही होता है और इसी के द्वारा हम कर्तव्य का निश्चय करने और उस पर अमल करने में समर्थ होते हैं। बुद्धि ही वह शक्ति है, जिससे मनुष्य ज्ञान प्राप्त करने के अतिरिक्त विचारपूर्वक कोई निर्णय लेकर ठीक ढंग से काम करता है। दूसरी तरफ जब बुद्धि काम नहीं करती, तब मनुष्य गलत निर्णय लेकर अपना नुकसान कर लेता है। चाणक्य ने कहा भी है—'विनाशकाले विपरीत बुद्धिः' अर्थात् विनाश के समय बुद्धि उलटी हो जाती है। बुद्धि मन को नियंत्रित कर उसे गलत दिशा में जाने से रोकती है। बुद्धि की सहायता से ही मनुष्य कोई काम या चीज सीखता है।

समझ शब्द संबुद्ध का अपभ्रंश है। संबुद्ध 'सम्+बुद्ध' से बना है। संबुद्ध वह है, जिसे हर चीज की जानकारी हो। संबुद्ध प्राकृत में समुज्झ हुआ। फिर इसका देशी रूप समुझ बना, जो हिंदी में आकर समझ हो गया। हिंदी का यह शब्द उर्दू में भी गया, जहाँ 'दार' प्रत्यय लगने से समझदार बना। समझ वह मानसिक शक्ति है, जिससे तर्क-वितर्क करके भलाई-बुराई आदि का पूरा ज्ञान होता है। समझ इस बात की सूचक मानी जाती है कि हम जो कुछ देखते, सुनते या पढ़ते हैं, उसका हमें ठीक तरह से ज्ञान प्राप्त हो जाता है और फिर इसी ज्ञान तथा पुराने अनुभवों की सहायता से हानि-लाभ सोचकर हम अपना आगे का रास्ता चुनते हैं। आजमाइश, गुंजाइश, नुमाइश, पैदाइश, पैमाइश, फरमाइश, रिहाइश के अनुकरण पर समझाइश शब्द भी प्रचलन में है, जो भाववाचक संज्ञा है। 'अपने को क्या समझ रखा है', का अर्थ अपने को दूसरों से अधिक समझदार समझना है; जैसे—पता नहीं उन्होंने अपने को क्या समझ रखा है, जो मुझ पर रोज रोब गालिब करते रहते हैं। 'मेरी समझ में' पद का अर्थ खयाल में अथवा ध्यान या विचार के अनुसार है; जैसे—मेरी समझ में उनकी एक भी बात नहीं आई। 'मेरी समझ से' पद का अर्थ मेरे मत से या मेरी राय में है; जैसे—मेरी समझ से यह काम इससे नहीं हो सकता। समझ का फेर का अर्थ बुद्धि का भ्रम है; जैसे—कुछ-का-कुछ समझ लेना उनकी 'समझ का फेर' नहीं तो और क्या है।

बुद्धि और समझ में मुख्य फर्क यह है कि बुद्धि केवल मनुष्य में पाई जाती है, जबकि समझ कमोबेश सभी प्राणियों में होती है। प्रेमचंद ने लिखा भी है कि जिस मनुष्य को बुद्धि नहीं है, उसे बिना सींग का पशु समझना चाहिए।

भाव और भावना

भाव 'भू' धातु से उत्पन्न है। 'भू' धातु का अर्थ होना है। मन में किसी वस्तु के अस्तित्व में आने, रहने या होने की अवस्था भाव है। विचार भी भाव है; जैसे—कभी-कभी मन में अनेक प्रकार के भाव उत्पन्न होने लगते हैं। हर्ष, शोक, उदासीनता, क्रोध, आश्चर्य, दुःख, प्रेम, लालसा आदि मनोविकार भी भाव हैं, क्योंकि ये मूल भावों के विकसित रूप हैं। कुछ अवस्थाओं में मन में उत्पन्न होनेवाले भावों की छाया अनजाने में हमारी आकृति या चेष्टाओं पर भी पड़ती है, जो उक्त भाव की सांकेतिक रूप में सूचक होती है; जैसे—उस समय उनके चेहरे पर तरह-तरह के भाव आ रहे थे। हृदय से की गई सच्ची भक्ति, प्रेम, श्रद्धा, विश्वास आदि भी भाव हैं, जिनमें भाषा का महत्त्व गौण हो जाता है। गोस्वामी तुलसीदास ने लिखा भी है—'का भाखा का संस्कृत,भाव चाहियतु सांच।' बोलने या लिखने का वास्तविक अभिप्राय या आशय, जो सहसा दूसरों की समझ में नहीं आए, भाव है; जैसे—यहाँ कवि के कहने का भाव केवल वही नहीं है, जो शब्दों से प्रकट होता है। इसीलिए शब्दार्थ और भावार्थ में थोड़ा फर्क होता है। मूल प्रकृति की विशेषता का सूचक तत्त्व भी भाव है; जैसे—कोमल होने का भाव ही कोमलता है। कोमलता भाववाचक संज्ञा है। व्याकरण में इसी प्रकार 'ता' प्रत्यय लगाकर मानव से मानवता, मित्र से मित्रता, शत्रु से शत्रुता, दानव से दानवता, वीर से वीरता, कुशल से कुशलता, शीतल से शीतलता आदि भाववाचक संज्ञाएँ बनी हैं। भरत मुनि के शब्दों में 'हमारी मानसिक अवस्थाओं का व्यक्त रूप ही भाव है।' समय-समय पर घटने-बढ़नेवाली चीजों आदि की दर या मूल्य भी भाव है। भाव का उलटा अभाव है। अभाव न होने और कमी का द्योतक है, तो भाव होने या अस्तित्व का सूचक है।

भावना मन में किसी बात का होनेवाला चिंतन या ध्यान अथवा मन में उत्पन्न होनेवाली कोई कल्पना है। यह मन के साथ लगा रहनेवाला गुण या धर्म है। दार्शनिक दृष्टि से यह चित्त का एक संस्कार है, जो अनुभव, स्मृति आदि के योग से उत्पन्न होता है। किसी रस या तरल पदार्थ का गुण लाने के लिए औषधि को उसमें बार-बार मिलाकर घोंटने को भी वैद्यक में भावना कहा जाता है। जिस वस्तु का जिस प्रकार से चिंतन किया जाता है, वह वस्तु उसी प्रकार से अनुभव में आती है। तुलसीदास ने लिखा है—जिन्हके रही भावना जैसी। प्रभु मूरति देखि तिन तैसी।। अर्थात् सीता स्वयंवर में रामचंद्र के जाने पर वहाँ लोगों ने अपनी-

अपनी भावनाओं के अनुसार उन्हें विभिन्न रूपों में देखा।

भावना वह भूमि है, जिस पर भाव अंकुरित होते हैं। भावना आरंभिक अवस्था की सूचक है और भाव उसके विकसित रूप का। भाव का अंग्रेजी पर्याय इमोशन और भावना का सेंटीमेंट है। भाव की अनुभूति ही भावना है। भावों को व्यक्त करना सरल होता है, जबकि भावनाओं की अभिव्यक्ति अपेक्षाकृत कठिन है। भाव की तुलना में भावना अधिक सशक्त भी होती है।

अधिकांश और अधिकतर

'अधिक' और 'अंश' के मिलने से बना 'अधिकांश' पुल्लिंग संज्ञा है, जिसका अर्थ आधे से अधिक या बड़ा अंश है; जैसे—आजादी के इतने वर्षों के बाद भी भारत में आदिवासियों का अधिकांश अभाव में जी रहा है। इसका प्रयोग विशेषण के रूप में भी होता है; जैसे—भीड़ का अधिकांश छँट गया और अधिकांश भीड़ छँट गई। इस वाक्य के पहले भाग में अधिकांश संज्ञा है और दूसरे भाग में विशेषण। अधिकांश से गिनी न जा सकनेवाली सीमा या मात्रा व्यक्त होती है; जैसे—(क) उक्त समारोह में अधिकांश मैदान खाली था, (ख) गोदाम के अभाव में सरकारी खरीद का अधिकांश गेहूँ सड़ गया।

अधिक में 'तर' प्रत्यय लगने से बना अधिकतर विशेषण है। 'तर' प्रत्यय गुणवाचक विशेषणों में लगकर दूसरे की अपेक्षा अधिक का बोध कराता है। इसका पर्याय ज्यादातर है, जो अरबी के ज्यादा और फारसी के तर के मिलने से बना है। अधिकतर का अर्थ संख्या में अपेक्षाकृत अधिक है; जैसे—(क) इस बिल पर बहस के समय अधिकतर विधायक अनुपस्थित थे, (ख) अधिकतर नेता जनता से किए गए वादे पूरे नहीं करते। तुलनात्मक दृष्टि से अधिक होने पर भी इसका प्रयोग होता है; जैसे—उनका क्रोध अधिक से अधिकतर हो गया। क्रिया विशेषण के रूप में इसका प्रयोग 'बहुत करके' के अर्थ में होता है; जैसे—ऐसा अधिकतर होता है। 'प्रायः सभी' के अर्थ में भी इसका प्रयोग होता है; जैसे—इस बार पानी नहीं होने से अधिकतर नदियाँ सूख गई हैं और अधिकतर खेतों में दरार पड़ गई है।

ये दोनों शब्द दूसरे से अधिक का बोध कराने के कारण एक ही अर्थ के लगते हैं; जिससे कुछ लोग इन दोनों के प्रयोग में अंतर नहीं कर एक के स्थान

पर दूसरे का प्रयोग कर देते हैं, लेकिन इन दोनों में फर्क यह है कि अधिकांश में अधिक अंश का बोध होता है, अधिक संख्या का नहीं, जबकि अधिकतर में अधिक अंश का बोध न होकर अधिक संख्या का बोध होता है। एक ही वस्तु या समूह के अधिक अंश (भाग) के अर्थ में प्रयुक्त होने के कारण अधिकांश का प्रयोग एकवचन में होता है, जबकि संख्या में अपेक्षाकृत अधिक के लिए प्रयुक्त होने के कारण अधिकतर बहुवचन है। इसीलिए 'अधिकांश ट्रेनें लेट चल रही हैं', जैसा प्रयोग गलत है। इसके स्थान पर 'अधिकतर ट्रेनें लेट चल रही हैं', का प्रयोग ठीक होगा, क्योंकि लेट चलनेवाली ट्रेनें संख्या में अधिक हैं। यदि देश के चार भागों (उत्तर, दक्षिण, पूरब, पश्चिम) में से तीन भागों में अकाल पड़ जाए, तो लिखा जाएगा कि देश के तीन भाग अकाल की चपेट में हैं अथवा देश के अधिकतर भाग अकाल की चपेट में हैं। तात्पर्य यह कि तुलनात्मक दृष्टि से गिनती करने योग्य अधिक भागों का भाव प्रकट करना उद्देश्य हो, तो अधिकतर भाग का ही प्रयोग होगा। अधिकांश भाग का प्रयोग इसलिए नहीं हो सकता कि अधिकांश में अंश (भाग) पहले से ही जुड़े रहने से पुनरुक्ति दोष हो जाएगा।

मात्रा और संख्या

मात्रा में 'मा' धातु है। 'मा' धातु का अर्थ मापना है। 'मा' धातु से ही परिमाण, मात्रा, मानक, मापक आदि शब्द बने हैं। लंबाई, चौड़ाई, ऊँचाई, गहराई, दूरी, विस्तार आदि जानने का साधन मात्रा है। किसी वस्तु का आयतन, तौल या माप भी मात्रा है; जैसे—दूध में पानी की मात्रा अधिक है, जिससे चीनी की मात्रा कम-से-कम सौ ग्राम रहने पर ही चाय की मिठास ठीक रहेगी। किसी समूची इकाई का अपेक्षित या आवश्यक अंश भी मात्रा है; जैसे—कुछ दाल और सब्जी निकाल लें, क्योंकि इनकी मात्रा अधिक है। औषधि आदि का एक बार में लिया जानेवाला अंश भी मात्रा है; जैसे—इस दवा की दिन में दो मात्राएँ लें—एक मात्रा सुबह में और एक मात्रा शाम में। अक्षर के उच्चारण में लगनेवाले समय को भी मात्रा कहते हैं; जैसे—ह्रस्व अक्षर में एक मात्रा, दीर्घ में दो और प्लुत में तीन मात्राएँ होती हैं। बारह खड़ी का वह सूचक चिह्न भी मात्रा है, जो किसी अक्षर के ऊपर-नीचे या आगे-पीछे लगता है; जैसे 'इ' की मात्रा 'ि' और 'ई' की मात्रा 'ी' है। संगीत में ताल के नियत और निश्चित विभाग को भी मात्रा कहते हैं; जैसे—

तीन मात्राओं की ताल और चार मात्राओं की ताल।

गिनती, तादाद, राशि आदि को संख्या कहा जाता है। 1,2,3 आदि अंक संख्या हैं। सामयिक पत्र के किसी अंक को भी संख्या कहते हैं; जैसे—यह लेख सरस्वती मासिक पत्रिका के वर्ष -1, संख्या- 11 में प्रकाशित हुआ था। संख्या से ही बना संख्यातीत वह है, जिसकी गणना न हो सके और इसी से बने संख्येय का अर्थ है—जिसकी गिनती की जा सके। गिनती बताने के लिए इधर 'की संख्या में' पद का प्रयोग भी किया जाने लगा है; जैसे—विगत 11 दिसंबर को 11 बजे रात्रि में 11 की संख्या में डाकुओं ने उनके घर में लूटपाट की। यहाँ 11 डाकुओं ने उनके घर में लूटपाट की, का प्रयोग भी किया जा सकता है।

संख्या और मात्रा में फर्क यह है कि जिन वस्तुओं की तादाद गिनकर बताई जा सकती है, वहाँ संख्या का प्रयोग होता है। इसके विपरीत जिन वस्तुओं को गिनना संभव नहीं है और जिनका परिमाण माप या तौलकर जाना जाता है, वहाँ मात्रा का प्रयोग किया जाता है। इसीलिए तरल और गैस पदार्थों की मात्रा होती है, संख्या नहीं; जैसे—(क) चाय में दूध की मात्रा थोड़ी बढ़ा दीजिए, (ख) अधिक मात्रा में गैस के रिसाव से उक्त कारखाने में आग लग गई। इन दोनों वाक्यों में संख्या का प्रयोग संभव नहीं है। ठोस पदार्थों के साथ संख्या और मात्रा में से आवश्यकतानुसार किसी एक का प्रयोग किया जाता है; जैसे—बड़ी संख्या में बंदूकें बरामद हुईं और दाल में नमक अधिक मात्रा में पड़ गया। बंदूक के साथ मात्रा का प्रयोग इसलिए गलत होगा कि बंदूक चाहे जितनी भी हो, गिनी जा सकती है। इसी प्रकार नमक के साथ संख्या का प्रयोग इस कारण गलत हो जाएगा कि नमक की संख्या गिनी नहीं जा सकती।

आशंका और संभावना

आशंका में 'शंक्' धातु है। 'शंक्' का अर्थ संदेह करना, अनिश्चित होना है। आशंका का अर्थ भय, डर, शंका, संदेह, दुविधा, अनिश्चितता आदि है। यह ऐसी चिंतापूर्ण मानसिक स्थिति है, जो आनेवाले वास्तविक या कल्पित अनिष्ट से उत्पन्न होकर मनुष्य को भयभीत और विकल कर देती है। इसमें अविश्वास का अंश तो रहता ही है, अमंगल की भावना भी जुड़ी होती है; जैसे—(क) नगर निगम के सफाई कर्मचारियों की हड़ताल से राजधानी में महामारी फैलने

की आशंका है, (ख) सीमा पार से आतंकियों की घुसपैठ के कारण भारत और पाकिस्तान के बीच युद्ध की आशंका उत्पन्न हो गई है। शंका में आ उपसर्ग लगने से बनी आशंका में शंका सदैव मौजूद रहती है। इसमें नकारात्मकता का भाव है; जैसे—इस बस दुर्घटना में दर्जनों लोगों के मरने की आशंका है, लेकिन यदि आशंका निर्मूल साबित हो जाए, तो इसका अंत सकारात्मक भी हो सकता है। भविष्य में होनेवाले किसी कार्य के संबंध में हमारे मन में अपकार या विरोध की जो भावना उत्पन्न होती है, वही आशंका है। किसी कार्य के लिए कहीं जाने से पूर्व हमारे मन में यह आशंका हो सकती है कि कहीं इस कार्य में विफलता न हाथ लग जाए अथवा इसमें कोई हानि न उठानी पड़े। इसका प्रयोग कभी अच्छी या इष्ट बातों के लिए न होकर सदैव बुरी और अनिष्ट बातों के लिए होता है। भावी अनिष्ट की चिंता उत्पन्न करनेवाली शंका ही आशंका है।

संभावना में 'भव' विद्यमान है। 'भव' का अर्थ उत्पत्ति होना और संसार है। लेकिन, संभावना का प्रयोग अब हो सकना के अर्थ में किया जाता है। जिसका होना संभव हो, वही संभावना है। किसी घटना के घटित होने अथवा किसी काम के पूरा होने की आशा ही संभावना है; जैसे—(क) आज धूप उगने की संभावना है, क्योंकि आकाश साफ हो गया है, (ख) आज उनके मुंबई से लौट आने की संभावना है, क्योंकि उनका वहाँ का काम निबट चुका है। संभावना में हाँ और नहीं का विकल्प रहता है। इसलिए जिस बात की संभावना होती है, उसकी आशा और प्रतीक्षा तो की जा सकती है, किंतु उसके होने या न होने के संबंध में निश्चित रूप से कुछ नहीं कहा जा सकता, क्योंकि किसी घटना के घटित होने या किसी काम के पूरा होने के लिए अनुकूल परिस्थितियों का होना अत्यंत आवश्यक है। संभावना से संबद्ध क्रियाविशेषण संभवतः है। जिसकी संभावना हो, उसके लिए संभाव्य और संभावित शब्द हैं।

संभावना और आशंका, दोनों का संबंध भविष्य की घटनाओं से है, जिस कारण कुछ लोग इनमें फर्क न समझकर एक के स्थान पर दूसरे का प्रयोग कर देते हैं, लेकिन इन दोनों में फर्क यह है कि आशंका में नकारात्मकता का भाव रहता है, जबकि संभावना में सकारात्मकता है। इसीलिए आशंका अमंगल और संभावना मंगल के निकट है। दुर्भिक्ष की आशंका हो सकती है, संभावना नहीं, जबकि किसी के प्रथम श्रेणी में उत्तीर्ण होने की आशंका नहीं, बल्कि संभावना होगी।

बेफिक्र और लापरवाह

बेफिक्र की 'फिक्र' अरबी की है और इसमें लगा 'बे' फारसी का है। फारसी के 'बे' उपसर्ग से दर्जनों शब्द बने हैं; जैसे—बेअक्ल, बेईमान, बेकसूर, बेगुनाह, बेतमीज, बेतुका, बेदखल, बेदर्द, बेदिल, बेनकाब, बेनजीर, बेमिसाल, बेमौत आदि। फिक्र वह मानसिक अवस्था है, जिसमें मन किसी होनेवाली या बीती हुई बात या उसके परिणाम के संबंध में बार-बार विचार करते हुए दु:खी और भयभीत रहता है। यह मन को विकल करनेवाली वृत्ति है; जैसे—वे अपने बेटे की पढ़ाई की फिक्र में दु:खी रहते हैं। किसी बात के पालन आदि के संबंध में होनेवाला ध्यान भी फिक्र है; जैसे—उस रोगी को बार-बार अपने बच्चे की फिक्र हो रही थी। जिसे कोई फिक्र न हो, जो निश्चिंत और बेपरवाह हो, वह बेफिक्र कहलाता है। बेफिक्र व्यक्ति अपने कार्यों, कर्तव्यों आदि पर ध्यान नहीं देता और उनके परिणाम पर विचार न कर उनके प्रति उदासीन रहकर एक हद तक अदूरदर्शी और निर्भय होता है; जैसे--वह बेफिक्र होकर ट्रेन के आगे कूद गया। बेफिक्र व्यक्ति का लाभ-हानि की तरफ ध्यान नहीं जाता और उसके जी में जो कुछ आता है, उसे मनमाने ढंग से करता रहता है।

फारसी 'पर्वा' या 'परवा' का उर्दू और हिंदी रूप परवाह है। पर्वा अथवा परवा में अरबी का 'ला' उपसर्ग लगने से 'लापर्वा' या 'लापरवा' शब्द बनता है, जिसका उर्दू और हिंदी में लापरवाह रूप है। परवाह कोई अनुपयुक्त या अनुचित कार्य करते समय मन में उठनेवाला वह विचार है कि इस कार्य से किसी के मन को ठेस तो नहीं पहुँचेगी; जैसे—मुझे किसी की कोई परवाह नहीं है। जिसे किसी की परवाह या चिंता न हो, वह लापरवाह है। जो अपने काम पर ठीक तरह से ध्यान न देकर उसके प्रति असावधान हो, वह लापरवाह है। लापरवाह होने की अवस्था या भाव लापरवाही है। 'बे' के समान ही 'ला' उपसर्ग से भी अनेक शब्द बने हैं; जैसे—लाइलाज, लावारिस, लाजवाब, लाचार, लापता आदि। लापरवाह व्यक्ति झंझटों आदि से बचने के लिए अपने कर्तव्यों का उस रूप में पालन नहीं करता, जिस रूप में उसे करना चाहिए। ऐसे व्यक्ति का व्यवहार अयोग्यता, आलस्य, निकम्मेपन आदि का सूचक होता है। किसी वस्तु की रक्षा आदि के प्रति जिस सावधानी की आवश्यकता होती है, उसका ऐसे व्यक्ति में अभाव होकर प्राय: कुछ भुलक्कड़पन का भाव रहता है। इसीलिए ऐसे व्यक्ति के संबंध में कहा जाता है कि उसे कोई सामान नहीं देना, क्योंकि वह लापरवाह है, कहीं गँवा देगा।

'बे' और 'ला' उपसर्गों का कार्य शब्द के अर्थ को नकारात्मक या उलटा बना देना है। इस दृष्टि से इन दोनों के अर्थ में कोई विशेष फर्क नहीं है, लेकिन बेफिक्र होना अच्छे अर्थ में निश्चिंत होना भी है, जबकि लापरवाह होने में असावधान होने का भाव है; जैसे—वे अपने लड़के की तरफ से पूरी तरह से बेफिक्र हैं, क्योंकि वह पढ़ाई के प्रति लापरवाह नहीं है। किसी को सांत्वना देने के लिए आप बेफिक्र रहिए तो कहा जा सकता है, लेकिन आप लापरवाह रहिए, नहीं कहा जा सकता।

पीड़ा और यंत्रणा

पीड़ा स्त्रीलिंग संज्ञा है, जो 'पीड्' से बनी है। 'पीड्' का अर्थ क्षति पहुँचाना है। 'पीड़ा' संस्कृत के 'पीडन' से भी संबद्ध है, जिसका मुख्य अर्थ जोर से दबाना है। पीड़ा का संस्कृत रूप पीडा है, क्योंकि संस्कृत में 'ड़' अक्षर नहीं है। पीड़ा ऐसी अनुभूति है, जो दुःखी और व्यथित कर देती है। यह किसी प्रकार का आघात लगने, कष्ट पहुँचने अथवा हानि होने पर होती है। शारीरिक आघात लगने या कष्ट पहुँचने पर शारीरिक पीड़ा होती है और मानसिक कष्ट या आघात पहुँचने पर मानसिक पीड़ा। शरीर के किसी अंग में चोट लगने या विकार उत्पन्न होने पर शारीरिक पीड़ा होती है; जैसे—(क) बुखार के कारण उनके पूरे शरीर में पीड़ा है, (ख) छत से गिर जाने के कारण उनके सिर में पीड़ा है। संपत्ति का नाश होने पर, प्रियजनों के शोक में तथा विरह और वियोग के कारण मानसिक पीड़ा होती है; जैसे—(क) काम वासना की पीड़ा उसे विकल कर रही थी, (ख) शहर में रहनेवाले अधिकारी गाँववालों की पीड़ा नहीं समझ सकते। पीड़ा देने में कष्ट पहुँचाने का भाव है और पीड़ा होने में तकलीफ होने का। अव्यवस्थित स्थिति से उत्पन्न अभाव भी पीड़ा है; जैसे—अर्थाभाव की पीड़ा से उनका सारा परिवार छिन्न-भिन्न हो गया। जो किसी प्रकार की पीड़ा से ग्रस्त है, वह पीड़ित कहलाता है।

यंत्रणा बहुत अधिक तीव्र कष्ट है। यह भी स्त्रीलिंग संज्ञा है। यह शारीरिक और मानसिक, दोनों प्रकार की हो सकती है। यंत्रणा का अर्थ प्रतिबंध, रोक, बाध्यता, दमन, कष्ट, क्लेश, वेदना, यातना आदि है। अंग्रेजी के सैडिस्ट को हिंदी में यंत्रणाप्रिय कहा जाता है। यंत्रणाप्रिय ऐसा व्यक्ति होता है, जिसे दूसरे

को यंत्रणा देना अच्छा लगता है। यंत्रणा यंत्र आदि की सहायता से दबाने, घेरने आदि की क्रिया है। इसका अर्थ बाँधकर या रोककर रखा जाना, विधि-विधान के द्वारा नियंत्रित करना और यंत्रणा देना है। प्राचीन काल में यंत्रणा देने के लिए कष्ट पहुँचानेवाले अनेक प्रकार के यंत्रों का प्रयोग किया जाता था। कुख्यात अपराधी या युद्धबंदी इस प्रकार के यंत्रों से होनेवाली वेदना से प्रायः अधमरा हो जाता था। उस समय किसी को सजा अथवा यंत्रणा देने का तरीका यंत्र से जकड़कर या दबाकर रखना था। यंत्र का एक अर्थ बाँधे रखना भी है और बंधन प्रायः कष्टदायक होता ही है।

ये दोनों शब्द ऐसी शारीरिक और मानसिक व्यथाओं के वाचक हैं, जो प्राणियों को बहुत अधिक खिन्न, चिंतित और विकल कर देती हैं। शारीरिक पीड़ा स्वयं भी हो सकती है, जबकि शारीरिक यंत्रणा दूसरों के द्वारा पहुँचाई हुई होती है। यंत्रणा देने से पीड़ा होती है। इसलिए पीड़ा पहुँचाने के लिए ही यंत्रणा दी जाती है; जैसे—(क) स्वतंत्रता सेनानियों को पीड़ा पहुँचाने के लिए कारागार में अनेक प्रकार की यंत्रणाएँ दी जाती थीं, (ख) राजाओं द्वारा दी गई यंत्रणा से होनेवाली पीड़ा, जो युद्धबंदी नहीं सह पाते थे, उनकी मौत तक हो जाती थी। बहुत ही दुःखद और विकट दुर्घटनाओं आदि के कारण होनेवाली यंत्रणा मानसिक होती है।

भेद और अंतर

भेद 'भिद्' धातु से उत्पन्न है। 'भिद्' का अर्थ भेदना या छेदना है। भेदने अथवा छेदने की क्रिया या भाव भेद है। इसमें बाहरी सुरक्षा, बनावट या आवरण को छिन्न-भिन्न कर अंदर जाने अथवा आगे बढ़ने का भाव है; जैसे—अभिमन्यु चक्रव्यूह को भेदकर अंदर घुसना तो जानते थे, लेकिन बाहर निकलने की तरकीब उन्हें नहीं मालूम थी। यह किसी प्रकार काटकर, प्रलोभन देकर या अन्य प्रकार से तोड़ने की क्रिया है। शत्रु पक्ष के लोगों को धन के माध्यम से या अन्य प्रकार से बहकाकर अपने पक्ष में करने की राजनीति भेद है, जो शत्रु पक्ष के लोगों को अपने वश में करने के चार उपायों में से एक है। ये चार उपाय हैं—साम, दाम, दंड और भेद। किसी वस्तु को दो या अधिक भागों में विभाजित कर अलग-अलग करना भी भेद है; जैसे—(क) गुलाब के कई भेद होते हैं, (ख) चिकित्सा शास्त्र में एक ही रोग के कई-कई भेद बताए गए हैं। ऐसी गूढ़ बात, जिसकी

वास्तविकता जानना अत्यंत मुश्किल हो, भेद है; जैसे—उक्त दोहरे हत्याकांड का भेद पुलिस नहीं खोल पाई है। मन के भीतर छिपा ऐसा आशय या भाव, जिसका ऊपर से पता नहीं चल पाए, भी भेद है ; जैसे—(क) किसी के मन का भेद समझना मुश्किल है, (ख) वे इस बात का भेद जानने के लिए बार-बार मेरे पास दौड़ रहे हैं। दो लोगों के बीच उत्पन्न फूट भी भेद है; जैसे—इन दिनों राम और श्याम में भेद हो जाने से पहले वाली नजदीकी नहीं रही। भेद खुलना रहस्य का प्रकट हो जाना है; जैसे—तुम्हारे चलते यह भेद खुल गया। भेदभाव करना पक्षपात है; जैसे—ईमानदार अधिकारी अपने कर्मचारियों से भेदभाव नहीं करते। भेदिया गुप्तचर या भेद जाननेवाले को कहते हैं। 'घर का भेदिया लंका दाह' वाली कहावत मशहूर है।

दो वस्तुओं या स्थानों के बीच की दूरी अंतर है; जैसे—दिल्ली और मुंबई के बीच सैकड़ों किलोमीटर का अंतर है। दो बिंदुओं के बीच की अवधि भी अंतर है; जैसे—दोनों भाइयों की उम्र में दस वर्षों का अंतर है। फासला या अंतराल भी अंतर है; जैसे—(क) इन पौधों को एक-एक फुट के अंतर पर लगाना चाहिए, (ख) दोनों दवाओं के बीच में दो घंटे का अंतर होना चाहिए। अंतर उपसर्ग भी है, जो किसी शब्द में लगकर दो या अधिक इकाइयों के मध्य का अर्थ देता है; जैसे—अंतरजातीय विवाह अर्थात् भिन्न जातियों के मध्य होनेवाला विवाह। अंतर का अर्थ हृदय भी है; जैसे—मेरे अंतर में उनकी स्मृति सदैव बसी रहती है। समान दृष्टि से नहीं देखना अंतर करना है; जैसे—कुछ पिता अपने पुत्रों में अंतर करते हैं। कोई अंतर न होना समानता होना है; जैसे—इन दोनों पुस्तकों में कोई अंतर नहीं है।

अंतर की तुलना में भेद का अर्थ क्षेत्र व्यापक है। भेदना, छेदना, टुकड़े करना, प्रकार, किस्म रहस्य आदि के भाव भी भेद में समाहित हैं। मत में अंतर जुड़ने से मतांतर और मत में भेद जुड़ने से मतभेद बनता है तथा इन दोनों शब्दों के अर्थ समान नहीं हैं।

लेख और आलेख

पत्र-पत्रिकाओं, विश्वकोशों, पुस्तकों आदि की वे रचनाएँ लेख कहलाती हैं, जिनमें विषय का स्पष्ट और स्वतंत्र निरूपण होता है। लिखा हुआ कोई

ऐसा विचार भी लेख है, जिस पर लेखक अथवा संपादक की टीका-टिप्पणी होती है या उसमें उसका मत व्यक्त किया जाता है। लेख किसी भी विषय पर और किसी भी प्रकार का हो सकता है; जैसे—आज के अखबार में खुशवंत सिंह के छपे लेख पर लोग वहाँ चर्चा कर रहे थे। लेख का पूर्व रूप पांडुलेख कहलाता था। इसे पहले खड़िया से जमीन या लकड़ी की पटिया पर लिखा जाता था। इसके बाद इसमें आवश्यक संशोधन-परिवर्धन कर ताड़पत्र पर लिखा अथवा ताम्रपत्र, शिलालेख आदि पर उत्कीर्ण किया जाता था। ताम्रलेख और शिलालेख के अतिरिक्त हस्तलेख भी लेख के अंतर्गत आता है। हस्तलेख का सामान्य अर्थ हाथ से लिखा हुआ लेख है। मुद्रण कला विकसित होने के पूर्व कोई भी ग्रंथ, लेख, श्लोक आदि हाथ से लिखकर ही सुरक्षित रखे जाते थे।

लेख में 'आ' उपसर्ग लगने से आलेख बना है। यूँ तो सामान्यत: जो कुछ भी लिखा जाए, वह आलेख है, लेकिन व्यवहार में जो लिखना है, उसका ढाँचा या प्रारूप तैयार कर उसे अंतिम रूप देना आलेख है। आजकल आकाशवाणी, दूरदर्शन आदि में पहले से तैयार किए गए आलेखों का ही अधिक व्यवहार किया जाता है। तवे, फीते आदि के रूप में तैयार किया गया वह वैज्ञानिक उपकरण भी आलेख कहा जाता है, जिसमें वक्ता, गायक आदि की आवाज भरी होती है और जिसे सुनाया या बजाया जाता है। न्यायालय आदि में प्रमाण के रूप में प्रस्तुत किए जानेवाले दस्तावेज अथवा संपादक आदि को प्रकाशनार्थ भेजी जानेवाली रचनाएँ भी आलेख हैं; जैसे—आपकी कविता का आलेख मिल गया है और इसे प्रकाशनार्थ स्वीकार कर लिया गया है। सरकारी आलेख इनसे कुछ भिन्न होते हैं, क्योंकि इन्हीं आलेखों की धुरी पर सरकार का शासन तंत्र चलता है। इन आलेखों के प्रारंभ में पूर्ववर्ती पत्राचार का संदर्भ प्रस्तुत करते हुए विषय प्रवेश कराया जाता है। उसके बाद तथ्यों का विवरण प्रस्तुत किया जाता है और अंत में सरकारी नीतियों के आधार पर संस्तुतियाँ की जाती हैं। इन आलेखों में स्पष्टता, संक्षिप्तता, सुबोधता, संपूर्णता आदि का होना आवश्यक है, ताकि प्राप्तकर्ता आलेख में उल्लिखित निर्देशों को तत्काल ग्रहण कर सके।

लेख को आलेख का ही एक प्रकार कहा जा सकता है। कोई भी लेख आलेख है; जैसे—आपका आलेख प्राप्त हो गया, कहने में लेख प्राप्त होने का ही भाव है, लेकिन, हर आलेख लेख नहीं हो सकता, क्योंकि लेख की अपेक्षा आलेख का क्षेत्र विस्तृत है। लेख का वह संशोधित और परिवर्धित रूप आलेख है, जिसमें लिखनेवाले की दृष्टि से किसी परिवर्तन या सुधार की गुंजाइश नहीं रह जाती।

इसीलिए रूपक या वार्ता का वह अंतिम रूप आलेख कहलाता है, जो रेडियो, टेलीविजन आदि से श्रोताओं और दर्शकों के समक्ष प्रसारित किया जाता है।

व्यंग्य और व्यंग

व्यंग्य में 'अंज्' धातु है। 'अंज्' का अर्थ प्रस्तुत करना, लीपना, व्यक्त करना, साफ करना आदि है। व्यंग्य में शब्द का अर्थ अभिधा और लक्षणा शब्द शक्तियों से नहीं, बल्कि व्यंजना शब्द शक्ति से प्रकट होता है। फलतः इसमें शब्द का सामान्य अर्थ अभिव्यक्त न होकर विशेष और विलक्षण अर्थ प्रकट होता है, जो गूढ़ार्थ होता है। इसके लिए विशेष प्रकार की शब्द योजना और पद रचना की आवश्यकता होती है, जिससे अस्पष्ट एवं विपरीत रूप का होने पर भी इसका आशय प्रकट हो जाता है। इसमें तथ्य पर झीना आवरण होता है, जिसे हटाकर ही इसका रसास्वादन संभव है। व्यंग्य की तुलना बाण, कृपाण, भाला, तलवार आदि से की जाती है, क्योंकि इसमें मारक प्रहार की शक्ति होती है। यह सीधे और प्रत्यक्ष ढंग से नहीं, बल्कि घुमा-फिराकर और परोक्ष रूप से प्रकट किया गया कथ्य होता है। यदि किसी मूर्ख, घमंडी, स्वार्थी एवं कृपण व्यक्ति को लज्जित करने के लिए कहा जाए कि आप तो महा ज्ञानी और महा दानी व्यक्ति हैं, तो यहाँ ज्ञानी और दानी का विशेष अर्थ क्रमशः मूर्ख और कृपण होगा, जो प्रचलित, सामान्य और प्रत्यक्ष अर्थ के सर्वथा विपरीत है। व्यंग्य में परिहास के साथ कौशलपूर्ण आक्षेप होता है और इसमें तीक्ष्ण कटाक्ष भी विद्यमान रहता है। यह असंगति और अवास्तविकता को संकेतित करने के लिए चमत्कारपूर्ण कटूक्ति के माध्यम से कथनी और करनी के अंतर पर तीखा प्रहार करता है। इसकी उत्पत्ति अंतर्विरोधों से होती है और व्यवस्था में सुधार लाने के लिए उसकी दुर्बलताओं पर इसमें प्रहार किया जाता है। निबंध, कहानी, नाटक, उपन्यास, कविता, चित्र आदि विधाओं में व्यंग्य किया जाता है। इसमें दोष, सड़ांध, मूर्खता, मिथ्याचार आदि को बढ़ा-चढ़ाकर प्रस्तुत करते हुए उनकी खिल्ली उड़ाई जाती है, ताकि समाज में फैली गंदगी साफ हो सके। यह नश्तर के समान कष्टदायक फोड़े को फोड़ने का काम करता है। यह कड़वी दवा के उस घूँट के समान है, जो पीने में खराब तो लगती है, लेकिन जिसका परिणाम रोग के कष्ट से छुटकारा दिलानेवाला होता है।

व्यंग में 'अंग्' धातु है। 'अंग्' का अर्थ चलना है। 'वि+अंग' की संधि से बने

व्यंग का आशय अंगहीन, विकलांग, लँगड़ा, लुंज, विरूप, विकृत, अव्यवस्थित आदि है। इसका अर्थ मुँह पर काली फुंसी निकलने का रोग और मेढक भी है। मेढक के लिए प्रयुक्त बेंग शब्द इसी व्यंग से विकसित हुआ है।

अंग, प्रत्यंग, निहंग, संग, रंग, ढंग, भंग, सत्संग, अंतरंग, बहिरंग, षाष्टांग, विकलांग आदि के समान व्युत्पत्ति समझने से व्यंग्य को व्यंग लिखने की भूल होती है, लेकिन इन दोनों के अर्थ में फर्क है, क्योंकि इनकी व्युत्पत्ति अलग-अलग धातुओं से हुई है। व्यंग में 'ण्यत्' प्रत्यय लगने से व्यंग्य बनता है। यदि व्यंग विकलांगता, विरूपता और अव्यवस्था है, तो व्यंग्य व्यक्ति, समाज और व्यवस्था में व्याप्त इन खामियों को इनके कटुतम और वास्तविक रूप में बिना लाग-लपेट के निर्दयतापूर्वक उजागर कर इनका निराकरण करने का प्रयास।

अद्‌भुत और विचित्र

अद्‌भुत वस्तु देखने में चामत्कारिक प्रतीत होती है। यह समय और बुद्धि सापेक्ष होती है। उदाहरण के लिए आज से बहुत वर्ष पहले वायुयान अद्‌भुत वस्तु दिखाई दे रही थी, लेकिन आज वह साधारण वस्तु है। इसी प्रकार जिसने रेलगाड़ी नहीं देखी है, उसके लिए यह अद्‌भुत है, लेकिन जो रोज इससे सफर करता है, उसके लिए यह साधारण वस्तु है। अद्‌भुत वस्तु हमें प्रसन्न और स्तब्ध कर देती है, क्योंकि अपने अज्ञान या अल्प ज्ञान के कारण हम उसकी तह तक नहीं पहुँच पाते। इसलिए जिसे जितना ही अधिक ज्ञान होता है, उसके लिए उतनी ही कम वस्तुएँ अद्‌भुत होती हैं। काव्य के नौ रसों में से अद्‌भुत एक रस भी है, जिसका स्थायी भाव विस्मय है। अद्‌भुत में आलय जुड़ने से बना अद्‌भुतालय अजायबघर के लिए प्रयुक्त होता है, जहाँ अद्‌भुत वस्तुओं का संग्रह रहता है।

जो साधारण से हटकर है, वह विचित्र कहलाता है। जो कई तरह के रंगों या वर्णों वाला अर्थात् रंग-बिरंगा हो और जो मन को चकित कर दे, वह भी विचित्र है। जैसे—आज एक विचित्र जानवर मुझे देखने को मिला। जो नया और अनोखा हो, जो कुतूहल उत्पन्न करे, जो सहसा सब जगह आसानी से देखने में नहीं आए; वह भी विचित्र है। इसमें औरों की तुलना में नवीनता या अलगावपन का होना आवश्यक है। विचित्र आचरण वाला मनुष्य उसे कहा जाएगा, जो सदैव एक-सा आचरण नहीं करे। विचित्र वह भी है, जो हमें चकित करे और सोचने पर मजबूर

करे कि ऐसा कैसे हुआ ? साहित्य में यह एक अर्थालंकार है, जो उस समय होता है, जब किसी फल की सिद्धि के लिए किसी प्रकार का उलटा प्रयत्न करने का उल्लेख किया जाता है।

अद्‌भुत में विचित्र की अपेक्षा विस्मय की मात्रा अधिक है। राम के बाण में अद्‌भुत शक्ति थी और मसूरी (देहरादून) का प्राकृतिक सौंदर्य अद्‌भुत है। इन दोनों वाक्यों में अद्‌भुत के स्थान पर विचित्र का प्रयोग युक्तिसंगत नहीं होगा। अद्‌भुत प्राय: सकारात्मक होता है और विचित्र नकारात्मक। अद्‌भुत अपनी अपूर्वता और विलक्षणता से हमें मुग्ध और स्तब्ध कर देता है, जबकि आशा और कल्पना के विपरीत होने से विचित्र को अकसर हम नापसंद करते हैं। 'इस मिठाई का स्वाद विचित्र है' और 'इस मिठाई का स्वाद अद्‌भुत है', वाक्यों में अद्‌भुत में आकर्षण और विचित्र में विकर्षण है। विचित्र में परस्पर विरोधी संभावनाओं की आहट होती है; जैसे—वह विचित्र आदमी है, कभी किसी बात पर तो हँसता है और कभी किसी बात पर रोने लगता है। अद्‌भुत कभी-कभी अलौकिक भी हो सकता है; जैसे—ईश्वर की लीला अद्‌भुत है। यह समझ में न आने लायक और गूढ़ होता है। विचित्र समझ में आनेवाली वस्तुएँ भी हो सकती हैं; जैसे—(क) धोती पर टाई लगाना विचित्र पहनावा है, (ख) इस वर्ष मैट्रिक का परीक्षाफल 25 प्रतिशत होने को विचित्र ही कहा जाएगा। विचित्र की अपेक्षा अद्‌भुत गूढ़ और रहस्यमय है।

ज्ञापन और अधिसूचना

ज्ञापन में 'ज्ञा' धातु है। 'ज्ञा' धातु का अर्थ जानना, ज्ञात करना, सीखना, समझना, परीक्षण करना, परिचित होना, अनुभव करना, निश्चय करना, घोषणा करना, सहमत होना, सूचना देना, आज्ञा देना आदि है। ज्ञाप में भी ये ही सारे भाव समाहित हैं। ज्ञापन में किसी को कोई बात बतलाने, जतलाने, ज्ञात या विदित कराने, सूचित करने अथवा उसकी जानकारी देने का भाव है। ज्ञापन स्मारपत्र के रूप में भी जाना जाता है, क्योंकि पूर्व की बातों का स्मरण कराने के लिए भी इसका उपयोग किया जाता है। इसका अंग्रेजी पर्याय मेमोरेंडम है। यह किसी व्यक्ति, संगठन या संस्था द्वारा अपनी माँगों के साथ लिखा जाता है और इसमें पूर्व की उपलब्धियों के साथ विषय की योजनाओं की चर्चा होती है। ज्ञापन मंत्रियों और अधिकारियों को दिया जाता है, जिसमें भविष्य में और भी अच्छे ढंग से कार्य करने के लिए इनसे

सहायता की अपेक्षा की जाती है। सरकारी पत्र के रूप में इसका उपयोग विभिन्न मंत्रालयों के बीच होता है। उच्च अधिकारियों द्वारा अपने अधीनस्थ अधिकारियों को किसी विशेष बात की सूचना देने के लिए भी ऐसा पत्र लिखा जाता है। ज्ञापन का विशेषण ज्ञाप्य है। जिसका ज्ञान प्राप्त किया या कराया जा सकता हो, वह ज्ञाप्य है। ज्ञापन में 'वि' उपसर्ग लगने से विज्ञापन बना है। यह पत्र-पत्रिकाओं, आकाशवाणी, दूरदर्शन, होर्डिंग, पंफलेट आदि के माध्यम से प्रकाशित-प्रसारित ऐसी सूचना सामग्री है, जिसका उद्देश्य किसी चीज की बिक्री करना अथवा सार्वजनिक हित से संबंधित किसी बात को जन साधारण तक पहुँचाना होता है।

अधिसूचना सूचना में 'अधि' उपसर्ग लगने से बनी है। सूचना में 'सूच्' धातु है। 'सूच्' धातु का अर्थ छेदना, भेदना, भेद खोलना, भंडाफोड़ करना, इंगित करना आदि है। सूचना का अर्थ सूचित करना, संकेत करना आदि है। इसका अंग्रेजी पर्याय नोटिस है और सूचना पट्ट नोटिस बोर्ड है। 'अधि' उपसर्ग में आगे, ऊपर, प्रमुख आदि भाव हैं। अधिसूचना अधिकृत और विशिष्ट सूचना है। यह किसी आवश्यक और महत्त्वपूर्ण बात की ओर विशेष रूप से ध्यान आकृष्ट कराने के लिए दी जानेवाली सूचना है। नियुक्ति, अवकाश, स्थानांतरण, पदोन्नति, अधिकार प्रदान करने, किसी कार्य की अवधि घटाने-बढ़ाने, नया नियम-उपनियम लागू करने अथवा सार्वजनिक महत्त्व की किसी बात की जानकारी देने के लिए केंद्र या राज्य सरकारों द्वारा अपने राजपत्रों (गजट) में प्रकाशित कराई जानेवाली सूचना अधिसूचना है।

इन दोनों में सूचना देने का भाव तो है, लेकिन किसी व्यक्ति, संगठन या संस्था द्वारा मंत्रियों या उच्च अधिकारियों को अथवा उच्च अधिकारियों द्वारा अपने अधीनस्थ अधिकारियों को दी जानेवाली सूचना ज्ञापन है, जबकि सर्वसाधारण अथवा सरकारी अधिकारियों व कर्मचारियों की जानकारी के लिए सरकार द्वारा गजट में प्रकाशित कराई जानेवाली सूचना अधिसूचना है। अधिसूचना सरकार की आधिकारिक सूचना होती है, जिसका कानूनी महत्त्व भी है।

विश्वास और भरोसा

विश्वास में 'श्वस्' धातु है, जो 'श्वास' में भी है। 'श्वस' का अर्थ साँस लेना और जीवित रहना है। जब हमारी यह निश्चित धारणा बन जाती है कि

यह सही है तथा इसका अस्तित्व या इसकी सत्ता विद्यमान है, तो इसे विश्वास कहा जाता है। इसके अतिरिक्त केवल अनुमान के आधार पर होनेवाला मन का दृढ निश्चय भी विश्वास है; जैसे—मेरा यह पक्का विश्वास है कि यहाँ आने से पहले वह अपने घर अवश्य गया होगा। प्रेमचंद के शब्दों में 'विश्वास प्रेम की पहली सीढ़ी है।' तात्पर्य यह कि विश्वास न हो, तो प्रेम संभव नहीं है, क्योंकि इसी के सहारे प्रेम की इमारत पर चढ़ा जा सकता है। कोई अपने कर्म पर विश्वास करता है, तो कोई अपने भाग्य पर। विश्वास में विचार की दृढता की प्रधानता होती है, क्योंकि दृढ आस्था, निश्चय और श्रद्धापूर्वक किसी बात को मान लेना ही विश्वास है। इसका अरबी पर्याय एतबार और यकीन है। विश्वास जमना या बैठना विश्वास का दृढ रूप धारण करना है और विश्वास दिलाना किसी के मन में कोई धारणा पक्की करना है। विश्वासघात किसी को विश्वास दिलाकर धोखा देना है। विश्वासपात्र विश्वास किए जाने योग्य व्यक्ति को कहा जाता है, यानी जो विश्वसनीय या विश्वासी हो।

भरोसा संस्कृत में 'भद्र आशा' और प्राकृत में 'भद्रासा' है। यह 'भार' से विकसित हुआ है। किसी पर भार रखकर उस पर अवलंबित रहना भरोसा है। यह मन की ऐसी स्थिति है, जिसमें जरूरत पड़ने पर किसी व्यक्ति विशेष द्वारा सहायता किए जाने की आशा और विश्वास हो। इसमें अवलंब का भाव है; जैसे—मैंने अपनी लड़की की शादी आप ही के भरोसे ठानी है। भरोसा किए जानेवाले व्यक्ति के लिए समर्थ होना तो जरूरी है ही, उसे अपने वादे पर दृढ़ रहनेवाला भी होना चाहिए; जैसे—उन पर भरोसा रखो, वे तुम्हें कहे अनुसार अवश्य मदद करेंगे। 'के भरोसे' संबंध बोधक है और इसका आशय 'के आसरे है'; जैसे—उनके भरोसे ही मैंने यह समारोह आयोजित किया है। 'भरोसे का' विशेषण पदबंध है और इसका अर्थ भरोसेमंद अर्थात् ऐसा व्यक्ति है, जो अपने दिए हुए वचन पर दृढतापूर्वक अमल करनेवाला हो। ऐसे व्यक्ति से जो आशा की जाती है, उस पर वह खरा उतरता है और समय पड़ने पर सहायता करनेवाला होता है। भरोसा ऐसी उम्मीद है, जिसके पूरा होने की बहुत कुछ संभावना रहती है।

इन दोनों में फर्क यह है कि भरोसा करनेवाला व्यक्ति जिस पर भरोसा करता है, उससे आड़े समय में काम आने या सहायता पाने की उम्मीद करता है, जबकि विश्वास करनेवाला व्यक्ति जिस पर विश्वास करता है, उससे सामान्यतया कुछ पाने की आशा नहीं रखता। विश्वास में आस्था और संतोष होता है, जबकि भरोसा में आसरे और सहारे का भाव है; जैसे—(क) राम को हनुमान की वीरता पर

विश्वास था और उनकी भक्ति पर भरोसा, (ख) उनकी अच्छाई और सज्जनता पर तो विश्वास किया जा सकता है, लेकिन उन पर भरोसा नहीं किया जा सकता, क्योंकि वे किसी की मदद करने के मामले में कृपण हैं।

निवेदन और प्रार्थना

निवेदन में 'विद्' धातु है। 'विद्' धातु का अर्थ जानना है। वेदन में 'नि' उपसर्ग लगने से निवेदन बना है। वेदन का अर्थ सबको सुनाने के लिए जोर से कोई बात करना है। किसी बात को नम्रतापूर्वक कहना अथवा शालीन ढंग से बतलाना निवेदन करना है। अपने से बड़े के समक्ष विचार के लिए अथवा सुझाव के रूप में विनम्रता से पेश या समर्पित की गई बात भी निवेदन है। निवेदन पत्र ऐसा पत्र कहा जाता है, जिसमें एक या कई व्यक्तियों ने निवेदन किया हो। यह लेटर ऑफ रिक्वेस्ट है। निवेदन से ही नैवेद्य बना है, जिसमें निवेदन के अर्पण करनेवाला अर्थ प्रधान है। नैवेद्य उन स्वादिष्ट खाद्य पदार्थों को कहा जाता है, जो देवी-देवताओं के समक्ष उनके भोग के लिए रखे जाते हैं। निवेदन में अपने किसी उद्देश्य की सिद्धि का भाव तो रहता है, लेकिन यह प्रायः गौण रहता है; जैसे सारी स्थिति के संबंध में कलक्टर साहब से निवेदन कर दिया जाए, फिर वे जैसा उचित समझेंगे, करेंगे।

प्रार्थना में 'अर्थ्' धातु है। 'अर्थ्' धातु का अर्थ माँगना है। प्रार्थना अर्थना में 'प्र' उपसर्ग लगने से बना है। अर्थना का मुख्य अर्थ अपने लिए कुछ माँगना या याचना करना है। अपने हितसाधन के लिए विनीत होकर किसी से कुछ कहना प्रार्थना है। ईश्वर या देवी-देवताओं से स्वयं के लिए, अपने परिजनों के लिए अथवा सभी के कल्याण के लिए श्रद्धा और भक्ति के साथ की गई याचना प्रार्थना है। विभिन्न संप्रदायों के वे गेय पद भी प्रार्थना हैं, जिनमें अपनी दीन-हीन दशा का वर्णन करते हुए मंगल कामना के भाव समाहित रहते हैं। प्रार्थना उच्च अधिकारियों, देवी-देवताओं अथवा समाज के महान् और श्रेष्ठ व्यक्तियों से की जाती है। मुकदमे को प्रारंभ करने के लिए न्यायालय से किया जानेवाला लिखित अनुरोध भी प्रार्थना है। प्रार्थना तीन प्रकार की होती है—(1) स्तुति— इसमें प्रार्थी उपास्य के सद्गुणों का गान करते हुए अत्यधिक अभिभूत हो जाता है, (2) आत्मनिवेदन— इसमें प्रार्थी द्वारा अपनी अकिंचनता को उजागर करते हुए ऐसे

भाव भरे जाते हैं कि सर्वशक्तिशाली उपास्य उसकी उपासना पर अभिभूत होकर उसे मनोवांछित फल प्रदान करते हैं। यह नौ प्रकार की भक्तियों में से एक है तथा (3) याचना—इसमें याचक बनकर प्रभु से प्रार्थना की जाती है कि हे प्रभु! मुझे मेरी अपेक्षाओं के अनुरूप फल प्रदान करें। अर्थना में 'प्र' के बदले 'अभि' उपसर्ग लगाकर बनी अभ्यर्थना का अर्थ दीनतापूर्वक की गई प्रार्थना या गिड़गिड़ाना है।

निवेदन में समर्पण के भाव की प्रधानता है और प्रार्थना में याचना के भाव की। प्रार्थना निवेदन से आगे नम्र निवेदन है। प्रार्थना वाले निवेदन में श्रद्धा और भक्ति मिली हुई है। भगवान् से निवेदन नहीं, प्रार्थना की जाती है, जबकि मंच पर किसी नेता को भाषण देने के लिए आमंत्रित करते समय निवेदन किया जाता है, प्रार्थना नहीं की जाती। निवेदन करनेवाला व्यक्ति अपने को छोटा दिखाते हुए निवेदन करता है, जबकि प्रार्थना करनेवाले को अपने को और भी छोटा दिखाना पड़ता है।

साधारण और सामान्य

'स' और 'आधार' की संधि से बने 'साधार' का विकारी रूप साधारण है। साधार वह है, जिसका कोई आधार हो। साधारण भी किसी आधार पर टिका होता है। यह आधार एक भी हो सकता है और एक ही प्रकार का अनेक भी। बहुत सी चीजों में जब एक की अपेक्षा दूसरे में गुण, स्वभाव आदि की दृष्टि से कोई विशेषता नहीं होती, तो वे चीजें साधारण कहलाती हैं। जो प्राय: हर जगह उपलब्ध हो और जो सहज, सरल और सुगम हो, वह भी साधारण है। ऐसी वस्तुओं में अपनी कोई खास विशेषता नहीं होती तथा ये सभी के समझने और करने लायक होती हैं। साधारण में नहीं के अर्थ वाला 'अ' जुड़ने से असाधारण बनता है, जो एक्स्ट्रा ऑर्डिनरी है। साधारण आदमी वह है, जिसकी अपनी कोई विशिष्ट पहचान न हो, जबकि असाधारण व्यक्ति अपने विशेष गुण, प्रतिभा और विलक्षणता से अपनी विशिष्ट पहचान बना लेता है।

सामान्य समान से बना है और इसका मूल अर्थ समान की तरह ही तुल्य या बराबर है। सामान्य वस्तुएँ आश्चर्य में नहीं डालतीं और न इन्हें देखकर किसी प्रकार की जिज्ञासा पैदा होती है। यदि दो या दो से अधिक वस्तुओं में समान लक्षण मिलते हैं, तो ऐसी वस्तुएँ सामान्य कहलाती हैं; जैसे—प्राणियों में भूख-प्यास की

अनुभूति सामान्य लक्षण है। बहुतों से संबंध रखनेवाली और सभी अवस्थाओं में पाई जानेवाली चीजें भी सामान्य कहलाती हैं। ऐसी चीजें बीच की स्थिति में होती हैं। ये न तो बहुत घटी-बढ़ी होती हैं और न बहुत इधर-उधर हटी हुई। वैशेषिक दर्शन के अनुसार मनुष्यों में मनुष्यता और पशुओं में पशुत्व सामान्य गुण हैं। सामान्य में नहीं के अर्थ वाला 'अ' जुड़ने से असामान्य बनता है। जिस व्यक्ति की मानसिक स्थिति ठीक नहीं होती, उसे असामान्य, यानी एबनॉर्मल कहा जाता है।

साधारण से सामान्य का दर्जा थोड़ा ऊँचा होता है; जैसे—(क) उनकी दोनों लड़कियों में एक देखने में साधारण और दूसरी सामान्य है, (ख) इस वर्ग के 50 प्रतिशत छात्र साधारण, 25 प्रतिशत सामान्य और शेष 25 प्रतिशत मेधावी हैं। जो औसत है, वह सामान्य है और साधारण वह है, जो औसत से नीचे है। जेनरल नॉलेज सामान्य ज्ञान है, जिसे साधारण ज्ञान नहीं कहा जा सकता। साधारण रोग वह है, जिसका बिना किसी विशेषज्ञ के आसानी से इलाज हो सके; जैसे—बदहजमी। दूसरी तरफ सामान्य रोग वह है, जो अधिक लोगों में, यानी बड़े पैमाने पर फैला हो, लेकिन इलाज में सुस्ती बरतने पर जानलेवा साबित हो जाए; जैसे—हैजा, चेचक आदि। साधारण ऑर्डिनरी, तो सामान्य नॉर्मल है; जैसे—(क) साधारण बात को लेकर हुए झगड़े में कई लोग मारे गए, लेकिन अब स्थिति सामान्य है, (ख) उनकी साधारण-सी बीमारी ने खतरनाक रूप धारण कर लिया था, लेकिन अब वे सामान्य हैं। साधारण औरों की तुलना में कोई विशेषता लिये नहीं होता, जबकि सामान्य के लिए औसत मानदंडों को पूरा करना आवश्यक होता है। इसलिए सामान्य बुद्धि वाला साधारण बुद्धिवाले से कुछ अधिक जानकार माना जाता है।

हरण और अपहरण

हरण में 'हृ' धातु है। 'हृ' धातु का अर्थ लेना, ढोना, छीनना आदि है। किसी को उसकी वस्तु से अनुचित ढंग से वंचित करना 'हरण' है। मिटाना, हटाना और दूर करना के अर्थ में इसका प्रयोग ज्वरहरण में देखा जा सकता है। ईश्वर भव बाधा, पाप, पीड़ा, विपत्ति, संकट आदि का हरण करते हैं अर्थात् इन्हें दूर करते हैं। वे आततायियों के प्राण का भी हरण कर लेते हैं। बलपूर्वक किसी को उठा ले जाने के अर्थ में इसका प्रयोग सीताहरण, रुक्मिणीहरण, संयोगिताहरण आदि में हुआ है। हरण का प्रयोग अच्छे और बुरे दोनों उद्देश्यों की प्राप्ति के लिए किया

जा सकता है। किसी के कष्ट, दुःख या चिंता का हरण कर उस पर उपकार किया जाता है। दूसरी तरफ अपनी स्वार्थ सिद्धि के लिए किसी की संपत्ति का भी हरण होता है। द्रौपदी के चीरहरण का उद्देश्य भी बुरा ही था। मदहरण में हरण का प्रयोग घमंड चूर करने के अर्थ में हुआ है, तो मनहरण में मन को आकर्षित करने के अर्थ में। एक हरण भावहरण भी है, जिसमें कोई रचनाकार दूसरे रचनाकार के भावों को अपनी कृति में समाविष्ट कर उसका श्रेय लेने का प्रयास करता है। किसी की कोई वस्तु चुरा लेना अथवा उसकी इच्छा के विरुद्ध बलपूर्वक ले लेना या छीन लेना भी हरण है; जैसे—धनहरण, वस्त्रहरण आदि।

हरण में 'अप' उपसर्ग लगाकर 'अपहरण' बना है। 'अप' उपसर्ग का अर्थ दूरी, अलगाव, दूषित, बुरा, निंदनीय आदि है। इस प्रकार बुरे उद्देश्य अथवा किसी स्वार्थ की पूर्ति के लिए किया गया हरण अपहरण है। इसमें किसी वृद्ध, जवान या बच्चे को जबरदस्ती उठाकर ले जाया जाता है और कहीं छिपाकर रखने के बाद फिरौती की रकम देने अथवा किसी अन्य शर्त को पूरा करने की परिजनों से माँग की जाती है। माँग पूरी हो जाने पर बलपूर्वक ले जाया गया व्यक्ति छोड़ दिया जाता है। अपहरण का अंग्रेजी पर्याय एबडक्शन और किडनैपिंग है। भीख मँगवाने अथवा बेचने के उद्देश्य से छोटे बच्चों को फुसलाकर अथवा जबरदस्ती ले जाना भी अपहरण की कोटि में आता है। इसी प्रकार दुराचार करवाने अथवा वेश्यावृत्ति के लिए बेच देने की मंशा से युवतियों को धोखा देकर अथवा प्रलोभन देकर ले जाना भी अपहरण है। आजकल जबरन शादी के लिए लड़कों का भी अपहरण होने लगा है।

ये दोनों शब्द किसी से किसी की कोई चीज अलग करने अथवा हटाने के अर्थ के वाचक हैं, लेकिन हरण का उद्देश्य अच्छा भी हो सकता है, जबकि अपहरण बुरे उद्देश्य से ही किया जाता है। हरना क्रिया अपहरण की अपेक्षा हरण के अधिक निकट है, क्योंकि इसका अर्थ हर लेना अथवा हरण कर लेना है।

शंका और संदेह

शंका में 'शंक्' धातु है। 'शंक्' धातु का अर्थ भयभीत या चिंतित होना है। शंका किसी अनिष्ट का अनुमान होने पर मन में उत्पन्न होनेवाला भय है। यह मन की वह स्थिति है, जिसमें किसी बात के सामने आने पर उसके संबंध में कोई प्रश्न

या जिज्ञासा उत्पन्न हो। यदि हमें कोई बात ठीक नहीं जँचती, तो मन में तर्क-वितर्क उत्पन्न होता है। यही तर्क-वितर्क शंका है। शंका होने पर मनुष्य को एहसास होता है कि उसकी जानकारी पर्याप्त नहीं है। शंका में एक तो प्रस्तुत वस्तु आपत्तिजनक जान पड़ती है, दूसरे उसका सही रूप जानने की मन में उत्सुकता होती है; जैसे—पंडित लोग किसी श्लोक के अर्थ को लेकर शंका होने पर उसके संबंध में तरह-तरह के प्रश्न करते हैं। शंका साहित्य के 37 संचारी भावों में एक है। यह मन का वह भाव है, जिसमें भय के कारण शरीर में कंपन आदि उत्पन्न होता है। मनोविज्ञान मानता है कि शंका कोई मनोवेग नहीं है। उसकी दृष्टि में यह कुछ विशेष परिस्थितियों में होनेवाला बौद्धिक या मानसिक व्यापार भर है। जिसके मन में शंका हुई हो, वह शंकित और जो शंका से आकुल या विचलित हो, वह शंकाकुल कहलाता है।

संदेह में 'दिह्' धातु है। 'दिह्' धातु का अर्थ लीपना, मैला करना आदि है। संस्कृत के 'संदिह' का अर्थ ठीक तरह से कुछ निश्चय न कर पाना है। संदिह से ही संदेह बना है। संदेह प्राय: पर्याप्त प्रमाण नहीं रहने के कारण उत्पन्न होता है। इसमें सामने आई बात का स्वरूप स्पष्ट नहीं रहने से सहसा उस पर विश्वास करना कठिन हो जाता है और मन में यह भाव उत्पन्न होता है कि वस्तुस्थिति इससे कुछ भिन्न तो नहीं है। संदेहवाद वह दार्शनिक सिद्धांत है, जिसमें जिज्ञासा की तृप्ति के लिए संदेह का स्थायी रूप में बना रहना आवश्यक माना जाता है। इस सिद्धांत के अनुसार सत्य का कभी पूरा ज्ञान नहीं होने पाता, जिस कारण हर बात के संबंध में संदेह का भाव बना रहना आवश्यक है। संदेहात्मक, संदेहास्पद और संदिग्ध वह है, जिसके संबंध में अनिश्चय की स्थिति हो और निर्विवाद रूप से कुछ नहीं कहा जा सके। संदेह एक प्रकार का अर्थालंकार भी है, जिसमें किसी बात की सच्चाई के संबंध में मन में संदेह बने रहने का उल्लेख होता है। संदेह तब उत्पन्न होता है, जब ऊपर से दिखाई देनेवाले तथ्य या रूप पर विश्वास नहीं होता।

इन दोनों में फर्क यह है कि शंका में हम मान लेते हैं कि यह बात ठीक नहीं है अथवा ठीक नहीं हो सकती, जबकि संदेह वहाँ उत्पन्न होता है, जब हमें कोई बात पूरी तरह ठीक नहीं जँचती और मन में यह भाव उत्पन्न होता है कि कहीं इससे अलग कोई और बात तो नहीं है। शंका प्राय: नकारात्मकता की ओर ले जाती है, जबकि सही और गलत के बीच में झूलते रहने के कारण संदेह में नकारात्मकता और सकारात्मकता के बीच की स्थिति होती है।

शासन और प्रशासन

शासन में 'शास्' धातु है। 'शास्' धातु का अर्थ आज्ञा देना, उपदेश देना, दंड देना, राज्य करना, शिक्षण प्रदान करना आदि है। शासन का मुख्य अर्थ इस प्रकार किसी को अपने नियंत्रण में रखना है, जिससे वह निर्धारित नियम, व्यवस्था, आदेश आदि के विपरीत आचरण न करे। इसमें किसी देश, प्रांत, स्थान, संस्थान, संगठन आदि पर नियंत्रण रखकर उसकी ऐसी व्यवस्था की जाती है कि किसी प्रकार से अराजकता पैदा न हो। राजा, सेनापति या मंत्रियों का समूह देश का शासन चलाता है। मंत्रियों के सदन का विश्वास खो देने पर राष्ट्रपति शासन लागू हो जाता है। अरबी में इसका पर्याय हुकूमत है, क्योंकि इसमें अपने हुक्म को मनवाने का वैधानिक अधिकार प्राप्त होता है। प्रेमचंद के शब्दों में 'शासन का प्रधान कर्तव्य भीतर और बाहर की अशांतिकारी शक्तियों से देश को बचाना है।' किसी को वश में रखकर उससे अपने मनोनुकूल कार्य करवाना भी शासन करना है; जैसे उसकी घरवाली उस पर शासन करती है। शासन करनेवाले के हाथ में राज्य संचालन के सभी सूत्र आधिकारिक रूप से रहते हैं। किसी देश या राज्य पर शासन करने के ढंग को शासन प्रणाली और जिस सिद्धांत के आधार पर शासन की व्यवस्था की जाती है, उसे शासन तंत्र कहते हैं।

प्रशासन का मुख्य मकसद कार्यों की व्यवस्था और नियमों का पालन कराना है। प्रशासन का कार्य करनेवाला अर्थात् निर्धारित व्यवस्था और नियमों की देखरेख करनेवाला प्रशासक अथवा प्रशासनिक अधिकारी कहलाता है। कुशल प्रशासन का कार्य अत्यंत कठिन माना गया है, क्योंकि इसमें आंतरिक और बाह्य दोनों संघर्षों में सदैव और निरंतर रहना पड़ता है। इसलिए 'पंचतंत्र' में कहा गया है कि शासन तथा जनता, दोनों के लिए समान रूप से प्रिय कार्य करनेवाला प्रशासक दुर्लभ होता है। प्रशासन नागरिकों के अधिकारों और कर्तव्यों आदि को कार्य रूप में परिणत करना है। यह राज्य के अधिकारों का सुव्यवस्थित ढंग से संचालन और निष्पादन है। प्रशासन का कार्य अधिकारियों के माध्यम से होता है, जिस वजह से अधिकारियों की हड़ताल से प्रशासन ठप पड़ जाता है।

शासन अंग्रेजी का गवर्नेंस और प्रशासन अंग्रेजी का ही एडमिनिस्ट्रेशन है। प्रशासन शासन का वह हथियार है, जिसके माध्यम से शासन अपने विधानों को लागू करता है। शासन के अनेक विभागों और अंगों में किसी एक विभाग या अंग का ठीक तरह से किया जानेवाला प्रबंध प्रशासन कहलाता है; जैसे जिले की

व्यवस्था जिला प्रशासन करता है। इस दृष्टि से शासन की तुलना में प्रशासन का क्षेत्र सीमित है। शासन का स्थान प्रशासन के ऊपर होता है, क्योंकि प्रशासन उसी के नियमों, निर्देशों आदि को कार्यान्वित करता है।

हत्या और वध

हत्या की उत्पत्ति संस्कृत के 'हन्' धातु से हुई है। 'हन्' धातु का अर्थ मार डालना, प्रहार करना, हिंसा करना, नष्ट करना, चोट पहुँचाना आदि है। हनन, हत, आहत, हताहत में भी यही 'हन्' धातु है। भाषा वैज्ञानिकों के अनुसार हत्या के प्रमुख उपकरण अंग्रेजी के गन शब्द की उत्पत्ति भी इसी 'हन्' धातु से हुई है। हत्या किसी को मार डालने की क्रिया है। ऐसा प्रहार हत्या है, जो किसी के प्राण लेने की नीयत से किया जाता है। यह दो प्रकार की होती है। पहली किस्म की हत्या वह है, जो अनजाने में हो जाती है; जैसे—उसे गोहत्या का पाप लगा हुआ है। दूसरी किस्म की हत्या जान-बूझकर की जाती है। कोई-कोई खुद को गोली मारकर, ट्रेन के आगे या छत से कूदकर, फाँसी लगाकर, डूबकर, आग लगाकर, जहर खाकर या इसी प्रकार के अन्य उपायों से अपनी हत्या खुद कर लेता है। इस प्रकार की खुद की हत्या आत्महत्या कहलाती है। गर्भस्थ शिशु की हत्या भ्रूणहत्या कहलाती है। धर्मशास्त्रों में हत्या को पाप कहा गया है, जिसके लिए नरक भोगना पड़ता है। कानून की दृष्टि से भी हत्या दंडनीय अपराध है, जिसके लिए फाँसी की सजा मुकर्रर है, लेकिन युद्ध क्षेत्र में शत्रुओं की हत्या करना वीरता का सूचक माना जाता है। लाक्षणिक प्रयोग में आशा, आकांक्षा, न्याय, सत्य, सिद्धांत, ईमान आदि की भी हत्या होती है। इनमें जीव तो नहीं होता, लेकिन स्वार्थसिद्धि के लिए इनकी उपेक्षा करना अथवा इनका अस्तित्व समाप्त करना इनकी हत्या है।

वध संस्कृत के 'वधः' से बना है। 'वधः' की उत्पत्ति 'वध्' धातु से हुई है। वध का अर्थ कत्ल करना, विनाश करना आदि है। इसमें चोट पहुँचाकर हत्या करने का भाव है। जहाँ मनुष्यों, पशुओं आदि का वध किया जाता है, उस स्थान को वधभूमि या वधस्थल कहते हैं। वधशाला, वधालय, कसाईखाना, स्लॉटर हाउस, बूचड़खाना ऐसे घर हैं, जिनमें वध किया जाता है। वध में अस्त्र-शस्त्र का इस्तेमाल होता है। जिसका वध किया जाता है, वह अपनी रक्षा करने में असमर्थ रहने के कारण विरोध नहीं कर पाता। वध करनेवाले को वधिक कहा जाता है, जिसका स्थान अब जल्लाद ने ले लिया है। आततायियों को समाप्त करने के लिए

भी वध किया जाता है और शौर्य प्रदर्शन के लिए भी; जैसे—शिशुपालवध और जयद्रथवध। वध में क्रूरता और निर्दयता जरूरी है।

ये दोनों शब्द जीवन का अंत होने के सूचक हैं। लेकिन इन दोनों में फर्क यह है कि हत्या अनजाने में भी हो सकती है, जबकि वध सदैव जानकारी के साथ किया जाता है। हत्या प्राय: छिपकर की जाती है, जबकि वध खुलेआम होता है। हत्यारा अपने को छिपाने के लिए फरार हो जाता है, जबकि वधिक के लिए ऐसी कोई मजबूरी नहीं होती। वध आधिकारिक रूप से भी होता रहा है।

स्वाधीनता और स्वतंत्रता

स्वाधीनता स्वाधीन में 'ता' प्रत्यय लगने से बनी है। स्वाधीन में स्व+अधीन की संधि है अर्थात् जो 'स्व' यानी अपने अधीन हो, वह स्वाधीन है। स्वाधीनता स्वाधीन होने की अवस्था या भाव है। यह पराधीनता का उलटा अर्थ देती है, क्योंकि पराधीनता की समाप्ति ही स्वाधीनता कहलाती है। इसमें बाहरी नियंत्रण और दबाव से मुक्ति मिल जाती है और अपनी इच्छा के अनुसार सभी कार्य करने का अधिकार प्राप्त हो जाता है। स्वाधीनता में आत्मनिर्भता का भाव है। इसमें किसी कार्य के लिए दूसरों पर आश्रित रहने की विवशता नहीं होती। इसका अंग्रेजी पर्याय इंडिपेंडेंस है। भारत 15 अगस्त, 1947 ई. को स्वाधीन हुआ था, क्योंकि इसे उसी दिन अंग्रेजों की पराधीनता से मुक्ति मिली थी और सभी कार्यों के संचालन तथा सभी प्रकार की व्यवस्था करने का अधिकार प्राप्त हो गया था। स्वाधीनता को अत्यंत पोषक वस्तु मानते हुए प्रेमचंद ने लिखा है—'बँधे बैल और खुले साँड़ में बड़ा अंतर है। एक रातिब (पशुओं का नियमित भोजन) पाकर भी दुर्बल है, दूसरा घास-पात खाकर ही मस्त हो रहा है।' साहित्य में 'स्वाधीन पतिका' या 'स्वाधीन भर्तृका' उस नायिका को कहा जाता है, जो स्वयं के अधीन हो और जिसका पति ही उसके वश में हो।

स्वतंत्र में 'ता' प्रत्यय लगने से स्वतंत्रता बनी है। स्वतंत्र में 'स्व' और 'तंत्र' का मेल है। तंत्र शासन की व्यवस्था या प्रणाली है; जैसे—प्रजातंत्र, जनतंत्र आदि। स्वतंत्र वह है, जिसका तंत्र या शासन अपना हो। स्वतंत्रता स्वतंत्र रहने या होने की अवस्था है। यह परतंत्रता का विपरीतार्थक शब्द है। इसमें सभी प्रकार के बंधन से मुक्त रहने का भाव है। अपना नियम और सिद्धांत लागू करने तथा शासन का प्रबंध खुद करने का अधिकार प्राप्त हो जाना स्वतंत्रता है। इसमें अपने द्वारा बनाए

गए कानूनों के अनुसार स्वयं सभी कार्यों की व्यवस्था और संचालन किया जाता है। कहीं आने-जाने, घूमने-फिरने, लिखने-बोलने, रोजगार करने, अपनी आस्था के अनुसार किसी धर्म को मानने आदि की छूट स्वतंत्रता है। इसका अंग्रेजी पर्याय फ्रीडम है। विनोबा भावे ने लिखा है—'स्वतंत्र वही हो सकता है, जो अपना कार्य आप कर लेता है।' ऐसा नहीं करने पर उसे परमुखापेक्षी होना पड़ेगा।

स्वाधीनता अधीनता से मुक्ति पाना और स्वतंत्रता अपना शासन तंत्र स्वयं संचालित करना है। स्वाधीनता का प्रयोग राष्ट्र और स्वतंत्रता का इस्तेमाल जनता के संदर्भ में होता है। इसलिए स्वाधीन देश के निवासी स्वतंत्र नागरिक कहलाते हैं। स्वतंत्रता पूरी तरह स्वाधीनता नहीं है, क्योंकि इसमें देश की व्यवस्था और शासन के अधीन रहकर ही कार्य करना पड़ता है। कुल मिलाकर स्वाधीनता में विदेशियों की अधीनता से और स्वतंत्रता में विदेशियों के तंत्र या शासन से मुक्त होने के भाव की प्रधानता रहती है।

दौड़ना और भागना

रामचंद्र वर्मा के अनुसार दौड़ना 'धोर्' से बने 'धोरण' से विकसित हुआ है। धोर् का अर्थ दौड़ना तथा धोरण का अर्थ तीव्र या द्रुत गति से आगे बढ़ना है। उनके अनुसार पुरानी हिंदी में यह धौरना एवं स्थानिक बोलियों में धौड़ना के रूप में प्रचलित है। दूसरी तरफ हिंदी व्युत्पत्ति कोश के अनुसार दौड़ धाव से बने धावन से विकसित है और दौड़ में 'ना' लगकर दौड़ना क्रिया बनी है। इस कोश में इसके प्राकृत और अपभ्रंश रूप क्रमशः धावण और दाउद बताए गए हैं। दौड़ना का अर्थ जल्दी-जल्दी पैर उठाते हुए बहुत तेजी से आगे बढ़ना है। नसों में खून का दौड़ना तरल पदार्थ का किसी ओर तेजी से बढ़ना है। शरीर में विष का दौड़ना विष का प्रभाव व्याप्त होना है। किसी उद्‌देश्य की सिद्धि के लिए भी दौड़ने की क्रिया संपन्न होती है; जैसे—इस सांस्कृतिक कार्यक्रम को देखने के लिए कोसों दूर से लोग दौड़े चले आ रहे हैं। मछलियों का पानी में इधर-उधर दौड़ना लाक्षणिक प्रयोग है। निगाह दौड़ना और मन दौड़ना का आशय बहुत जल्दी किसी दूर की जगह पर पहुँच जाना है। कागज पर कलम भी दौड़ती है। तात्पर्य यह कि एकाएक किसी वस्तु का वेग से गति पकड़ना भी दौड़ना है।

रामचंद्र वर्मा के अनुसार भागना संस्कृत के 'भज्' धातु से बना है। 'भज्' का एक अर्थ भयभीत होकर इधर-उधर हटना या विचलित होना है। दूसरी तरफ

हिंदी व्युत्पत्ति कोश के अनुसार भागना 'भज्' से बने भग्न से विकसित हुआ है। 'भज्' का अर्थ छिन्न-भिन्न करना और भग्न का अर्थ छिन्न-भिन्न किया हुआ है। इस कोश में इसका विकास क्रम प्राकृत में भग्ग और अपभ्रंश में भग्गिअ दिया गया है। किसी खतरे से बचने के लिए जल्दी-जल्दी चलकर किसी सुरक्षित स्थान की ओर जाना भागना है। किसी काम से पीछा छुड़ाने के लिए टलने या हटने का प्रयास करना भी भागना है; जैसे—कठिन काम देखते ही वह भागने के प्रयास में लग जाता है। किसी कार्य को बुरा समझकर उससे बिल्कुल दूर रहना भी भागना है; जैसे—ईमानदार आदमी बेईमानी से सदैव दूर भागता है। यह कहीं दूर चले जाने का ऐसा प्रयास है, जिसमें लौटने की संभावना बहुत कम रहती है; जैसे दो बच्चों की माँ प्रेमी के संग भाग गई।

इन दोनों में फर्क यह है कि भागना में किसी स्थान से हटकर ओझल हो जाने का भाव है, जबकि दौड़ना इतनी तेज गति से चलना है कि पैर जमीन पर पूरी तरह नहीं जम पाते। कुछ लोग दौड़ना के स्थान पर भी भागना क्रिया का प्रयोग करते देखे जाते है; जैसे—जा भागकर अमुक सामान ले आ। लेकिन, भागना के साथ जाने की संगति तो बैठती है, लौटकर आने की नहीं। रामचंद्र वर्मा ने भी लिखा है, 'प्रायः लोग भ्रम से दौड़ना के अर्थ में भागना क्रिया का प्रयोग करते हैं,जो ठीक नहीं है।' इन दोनों का एक साथ प्रयोग होगा—उसने भागते हुए चोर को दौड़कर पकड़ लिया।

भागदौड़ और भगदड़

भागना और दौड़ना क्रियाओं से ना प्रत्यय हटाने के बाद भागदौड़ शब्द बनता है। दौड़ में किसी प्रेरणा से उत्साहित होकर बहुत जल्दी कहीं पहुँचने का भाव है। यह वेगपूर्वक आगे बढ़ना है; जैसे—घुड़दौड़। दौड़ की प्रतियोगिता भी होती है; जैसे—उसने चार सौ मीटर की दौड़ में स्वर्ण पदक प्राप्त किया। यह किसी कार्य के लिए किया गया प्रयास है; जैसे नौकरी के लिए लोग मंत्री और अधिकारी के यहाँ दौड़ लगाते हैं। किसी दिशा की ओर अथवा किसी पथ पर तेज गति से बढ़ना भी दौड़ है; जैसे—रेल लाइन पर इंजन दौड़ रहा है। अधिक तीव्र गति से चलना दौड़ है; जैसे—दौड़कर चलने से बच्चों को ठोकर लगने की आशंका बनी रहती है। दौड़ में लंबे-लंबे डग भरा जाना आवश्यक है। दूसरी

तरफ विपरीत परिस्थितियों के कारण कहीं से तेजी से दूर हट जाने का प्रयत्न करना भागना है; जैसे—सिपाही को देखते ही चोर सिर पर पाँव रखकर भाग गया। भागा-भागा और दौड़ा-दौड़ा विकारी क्रियाविशेषण हैं, जिनके लिंग और वचन के अनुसार भागे-भागे और भागी-भागी तथा दौड़े-दौड़े और दौड़ी-दौड़ी रूप बनते हैं। जब किसी काम के लिए बार-बार कहीं आना-जाना पड़े, तो इसे भागदौड़ कहा जाएगा। यह किसी कार्य की सिद्धि के लिए होनेवाली दौड़-धूप है। दौड़ना-धूपना में कोशिश करने का भाव है; जैसे—उन्होंने बहुत दौड़-धूप की, लेकिन अभी तक उनकी लड़की की शादी तय नहीं हो सकी है। किसी कार्यवश जल्दी-जल्दी इधर-उधर जाना भी भागदौड़ है; जैसे—मंत्रीजी के कार्यक्रम के चलते स्वास्थ्य महकमे में भागदौड़ मची है। भागमभाग, भागाभाग और दौड़ा-दौड़ी भी भागदौड़ के अर्थ में प्रयुक्त होते हैं।

बहुत से लोगों का या भीड़ का भयभीत होकर इधर-उधर भागना भगदड़ है। इसके साथ मचना क्रिया का प्रयोग होता है; जैसे—बम फटने से बाजार में भगदड़ मच गई। यह संकट की स्थिति में सुरक्षा की दृष्टि से लोगों का निरापद स्थान की ओर जाना है; जैसे—पुलिस के लाठीचार्ज से भीड़ में भगदड़ मच गई। इसमें भागने की उतावली रहती है; जैसे—मेले में भगदड़ मचने से कई लोगों की जान चली गई। प्रायः अफवाहों से भगदड़ मचती है। भगदड़ में दौड़कर लोग सुरक्षित स्थान की ओर भागते हैं। इस प्रकार भगदड़ में भागना और दौड़ना, दोनों क्रियाएँ हैं तथा भागदौड़ से ही भगदड़ विकसित हुई है।

इन दोनों शब्दों के मूल में भागना और दौड़ना क्रियाएँ तो हैं; लेकिन इनमें अंतर यह है कि अचानक कोई खतरा नजर आने पर भगदड़ आप-से-आप मच जाती है, जबकि भागदौड़ के पीछे कोई-न-कोई उद्देश्य होता है। भगदड़ की वजह अफवाह भी हो सकती है, जबकि भागदौड़ जान-बूझकर की जाती है। भागदौड़ का संबंध प्रायः व्यक्ति से और भगदड़ का संबंध समूह या भीड़ से है।

हठ और जिद

बहुत आग्रहपूर्वक किसी निवेदन की बार-बार पुनरावृत्ति, जो दुराग्रह की सीमा तक पहुँच जाए, हठ है। प्रारंभिक काल में इसका अर्थ बल प्रयोग, हिंसा आदि था। संस्कृत काल में भी आज की तुलना में इसका अर्थ अधिक कठोर था

। तब इसका तात्पर्य अत्याचार, लूट-खसोट आदि था। हठ से बने हठात् क्रिया विशेषण इसी कारण दुराग्रहपूर्वक, जबरदस्ती, बलपूर्वक अर्थ भी देता है, लेकिन अब इसका प्रचलित अर्थ अपनी बात मनवाने के लिए अड़ जाना है। इसमें अपनी इच्छा की पूर्ति के लिए किसी पर बार-बार दबाव डाला जाता है। हठ ठानना या पकड़ना दुराग्रह करना है। किसी की दुराग्रहपूर्वक कही गई बात पूरी करना या मान लेना हठ रखना है। हठ में अधीरता और उत्कट इच्छा की प्रधानता होती है। इच्छा के विपरीत कार्य होने की स्थिति में अथवा किसी के विरोध करने पर भी अपनी इच्छा के अनुसार कार्य करवाने में दृढता दिखलाना हठ है। उचित-अनुचित का विचार किए बिना अपनी बात पर डटे रहनेवाले को हठधर्मी कहा जाता है। हठ से बना हठी और हठीला हठ करनेवाले ऐसे व्यक्ति को कहा जाता है, जो अपनी बात पर दृढ़तापूर्वक अड़ा रहता है। हठ 'योग' की एक प्रमुख साधना पद्धति भी है, जिसे हठयोग कहा जाता है। इसमें इंद्रिय निग्रह बहुत कड़ाई से किया जाता है। इसके सबसे बड़े आचार्य योगी मत्स्येंद्रनाथ (मछंदरनाथ) और उनके शिष्य गोरखनाथ माने जाते हैं। गोरखनाथ के अनुयायियों को नाथ योगी कहा जाता है। नाथ योगियों में अपनी साधना के लिए इसका प्रचलन हुआ। शैव धारा के अतिरिक्त बौद्धों ने भी हठयोग को अपनाया था।

अपनी बात पूरी करवाने के लिए उस पर अंतिम क्षण तक जोरदार ढंग से कायम रहना और किसी भी कीमत पर दूसरे की बात न मानना जिद है। इसमें किसी बात को पूरा करवाने के लिए अनुचित रूप से आग्रह का भाव रहता है। जिद के साथ करना, चढ़ना, ठानना, पकड़ना, बाँधना क्रियाओं का प्रयोग होता है। जिदियाना का अकर्मक क्रिया के रूप में अर्थ जिद करना और सकर्मक क्रिया के रूप में अर्थ किसी को जिद करने में प्रवृत्त करना है। जिद्दी जिद का विशेषण है, जिसका अर्थ दुराग्रही और दूसरे की बात न माननेवाला है।

जिद अरबी मूल का स्त्रीलिंग शब्द है और हठ संस्कृत मूल का पुल्लिंग। कोशों में इन दोनों को समानार्थक बताया गया है, लेकिन इनमें सूक्ष्म अंतर है। जिद में बहुत तर्कसंगत और समझदारीवाली बात नहीं होती; जैसे—इस बात पर जिद करने से परिवार के लोग खफा हो जाएँगे। जिद से हठ का स्थान थोड़ा ऊँचा है, क्योंकि यह योग की एक साधना भी है। कहा गया है कि जो धर्म का हठ रखता है, उसकी रक्षा ईश्वर करते हैं—'जो हठ राखे धरम की, ताहि रखै करतार।' यहाँ हठ के स्थान पर जिद का प्रयोग करना युक्तिसंगत नहीं होगा।

नाम और उपनाम

नाम शब्द की व्युत्पत्ति 'म्ना' धातु एवं 'मनिन्' प्रत्यय से हुई है। एक और धातु 'नम्' बुलाने के अर्थ में प्रयुक्त होती है। इससे भी नाम का पुकारनेवाला अर्थ ही प्रकट होता है। किसी व्यक्ति को बार-बार किसी एक ही शब्द से संबोधित करने से यह शब्द उस व्यक्ति का नाम बन जाता है। इस प्रकार नाम वह शब्द है, जिससे किसी व्यक्ति या वस्तु का बोध हो; जैसे—इस फल का नाम अमरूद और इस व्यक्ति का नाम मुंगेरी लाल है। नाम ऐसा माध्यम है, जो नाम धारण करनेवाले व्यक्ति और उस नाम का प्रयोग करनेवाले व्यक्ति के बीच सीधा संपर्क स्थापित करता है। यह किसी का ज्ञान कराने के लिए उसके वाचक के रूप में प्रयुक्त किया जाता है और इसी से वह लोगों के बीच प्रसिद्ध हो जाता है। इसलिए हर वस्तु की पहचान तथा उससे दूसरों को अवगत कराने के लिए उसका कोई-न-कोई नाम रख लिया जाता है। गुह्य सूत्र के अनुसार नाम दो या चार अक्षरों का और व्यंजन से प्रारंभ होना चाहिए। बालकों के नाम के अक्षरों की संख्या सम हो। बालिकाओं के नाम के अक्षरों की संख्या विषम तो हो ही, वह शब्द आकारांत वाला भी हो। नाम को लिंगभेद का द्योतक और उच्चारण में सरल एवं सुनने में सुखद होना चाहिए।

नाम में 'उप' उपसर्ग लगने से उपनाम बना है। यह ऐसा संक्षिप्त, कल्पित और छोटा नाम है, जिसका प्रयोग नाम के बदले में किया जाता है। यह दो प्रकार का होता है। एक तो किसी के वास्तविक नाम से भिन्न, दूसरा ऐसा प्रसिद्ध नाम उपनाम है, जो उसके माता-पिता द्वारा उसे बुलाने के लिए रख लिया जाता है; जैसे—चुन्नी लाल सिन्हा का 'चुन्नू'। दूसरे प्रकार का उपनाम वह है, जो कवियों, लेखकों द्वारा खुद का रखा हुआ होता है। इसी उपनाम से ये साहित्य के क्षेत्र में जाने जाते हैं; जैसे—सूर्यकांत त्रिपाठी का उपनाम 'निराला' था। जो नाम विशिष्टता की ओर संकेत करे, वह भी उपनाम है। जब कोई साहित्यकार साहित्य लेखन में अपने मूल नाम के अतिरिक्त किसी अन्य नाम का प्रयोग करता है, तो यह अन्य नाम उसका उपनाम कहलाता है। उदाहरण के लिए प्रेमचंद का वास्तविक नाम धनपत राय था, पर वे उपन्यासकार के रूप में प्रेमचंद के नाम से जाने गए। उनका वास्तविक नाम धनपत राय तो लुप्त ही हो गया और प्रेमचंद ने उपनाम होते हुए भी वास्तविक नाम का स्थान ग्रहण कर लिया। फिल्मी दुनिया में ऐसे दर्जनों उदाहरण हैं।

इन दोनों में फर्क यह है कि नाम तो जन्म के समय ही रख दिया जाता है, लेकिन उपनाम जन्म के बाद कभी भी रखा जा सकता है। नाम माता, पिता, अभिभावक आदि रखते हैं, जबकि उपनाम व्यक्ति स्वयं रखता है। इस प्रकार नाम में अभिभावकों की आशा-आकांक्षाओं का प्रतिबिंब दिखाई पड़ता है तथा उपनाम में व्यक्ति विशेष की इच्छाओं और अभिलाषाओं का। उपनाम केवल व्यक्तियों का होता है, नाम की भाँति वस्तुओं, गुणों आदि का नहीं। नाम दूसरे व्यक्तियों पर आधारित होता है। इसमें नामधारी व्यक्ति की कोई भूमिका नहीं होती, जबकि उपनाम का आधार नामधारी व्यक्ति स्वयं होता है।

नाम और संज्ञा

नाम शब्द संस्कृत और फारसी दोनों भाषाओं में है। संस्कृत का नाम ऐसा सार्थक ध्वनि संकेत है, जिसे सुनते ही किसी व्यक्ति, वस्तु अथवा समूह का संपूर्ण स्वरूप ध्यान में आ जाए; जैसे—इस जानवर का नाम हाथी है। दूसरी तरफ फारसी वाले नाम का अर्थ ख्याति, इज्जत, धाक, यश आदि है; जैसे—इस क्षेत्र में उनका बड़ा नाम है। लेकिन, यह ख्याति के साथ कुख्याति का प्रतीक भी हो गया है। अपने नाम के लिए मरना, नाम चमकना, नाम चमकाना, नाम जगना, नाम जगाना, नाम चलना, नाम करना, नाम पाना आदि मुहावरे ख्याति और प्रसिद्धि की अभिव्यक्ति करते हैं, तो किसी का नाम धरना, अपना नाम धराना, नाम लगना, नाम लगाना आदि मुहावरे कुख्याति, कुयश, अभियोग आदि का प्रतिनिधित्व करते हैं। उपास्य के नाम का श्रद्धा और भक्तिपूर्वक जप किया जाता है, क्योंकि नाम की महिमा अपरंपार है। दूसरी तरफ श्रृंगारिक क्षेत्र में प्रेमी अपनी प्रेमिका का नाम जपता रहता है। यह स्वामित्व का भी प्रतीक है; जैसे—उसके कई मकान तो पत्नी के नाम हैं। नाम से खाता खोला जाता है, तो पितरों के नाम पर दान भी दिया जाता है। यह अल्पता का भी सूचक है; जैसे—इस चाय में तो चीनी का नाम ही है। नाम मात्र से तात्पर्य कहने भर के लिए है; जैसे—उसके कहने में नाम मात्र की सच्चाई है। नाम न लेना पूर्ण रूप से अनिच्छा का होना है; जैसे—वह तो यहाँ से जाने का नाम नहीं ले रहा है। नाम का अथवा नामवाला के अर्थ में नामक का प्रयोग होता है; जैसे—इस क्षेत्र में कालाजार नामक रोग फैला हुआ है।

संज्ञा 'सम्' और 'ज्ञा' की संधि से बना है। व्याकरण के अनुसार संज्ञा उस

विकारी शब्द को कहते हैं, जिससे किसी वस्तु, व्यक्ति, स्थान, कार्य, भाव, क्रिया, गुण आदि का बोध हो; जैसे—राम, नदी, पर्वत, घोड़ा, राधा, कोलकाता, मुंबई, क्रोध, उत्साह, दया, बुराई, ईश्वर, अमृत आदि। संज्ञा चेतना शक्ति भी है। यह वह शक्ति है, जिससे बाह्य पदार्थों के ज्ञान के साथ शरीर या मन के कार्यकलापों की भी अनुभूति होती है। इसलिए होश वाले व्यक्ति को संज्ञावान और बेहोश को संज्ञाविहीन कहा जाता है।

इन दोनों में फर्क यह है कि संज्ञा में नाम संकेत के अतिरिक्त अर्थ संकेत भी होता है। संज्ञा व्याकरण आदि शास्त्रों में प्रयुक्त पारिभाषिक शब्द है, जिस कारण यह शिक्षित समुदाय तक सीमित है तथा इसका केवल शास्त्रीय विवेचन हो पाया है। दूसरी तरफ नाम के अर्थों और प्रयोगों का विस्तार हुआ है, जिससे इसके साथ कई अर्थों के मुहावरे भी लग गए हैं। नाम का प्रयोग किसी व्यक्ति या वस्तु की पहचान कराने, उसे पुकारने या बुलाने तथा किसी प्रसंग में उसकी ओर संकेत करने के लिए होता है, जबकि संज्ञा का मुख्य उद्देश्य उस व्यक्ति या वस्तु का पूरा ज्ञान कराना अथवा उसका स्वरूप बतलाना है। नाम के साथ पड़ना, रखना और संज्ञा के साथ देना, मानना क्रियाओं का प्रयोग होता है। जन्म के समय की गणना के आधार पर नामकरण संस्कार होता है, लेकिन संज्ञाकरण संस्कार जैसा कुछ नहीं होता।

चिपकना और सटना

चिपकना क्रिया हिंदी के 'चिपचिप' या 'चेप' शब्द से बनी है। लसीला पदार्थ चिपचिप होता है। इसी कारण चिपकना का मुख्य और प्रारंभिक अर्थ लसीले पदार्थ के माध्यम से दो वस्तुओं का इस प्रकार एक-दूसरे से लग या जुड़ जाना है कि उन्हें आसानी से अलग न किया जा सके; जैसे—कागज से स्टांप चिपका हुआ है। गीलेपन के कारण भी एक वस्तु दूसरी वस्तु से चिपकी हुई दिखाई पड़ती है; जैसे—पसीने के कारण उसके कपड़े बदन से चिपके हुए थे। अधिक दिनों तक नमी में रहने से सीलन के कारण दो चीजें आपस में चिपक जाती हैं; जैसे—धूप नहीं मिलने से किताब के पन्ने एक-दूसरे से चिपक गए थे। किसी वस्तु या बात को कसकर पकड़ लेना भी चिपकना है; जैसे—परजीवी लताएँ पेड़ों से चिपककर ऊर्जा प्राप्त करती हैं, (ख) वे अपनी बात से ऐसे चिपके हुए थे कि उसे छोड़ने को तैयार ही नहीं थे। किसी वस्तु में लीन या रत रहना चिपकना

है; जैसे—वह हमेशा किताब से चिपका रहता है। किसी काम-धंधे या नौकरी में लगना भी चिपकना है; जैसे—शर्माजी जिस स्कूल में नौकरी करते हैं, उसी में उनका बेटा भी चिपक गया है। चिपकना का लाक्षणिक प्रयोग ऐसी स्थितियों के लिए भी होता है, जब कोई स्वार्थ के वशीभूत होकर उचित-अनुचित का ध्यान रखे बिना जबरदस्ती किसी काम में लगा रहना चाहे; जैसे—कमाऊ कुरसी (पद) से अधिकारी येन-केन-प्रकारेण चिपके रहना चाहते हैं। सुरक्षा आदि की दृष्टि से किसी से बिल्कुल जुड़ जाने के लिए भी इसका प्रयोग होता है; जैसे—बच्चा डरकर माँ की छाती से चिपक गया।

सटना का एक अर्थ तो किसी लसीले पदार्थ की सहायता से दो वस्तुओं का मिलकर इस प्रकार एक हो जाना है कि उन्हें सहज में अलग न किया जा सके; जैसे—गोंद लगा देने से फटा पन्ना पुस्तक में सट गया। इसका दूसरा अर्थ दो वस्तुओं का इतने समीप हो जाना है कि उनकी आपस में दूरी या तो बहुत कम रह जाए या बिल्कुल मिट जाए; जैसे—(क) अलमारी दीवार से सटा देने पर अलमारी से सटी मेज थोड़ी अलग हो जाएगी, (ख) विवाह मंडप में जगह कम रहने से सभी सटकर बैठे हुए थे।

इन दोनों में सूक्ष्म अंतर यह है कि सटना प्रायः तभी संभव होता है, जब लसीला पदार्थ लगाया जाता है; जैसे—गोंद लगाने पर दोनों कागज एक-दूसरे से सट गए। दूसरी तरफ चिपकना में लसीलेपन की मौजूदगी पहले से होने का भाव प्रधान है; जैसे—लिफाफे पर टिकट चिपका दो। यहाँ चिपचिपी वस्तु का दूसरी वस्तु से संपर्क हो जाने या करा देने का भाव है। स्टिकर में भी चिपकने का भाव प्रधान है, जो स्पर्श कराने या लगा देने से चिपक जाता है। चिपकना में सटना की अपेक्षा अधिक निकट आने की प्रमुखता है; जैसे—दोनों मकानों की छतें बिल्कुल सटी हुई हैं, कहना तो ठीक है, चिपकी हुई हैं, कहना युक्तिसंगत नहीं होगा। इन दोनों का एक साथ प्रयोग होगा—ठीक से बैठो, अब इतना न सटो कि चिपक ही जाओ।

ताकना और घूरना

ताकना क्रिया संस्कृत के 'तर्कण' से बनी है। 'तर्कण' का अर्थ तर्क करने की क्रिया या भाव है। इसी कारण ताकना का एक अर्थ किसी वस्तु, व्यक्ति आदि को तर्क के जरिए या बुद्धि के माध्यम से जानना-समझना है। ताकना अच्छी तरह,

आँख गड़ाकर और ध्यानपूर्वक देखना है, लेकिन इसमें बुरे उद्‌देश्य, बुरी नजर या कामुक दृष्टि से देखने का भी भाव है; जैसे वह युवक उस युवती को ताक रहा था। ताकना में लाचारी का भी भाव है; जैसे उचक्का उसके सामने से बैग ले भागा और वह ताकता रह गया। ताकना क्रिया से 'ना' हटाकर बनी ताक का अर्थ ताकने की क्रिया, ढंग या भाव है। इससे अनेक मुहावरे बने हैं। ताक में बैठना, ताक में होना या ताक में रहना; उपयुक्त अवसर, कार्य, स्थान आदि की प्रतीक्षा में रहना है। ताकना में देखरेख या रखवाली करने का भी भाव है; जैसे गेहूँ बाहर पसारा हुआ है, जरा इसे ताकते रहना। मुँह ताकना में मुहताज का भाव है, जिसका आशय आशापूर्वक किसी की ओर देखना है; जैसे मैं आपका कब से मुँह ताक रहा हूँ और आप हैं कि नजर ही नहीं फेर रहे। मुँह ताकने लगना अथवा मुँह ताकते रह जाना का अर्थ हताश या हतप्रभ होकर किसी की ओर विवशतापूर्वक देखना है; जैसे उनके ऐसा कहते ही सभा में निस्तब्धता छा गई और सब एक-दूसरे का मुँह ताकने लगे। राह ताकना से तात्पर्य किसी की प्रतीक्षा करने से है; जैसे—पुलिस उसके घर पर उसकी राह ताक रही है। ताकना और झाँकना क्रियाओं से ताक-झाँक बनी है, जिसका अभिप्राय टोह लेने, ढूँढ़ने, पाने आदि के उद्‌देश्य से रह-रहकर देखना अथवा छिपकर या औरों की दृष्टि बचाकर बुरी नीयत से किसी को देखना है।

हिंदी शब्दसागर के अनुसार घूरना क्रिया संस्कृत के 'घूर्णन' से बनी है। 'घूर्णन' का अर्थ घूमने या चक्कर लगाने की क्रिया या भाव है। दूसरी तरफ आचार्य रामचंद्र वर्मा ने शब्दार्थ विचार कोश में घूरना की व्युत्पत्ति 'हूरना' से मानते हुए लिखा है कि इन दोनों में स्वरसाम्य के अतिरिक्त अर्थसाम्य भी है, क्योंकि पूर्वी हिंदी में 'हारे तो हूरे और जीते तो थूरे' कहावत का अर्थ हार जाने पर अपना क्रोध दिखलाने के लिए गुर्राना और जीत जाने पर बुरी तरह पीटना है। घूरने का मुख्य अर्थ तीखी नजर से क्रोधपूर्वक और आँखें तरेरकर इस प्रकार किसी की ओर देखना है कि वह डरकर कोई कार्य करने या न करने को विवश हो जाए; जैसे—गुरुजी के घूरते ही सभी बच्चे शांत हो गए। इसका दूसरा अर्थ किसी बुरे उद्‌देश्य या दूषित भाव से लगातार कुछ समय तक किसी की ओर देखते रहना भी है; जैसे—वह उस सुंदर स्त्री को घूर रहा था। घूरा-घूरी में एक-दूसरे की ओर देखने और नजर मिलाने का भाव है।

इन दोनों में फर्क यह है कि घूरना में क्रोधपूर्वक देखने का भाव शामिल है, जो ताकना में नहीं है।

अधिक और बहुत

'अधि' अव्यय है, जो उपसर्ग के समान भी प्रयुक्त होता है; जैसे—नियम से अधिनियम, वक्ता से अधिवक्ता आदि। इसी 'अधि' से अधिक बना है। अधिक का प्रयोग विशेषण, प्रविशेषण और क्रियाविशेषण के रूप में होता है; जैसे—(क) वह अधिक पढ़ाई करता है (विशेषण), (ख) यह गाय अधिक अच्छी है (प्रविशेषण) और (ग) उसे वहाँ सुविधा अधिक मिलेगी (क्रियाविशेषण)। 'परीक्षा नजदीक है, जिस कारण तुम्हें अधिक-से-अधिक पढ़ाई करनी चाहिए' में अधिक-से-अधिक का तात्पर्य जितना अधिक हो सके, उतना है। यहाँ यह विशेषण पदबंध है। दूसरी तरफ 'अधिक से अधिक मुझसे बोलना ही तो बंद करेगा' में यह क्रिया विशेषण पदबंध है, जिसका अर्थ है—इससे अधिक नहीं। किसी से तुलना करने पर इसके साथ से का प्रयोग होता है; जैसे—सौ पचास से अधिक है। अधिक में तर और तम लगने से क्रमशः अधिकतर और अधिकतम बनते हैं। अधिकतर अधिक से ज्यादा है और अधिकतम सबसे अधिक। अधिक में ता प्रत्यय लगने से बनी भाववाचक संज्ञा अधिकता का अर्थ अधिक होने की अवस्था या भाव है। अधिक में अंश लगकर बना अधिकांश आधे से अधिक अंश का द्योतक है, तो अधिक और अधिक मिलने से बना अधिकाधिक अधिक-से-अधिक का वाचक।

संस्कृत के 'बहुल' का अर्थ भी बहुत होता है, परंतु यह संस्कृत के ही दूसरे शब्द 'प्रभूत' से विकसित हुआ है। बहुत के अर्थ में प्रयुक्त 'बहु' बहुत का ही संक्षिप्त रूप है। शब्दों के प्रारंभ में लगकर इसने अनेक शब्द गढ़े हैं; जैसे—बहुरूपिया अर्थात् जो बहुत प्रकार का रूप बनाता हो। बहुत का प्रयोग गिनती में दो-चार की संख्या से अधिक का बोध कराने के लिए होता है; जैसे—उनसे मुलाकात हुए बहुत दिन हुए। मान-परिमाण की अधिकता बतलाने के लिए भी इसका प्रयोग होता है; जैसे—'उसे वहाँ बहुत रकम मिली'। 'तुम्हारी बात से उन्हें बहुत तकलीफ हुई' वाक्य में इसका प्रयोग अनुभव की तीव्रता दिखलाने के लिए हुआ है। 'बहुत करके' क्रियाविशेषण पदबंध है, जिसका अर्थ प्रायः, बहुधा, अधिकतर अवसरों पर, अधिकतर अवस्थाओं में, बहुत संभव है कि, संभवतः आदि होता है; जैसे—बहुत करके वह शाम वाली बस से आ जाएगा। बहुत कुछ कहना का अर्थ खरी-खोटी सुनाना है; जैसे—उन्होंने तो बहुत कुछ कहा, पर मैं चुप ही रहा।

बहुत का प्रयोग पर्याप्त के अर्थ में और अधिक का प्रयोग अतिरिक्त के अर्थ में किया जाता है; जैसे—दाल में इतना नमक बहुत है, अब मत दीजिए, वरना

अधिक हो जाएगा। ये दोनों शब्द विशेषण हैं और विशेषण के पूर्व आकर उसकी विशेषता बतलाने के कारण प्रविशेषण भी हैं। जैसे—बहुत सुंदर, अधिक सुंदर। लेकिन, अधिक के पूर्व बहुत का प्रयोग तो होता है, बहुत के पूर्व अधिक का नहीं; जैसे—बहुत अधिक सुंदर तो ठीक है, अधिक बहुत सुंदर नहीं चल सकता।

मिलना और लगना

संस्कृत के 'मिलन' से हिंदी की मिलना क्रिया बनी है। इस क्रिया का सर्वाधिक प्रयोग भेंट करना और प्राप्त होना के अर्थ में होता है। भेंट करना के अर्थ में इसके साथ से परसर्ग का प्रयोग किया जाता है; जैसे—आपसे मिलकर मुझे बड़ी प्रसन्नता हुई। प्राप्त होना के अर्थ में इसका प्रयोग सुखदायी और दु:खदायी, दोनों स्थितियों में होता है; जैसे—(क) उन्हें ज्ञानपीठ जैसा बड़ा पुरस्कार मिला, (ख) उन्हें अदालत से छह माह के सश्रम कारावास की सजा मिली। इस क्रिया का प्रयोग तब भी होता है, जब दो या दो से अधिक पदार्थ एक-दूसरे में शामिल होकर इस प्रकार एकाकार हो जाएँ कि उन्हें आसानी से अलग नहीं किया जा सके; जैसे—दूध में चीनी मिलना। दो या दो से अधिक पदार्थों के इस प्रकार एक-दूसरे में मिश्रित हो जाने पर भी इसका प्रयोग होता है, जब उनका स्वतंत्र अस्तित्व बरकरार रहता है; जैसे—गेहूँ के दाने में जौ के दाने मिलना। किसी वस्तु का किसी रूप में सामने आना मिलना है; जैसे—कश्मीर के भ्रमण के समय अनेक पहाड़ और झरने मिलते हैं। शारीरिक अंगों का एक-दूसरे के आमने-सामने होना मिलना है; जैसे—आँखें मिलते ही दोनों में प्यार हो गया। अवस्था, गुण, रूप आदि में समानता मिलना है; जैसे—दोनों की सूरत एक-दूसरे से मिलती है। दो या अधिक पदार्थों का एक स्थान पर इस स्थिति में आना कि उनका भेद मिट जाए, मिलना है; जैसे—बूढ़ी गंडक हाजीपुर के निकट आकर गंगा में मिलती है।

एक वस्तु का दूसरी वस्तु से आंशिक या पूर्ण रूप से सटना या संलग्न होना लगना है; जैसे—सारे गिले-शिकवे भुलाकर दोनों एक-दूसरे के गले लग गए। एक वस्तु का दूसरी वस्तु में जोड़ा, सटाया, टाँका या बैठाया जाना लगना है; जैसे—खिड़की में किवाड़ लग जाने से वर्षा का पानी अब घर में नहीं आ रहा है। किसी चीज को उपयोग में लाने के लिए उसे यथास्थान रखा जाना लगना है; जैसे—भोजन के लिए चला जाए, टेबुल पर खाना लग गया है। किसी चीज में

लेप आदि के रूप में कोई वस्तु जमाया या पोता जाना लगना है; जैसे—हाथों में मेहँदी लगने से उसकी सुंदरता में चार चाँद लग गए हैं। भेद या रहस्य जानने के लिए किसी के पीछे पड़ना लगना है; जैसे—इस माफिया गिरोह के पीछे गुप्तचर विभाग लग गया है। अनिष्ट या कष्टदायक तत्त्व का किसी के साथ संलग्न होना लगना है; जैसे—लू लगने से यहाँ तीन लोगों की मौत हो गई। किसी रूप में किसी वस्तु का सम्मिलित होना लगना है; जैसे—इस बार के संस्करण में इस पुस्तक में कई नए परिशिष्ट लग गए हैं।

मिलना में प्राप्त होने, एकाकार होने और मुलाकात या सामना होने का भाव प्रधान है, तो लगना में अत्यंत करीब आने और सटने का। इन दोनों का एक साथ प्रयोग होगा—कोसी से निकली ये दोनों धाराएँ कुछ दूर तक लगी हुई समानांतर चलती हैं और फिर मिलकर एक हो जाती हैं।

जुड़ना और लगना

जुड़ना हिंदी की सकर्मक क्रिया जोड़ना का अकर्मक रूप है। यह संस्कृत की 'जुट्' धातु से बना है। जुट् धातु का अर्थ आपस में मिलना, संयुक्त होना, गुत्था होना आदि है। जब दो या अधिक वस्तुएँ इस प्रकार मजबूती से एक हो जाती हैं कि उन्हें आसानी से अलग नहीं किया जा सके, तो इसे जुड़ना कहा जाता है। यह कार्य कील, गोंद, लेई, फेविकोल, सूई-धागा, गाँठ आदि के माध्यम से संपन्न होता है; जैसे—(क) कील ठोंक देने से कुरसी का पाया जुड़ गया। (ख) फेविकोल से लकड़ियाँ दृढ़तापूर्वक जुड़ जाती हैं, (ग) गोंद लगा देने से दोनों पन्ने जुड़ गए, (घ) सिलाई कर देने से दो फटे कपड़े जुड़ गए, (ङ) गाँठ लगा देने से दोनों रस्सियाँ जुड़ गईं। किसी वस्तु का संचित होकर इकट्ठा होना भी जुड़ना है; जैसे—बचत करने से धन जुड़ता है। अत्यंत कठिनाई से, कष्टपूर्वक और कड़ी मेहनत के बाद किसी वस्तु का प्राप्त होना जुड़ना है; जैसे—दिन भर जी-तोड़ परिश्रम करो, तब कहीं जाकर दाल-रोटी जुड़ती है। एकत्र होना के अर्थ में भी यह प्रयुक्त होता है; जैसे—लोग जुड़ते गए और भीड़ बढ़ती गई। किसी से किसी का अनुकूल संबंध स्थापित होना प्रीति जुड़ना है। चीजें जुड़कर नया आकार भी ग्रहण कर लेती हैं; जैसे—ईंट से ईंट जुड़कर महल बनता है।

एक या कई वस्तुओं का आपस में आंशिक या पूर्ण रूप से निकट होना

या सटना लगना है; जैसे—नाव किनारे लग गई। शरीर को पुष्ट करने के अर्थ में इसका प्रयोग होगा—स्वास्थ्य में सुधार की वजह अब उसके शरीर में अन्न का लगना है। किसी कार्य का संपादन करना लगना है; जैसे—ड्यूटी शुरू होते ही वह अपने काम में लग जाता है। रिश्ते का बोध कराने के लिए इसका प्रयोग होगा—वे हमारे चाचा लगते हैं। विभिन्न प्रकार की अनुभूतियों को व्यक्त करने के लिए भी यह प्रयुक्त होता है; जैसे—सर्दी लगना, गरमी लगना, अच्छा लगना, बुरा लगना, कड़वा लगना, मीठा लगना, किसी की बात लगना आदि। किसी प्रकार की विपत्ति, कष्ट, लांछन, रोग आदि का आक्रमण या प्रभाव होना भी लगना है; जैसे—भूत-प्रेत लगना, बुखार लगना, आरोप लगना, कोई झंझट या बखेड़ा लगना आदि। न लगना उपयुक्त न होना के अर्थ में प्रयुक्त होता है; जैसे—यह चाबी ताले में नहीं लग रही है। चलचित्र दिखाए जाने के संबंध में इसका प्रयोग होगा—यह फिल्म इसी हफ्ते यहाँ लगी है। लगना के ढेर सारे अन्य प्रयोग भी हैं; जैसे—नौकरी लगना, प्रदर्शनी लगना, बाजार लगना, दरबार लगना, पहरा लगना, थप्पड़, लाठी या मुक्का लगना, किसी कविता या श्लोक का अर्थ लगना आदि।

इन दोनों अकर्मक क्रियाओं में जुड़ना में लगना की अपेक्षा अधिक दृढ़तापूर्वक संयुक्त होने का भाव है। इनका एक साथ प्रयोग होगा—रक्सौल नेपाल की सीमा से और वीरगंज भारत की सीमा से लगे हुए हैं, क्योंकि दोनों देशों की सीमाएँ इनके बीच में जुड़ती हैं।

टिकना और रुकना

टिकना क्रिया संस्कृत 'टिक' और हिंदी 'टेक' से बनी है। इसी टेक से टेकना क्रिया भी बनी है। सकर्मक क्रिया टेकना का ही अकर्मक रूप टिकना है। टेक ऐसा आधार है, जिस पर कोई चीज खड़ी या स्थित होती है। टिकना का अर्थ किसी वस्तु का ऐसे आधार पर स्थित होना है, जो उसे नीचे आने या गिरने से रोकता हो; जैसे—यह छप्पर इन्हीं खंभों पर टिका है; खंभे न रहें, तो छप्पर गिर जाए। अपरिहार्य कारणों से कुछ समय के लिए किसी स्थान पर ठहर जाना भी टिकना है; जैसे—ट्रेन पहुँचने के बाद इतनी तेज बारिश होने लगी कि हम लोगों को रात भर स्टेशन पर ही टिक जाना पड़ा। कहीं पर अतिथि के रूप में ठहरना टिकना है; जैसे—मैं तो सीधे यहीं आ जाता, लेकिन एक मित्र के आग्रह पर उन्हीं के यहाँ टिक गया। कोई बाधा उत्पन्न होने पर आगे बढ़ने में असमर्थ हो जाना

टिकना है; जैसे—बालू के टीले की वजह से छिछला पानी होने के कारण नाव बीच नदी में टिक गई। किसी चीज का अस्तित्व में बने रहना टिकना है; जैसे—दहेज विरोधी कानून बन जाने के बावजूद यह प्रथा अभी तक टिकी हुई है। कोई वस्तु दूषित या विकृत न होकर सुरक्षित रहे, तो उसे भी टिकना कहते हैं; जैसे—फ्रिज में फल, दूध, सब्जी आदि अधिक समय तक टिकते हैं। किसी वस्तु का अधिक दिनों तक चलना टिकना है; जैसे—रेक्सीन की अपेक्षा चमड़े की चप्पल अधिक टिकती है। किसी घुली हुई वस्तु का नीचे बैठना टिकना है; जैसे—इस गँदले पानी को थोड़ी देर इसी पात्र में छोड़ दो, सारी मिट्टी तल में टिक जाएगी।

रुकना क्रिया संस्कृत 'रोध' से बनी है। यह अकर्मक क्रिया है, जिसका प्रयोग गति में विराम होने की स्थिति में होता है; जैसे—इस स्टेशन पर एक्सप्रेस ट्रेन भी रुकती है। किसी क्रियाकलाप का कुछ समय के लिए स्थगित हो जाना भी रुकना है; जैसे—उनकी लड़की की जुलाई में होनेवाली शादी अभी रुक गई है, जो अब नवंबर में होगी। किसी प्रकार के स्पंदन, क्रम या सिलसिले का बंद हो जाना रुकना है; जैसे—उस बच्चे की मौत गले में सिक्का फँस जाने के कारण साँस रुकने से हुई। किसी प्रकार की अड़चन या बाधा के कारण नियत स्थान से पहले ही गति का स्थगित हो जाना रुकना है; जैसे—लाइन क्लीयर नहीं रहने के कारण ट्रेन सिगनल के निकट ही रुक गई।

इन दोनों क्रियाओं में मुख्य अंतर यह है कि टिकना में किसी आधार या स्थान पर स्थित होने के भाव की प्रधानता है, जबकि रुकना में गति या प्रवाह के अस्थायी या स्थायी रूप से बंद होने का भाव प्रधान है। इसके अतिरिक्त टिकना में टिकाऊ होने का भाव भी है, जो रुकना में नहीं है। चलते-चलते घड़ी रुक गई और चीन की अपेक्षा जापान में बना सामान अधिक टिकता है, वाक्यों में रुकना की जगह टिकना और टिकना के बदले रुकना का प्रयोग युक्तिसंगत नहीं होगा।

ठहरना और थमना

ठहरना का संबंध 'स्था', 'स्थिर' आदि से है। 'स्था', 'स्थिर' का अर्थ कुछ समय तक एक ही अवस्था में बने रहना है। ठहरना का एक अर्थ चलने के क्रम में गति से रहित होकर किसी स्थान पर स्थिर हो जाना है; जैसे—कोलकाता से आनेवाली बस यहाँ भी ठहरती है। किसी कारणवश थोड़े समय के लिए कहीं

रहना ठहरना है; जैसे—तुम दिल्ली में मेरे ही फ्लैट में ठहर जाना। कहीं पर किसी का धैर्य के साथ प्रतीक्षा करना ठहरना है; जैसे—हम लोग अपने विधानसभा क्षेत्र के उपचुनाव का परिणाम जानने के लिए यहाँ ठहरे हुए हैं। कुछ समय के लिए वर्तमान स्थिति में बने रहना ठहरना है; जैसे—दूध को यदि उबालकर रखो, तो शाम तक ठहर जाएगा। किसी गिरती हुई चीज का बीच में ही किसी वस्तु पर अटक जाना ठहरना है; जैसे—इस पेड़ की एक डाली टूटकर नीचे वाली डाल पर ठहर गई है। किसी मजबूरी में आगे न बढ़ना ठहरना है; जैसे—उनके आने तक मुझे यहीं ठहरना पड़ेगा। किसी प्रकार की क्रिया से रहित होना ठहरना है; जैसे—आपकी दवा से खाँसी थोड़ी ठहरी है। किसी विशेष प्रकार की स्थिति पर जोर देने के लिए भी इसका प्रयोग होता है; जैसे—आपका क्या कहना; आप तो खानदानी रईस ठहरे। ठहरना की भाववाचक संज्ञाएँ ठहराव और ठहराई हैं। ठहरने की क्रिया ठहराव है; जैसे—यह जुलूस यहाँ सभी गाड़ियों के ठहराव के लिए निकला है। ठहरने के एवज में दी जानेवाली रकम ठहराई है; जैसे—इस धर्मशाला के रख-रखाव के लिए यहाँ रहनेवालों से नाम मात्र की ठहराई ली जाती है। ठहरकर पदबंध का अर्थ थोड़ी देर के बाद है; जैसे—तुम तीन बजे नहीं, थोड़ा ठहरकर आना, तब तक मैं बाजार से लौट आऊँगा।

थमना क्रिया संस्कृत के 'स्तंभन' से बनी है। 'स्तंभन' में रुकावट, अवरोध आदि का भाव है। थमना का अर्थ भी इसी से मिलता-जुलता चलते-चलते किसी चीज का रुकना अथवा उसकी गति मंद पड़ जाना है; जैसे—(क) वर्षा थम गई है। (ख) बाढ़ का पानी थम गया है। यह सकर्मक क्रिया थामना का अकर्मक रूप है। स्तंभन के स्तंभ का अर्थ खंभा है। खंभे का कार्य किसी वस्तु को अपने ऊपर टिकाए रखना है। इसलिए थमना का एक अर्थ सहारे की बदौलत किसी आधार पर स्थित होकर नीचे की ओर नहीं आना अथवा नहीं गिरना है; जैसे—यह घड़ी दीवार की कील पर थमी हुई है। कोई काम करने से कुछ समय के लिए रुक जाने, सब्र करने या धीरज धरने के अर्थ में भी इसका प्रयोग होता है; जैसे—मेरे कहने से वह थम गया है, वरना अब तक जमीन पर कब्जा कर लिया होता।

ये दोनों क्रियाएँ गति या प्रवाह के बंद या मंद हो जाने और किसी आधार पर स्थित होने के अर्थ में प्रयुक्त होती हैं, लेकिन इनमें फर्क यह है कि ठहरना में किसी आधार या स्थान पर स्थित होने का भाव प्रधान है, जबकि थमना में गति या प्रवाह के स्थायी अथवा अस्थायी रूप से बंद होने की प्रधानता है।

फूटना और फटना

फूटना क्रिया संस्कृत के 'स्फुटन' से विकसित हुई है। कड़ी या ठोस वस्तु का आघात लगने से किसी कमजोर धातु, मिट्टी आदि से बनी चीज का टुकड़ों में बँट जाना, फूटना है; जैसे—दीवार से टकराकर मिट्टी का घड़ा फूट गया। वेगपूर्वक किसी वस्तु का बाहर आना फूटना है; जैसे—यह सोता हिमालय पहाड़ से फूटा है। दबाव पड़ने से बाहर निकलना भी फूटना है; जैसे—दबा देने से उसका फोड़ा फूट गया। खुलना के अर्थ में भी यह क्रिया प्रयुक्त होती है; जैसे—आँख फूट जाने से कुछ दिन पूर्व पैदा हुई बिल्ली की बच्ची अब देखने लगी है। लेकिन इसके विपरीत नहीं दिखाई देने का भाव प्रकट करने के लिए भी इसका प्रयोग होता है; जैसे—दुर्घटना में दोनों आँखें फूट जाने से अब वे नहीं देख सकते। शरीर के किसी अंग में ठोकर लगने से रक्त का निकलना फूटना है; जैसे—सिर या ठेहुने का फूटना। ऊपर या बाहर आकर किसी रूप में किसी वस्तु का प्रकट होना भी फूटना है; जैसे—सूर्य या चंद्रमा की किरण का फूटना। शाखा के रूप में अलग होने पर भी इसका प्रयोग होता है; जैसे—थोड़ी दूर आगे बढ़ने पर इसी सड़क से दाईं ओर एक रास्ता फूटा है, जो आपको सीधे उसी गाँव में पहुँचा देगा, जहाँ आपको जाना है। स्वार्थ का टकराव, मतभेद आदि होने पर दूसरे पक्ष में चला जाना फूटना है; जैसे—जिन पर बहुत भरोसा था, वही फूटकर विपक्ष में जा मिले। साथ न रहकर अलग हो जाना फूटना है; जैसे—लगता है, यह शेर अपनी शेरनी से फूट गया है। तरल पदार्थ के गरम होने पर बरतन के तल में उठनेवाले बुलबुले के समूह को भी फूटना कहते है; जैसे—चावल डाल दो, क्योंकि पानी फूट रहा है। मतभेद पैदा करना फूट डालना है; जैसे—खलनायक की भूमिका नायक और नायिका के बीच फूट डालने की होती है।

फटना क्रिया संस्कृत के 'स्फट्' से बनी है। किसी गाढ़े तरल पदार्थ का द्रव और सार अलग हो जाना फटना है; जैसे—दूध फट गया। दरार पड़ना भी फटना है; जैसे—कमजोर निर्माण के कारण दीवार फट गई। सामान्य अवस्था में न रहना फटना है; जैसे—चिल्लाते-चिल्लाते उसका गला फट गया। गुस्से में आग बबूला होना अथवा हृदय पर आघात लगना फटना है; जैसे—प्रेमिका के अचानक फट पड़ने से प्रेमी का हृदय फट गया।

फूटना सकर्मक क्रिया फोड़ना तथा फटना सकर्मक क्रिया फाड़ना का अकर्मक रूप है। फूटने में किसी वस्तु का कोई भाग बाहर आ जाने तथा फटने में

दो भागों में बँट जाने के भाव की प्रधानता है; जैसे—बीज से अंकुर फूट गए और कपड़ा फट गया। आँख और सिर के साथ फूटना क्रिया के अतिरिक्त फटना का भी प्रयोग होता है; जैसे—(क) उनकी आँख फूट गई (ख) उनका सिर फूट गया, (ग) उनकी आँखें फटी की फटी रह गईं, (घ) दर्द से आँख फटी जा रही है और (ङ) कोई दवा ला दो, क्योंकि सुबह से ही सिर फटा जा रहा है।

चेतावनी और धमकी

'चेत' में 'न' लगने से 'चेतन', 'ना' लगने से 'चेतना', 'आना' लगने से 'चेताना' और 'आवनी' लगने से 'चेतावनी' शब्द बने हैं। चेतना अकर्मक क्रिया है और चेताना इसी का सकर्मक रूप। चेतन जड़ का विपरीतार्थक शब्द है। जो चेतनायुक्त हो अर्थात् जिसमें चेतना या ज्ञान हो, वह चेतन है। चेतावनी में अनिष्ट की पूर्व सूचना देकर सचेत करने का भाव प्रधान है। किसी को सावधान करने के लिए कही जानेवाली बात चेतावनी है। यदि किसी को कहा जाए कि पिछली बार तुम इसी प्रकार की गलती का खामियाजा भुगत चुके हो, फिर भी वैसा ही काम करने जा रहे हो, तो यह कथन चेतावनी की श्रेणी में आएगा, क्योंकि इसमें भूली हुई बात को याद कराकर सचेत करने का भाव है। 'चेताना' चेतावनी देने का कार्य है। कार्यालयों में चेतावनी का पत्र देने की परंपरा रही है, जिसमें भविष्य में किसी कार्य का ठीक प्रकार से कार्यान्वयन करने अथवा पुनः कोई गलत कार्य न करने के प्रति आगाह करते हुए इसका उल्लंघन होने पर की जानेवाली काररवाई की पूर्व सूचना होती है। यह वार्निंग लेटर है। साधारण अपराधों में पुलिसवाले केवल चेतावनी देकर छोड़ देते हैं, जिससे भविष्य में ऐसी घटना न हो; जैसे—संदिग्धावस्था में पकड़े गए युवक-युवती को पुलिस ने चेतावनी देकर उनके अभिभावकों को सौंप दिया।

धम, धमक और धमाका ध्वनि के अनुकरण पर बने शब्द हैं। भारी चीज के गिरने से धम की आवाज होती है। धमक में किसी वस्तु के गिरने या चलने से होनेवाले कंपन का भाव है; जैसे—राजधानी एक्सप्रेस के गुजरने पर रेल लाइन की अगल-बगल के मकान धमकने लगते हैं। धमाका अत्यंत जोर से होनेवाली आवाज का वाचक है; जैसे—एक धमाका हुआ और पूरा कार्यालय धराशायी हो गया। धमक में ही 'ई' प्रत्यय लगने से 'धमकी' और 'आना' लगने से 'धमकाना'

शब्द बने हैं। धमकी के साथ देना क्रिया का प्रयोग होता है और धमकी देना ही धमकाना है। धमकी में धमक वाला कंपन का भाव है। धमकी किसी को डराने के लिए दी जाती है, ताकि वह डर से काँपकर धमकी देनेवाले के अनुरूप आचरण करने लगे। डरकर कोई कार्य करने पर धमकी में आना मुहावरे का प्रयोग किया जाता है; जैसे—शिक्षक ने धमकी में आकर छात्र के नंबर बढ़ा दिए। 'तुम मेरा यह कार्य नहीं करोगे, तो बरबाद हो जाओगे', कहना धमकी देना है।

चेतावनी का प्रयोग सावधान करने के लिए किया जाता है, जबकि धमकी डराने के लिए दी जाती है। धमकी में व्यक्तिगत स्वार्थ की प्रधानता है और चेतावनी में व्यक्ति या समूह का हित छिपा होता है। रंगदारी माँगनेवाले जान से मारने अथवा अपहरण करने की धमकी देते हैं, ताकि डरकर रंगदारी दे दी जाए। दूसरी तरफ बिजली-पानी नहीं मिलने पर आंदोलन की चेतावनी दी जाती है, ताकि अधिकारी सचेत होकर इनकी आपूर्ति नियमित कर दें।

पकड़ना और थामना

संस्कृत के 'प्रक्रमण' से विकसित हिंदी की सकर्मक क्रिया पकड़ना का अर्थ किसी वस्तु को हाथ में मजबूती से इस प्रकार रखना है कि वह गिरने, छूटने, छिटकने या इधर-उधर नहीं होने पाए। किसी तेजी से आती हुई वस्तु को आगे बढ़ने से रोकना भी पकड़ना है; जैसे—गोलकीपर ने गेंद पकड़कर गोल होने से बचा लिया। जाल या फंदे में फँसाकर किसी को अपने वश में कर लेना पकड़ना है; जैसे—वे रोज सुबह तालाब में जाल डालकर मछली पकड़ते हैं। गिरफ्तार करना के अर्थ में भी इसका प्रयोग होता है; जैसे—पुलिस ने चोर को पकड़कर जेल भेज दिया। किसी वस्तु को भली-भाँति जानने, पहचानने और समझने के अर्थ में भी यह प्रयुक्त होता है; जैसे—स्कूल जाने से उनका लड़का अक्षर पकड़ने लगा है। किसी वस्तु का चिपक जाना पकड़ना है; जैसे—फेविकोल के कारण लकड़ी के दोनों टुकड़ों ने एक-दूसरे को इस प्रकार पकड़ लिया है कि अब ये आसानी से अलग नहीं होंगे। किसी फैलनेवाली वस्तु के संपर्क में आने से उसके प्रभाव से युक्त होना पकड़ना है; जैसे—भूसे ने आग पकड़ ली। रोग से शरीर का कोई अंग बेकार हो जाने की स्थिति में यह प्रयुक्त होता है; जैसे—गठिया ने उनका ठेहुना पकड़ रखा है। जो आगे निकल जाने को हो, उसके पास समय से पहुँच

जाना पकड़ना है; जैसे—उन्होंने दौड़कर ट्रेन पकड़ ली। गति तेज होने के अर्थ में भी यह प्रयुक्त होता है; जैसे—ट्रेन ने चाल पकड़ ली। अनुचित कार्य करनेवाले का भंडाफोड़ करना पकड़ना है; जैसे—लोगों ने उसे जुआ खेलते हुए पकड़ लिया। अच्छी तरह से स्थिर, स्थापित या स्थायी होना पकड़ना है; जैसे—इस ऊसर जमीन में खाद-पानी देने पर भी यह पौधा जड़ नहीं पकड़ेगा।

थामना का संस्कृत में 'स्तंभन' और प्राकृत में 'थंभन' रूप है। इन दोनों का अर्थ रोकना है। थामना का अर्थ किसी वस्तु को सहारा देकर उसे गिरने से बचाना है; जैसे—इसी बाँस ने छप्पर को थाम रखा है, वरना छप्पर गिर जाता। किसी प्रकार के प्रहार को रोकना थामना है; जैसे—उन्होंने लाठी थाम ली, वरना मेरा तो सिर ही फूट जाता। अपने प्रभाव से किसी बिगड़ती हुई स्थिति को और बिगड़ने से रोकना भी थामना है; जैसे—मॉनसून ने समय पर आकर दाम थाम लिया, नहीं तो सब्जी और महँगी हो जाती। चलती हुई चीज को रोककर खड़ा करने के अर्थ में भी यह क्रिया प्रयुक्त होती है; जैसे—उन्होंने घोड़े को थामकर टमटम खड़ी कर दी। सँभालना के अर्थ में भी थामना का प्रयोग होता है; जैसे—इस बीमार वृद्ध को थामे रहो, नहीं तो लुढ़क जाएँगे।

इन दोनों क्रियाओं में गति में अवरोध पैदा करने का भाव है, लेकिन थामना में आग्रह या आदेश के भाव की प्रधानता है। थामने में विफल होने पर पकड़ने की क्रिया संपन्न होती है। पुलिस के कहने पर अपराधी नहीं थमे यानी पुलिस थामने (रोकने) में असफल हो जाए, तो उसे दौड़कर पकड़ लेती है। उँगलियों का सहारा मिलने से पकड़ने में थामने की अपेक्षा गिरफ्त अधिक मजबूत होती है।

उलटना और पलटना

जब कोई सीधी वस्तु सर्वथा विपरीत स्थिति में आ जाए, तो इसे उलटना कहा जाएगा; जैसे—पलंग पर की चादर उलट दो। बहुत अधिक मात्रा या संख्या में एकत्र या उपस्थित होना उलटना है; जैसे—उस सर्कस को देखने के लिए लोग उलट पड़े थे। अचेत या बेसुध होना भी उलटना है; जैसे—वह शराब पीकर उलट गया है। मिट्टी खोदकर नीचे से ऊपर करने को भी उलटना कहा जाता है; जैसे—भाई साहब अभी आलू के खेत में मिट्टी उलटने गए हैं। किसी बात की उपेक्षा करना अथवा उसे न मानना उलटना है; जैसे—तुम तो मेरी हर बात उलट

देते हो। अस्त-व्यस्त या नष्ट-भ्रष्ट होना उलटना है; जैसे—परदा प्रथा तो अब पूरी तरह उलट गई है। उलटा सीधा का विपरीतार्थक शब्द है। इन दोनों के साथ होने पर उलटा-सीधा सुनाना मुहावरा बनता है, जिसका अर्थ खरी-खोटी या जली-कटी सुनाना है। उलटे पाँव लौटना कहीं पहुँचते ही वहाँ से वापस हो जाना है। किसी पात्र को खाली करने के लिए उसका मुँह इस प्रकार ऊपर से नीचे करना कि उसमें रखी हुई वस्तु नीचे गिर पड़े; उलटना है; जैसे घड़े को उलटकर खाली कर लो, जिससे उसमें ताजा पानी रखा जा सके।

संस्कृत के 'प्रलोटन' से विकसित पलटना क्रिया का अर्थ किए गए वादे से मुकर जाना है; जैसे—उनके कहे पर भरोसा करना मुश्किल है; क्योंकि उन्हें अपनी बात से पलटते देर नहीं लगती। सत्ता का एक हाथ से दूसरे हाथ में जाना पलटना है; जैसे—सत्तारूढ़ विधायकों के विपक्ष में मिल जाने से सरकार पलट गई। दशा, स्थिति आदि में परिवर्तन के कारण उन्नत से अवनत और अवनत से उन्नत होना पलटना है; जैसे—(क) इस बार के जबरदस्त घाटे ने व्यापारी की किस्मत पलट दी, (ख) इस बार अच्छी फसल होने से किसान की किस्मत पलट गई।

उलटने की क्रिया में परिवर्तन पूरा होता है, जबकि पलटने की क्रिया में यह आधा-अधूरा ही रहता है। उदाहरण के लिए, वाहन के उलट जाने से जमीन पर रहनेवाले उसके पहिए आसमान की तरफ हो जाएँगे, जबकि वाहन के पलटने पर पहिए न तो जमीन पर रहेंगे और न आकाश की तरफ, बल्कि वे अगल या बगल की ओर हो जाएँगे। तात्पर्य यह कि पलटना पूरी तरह उलटना नहीं है। दवा की शीशी पलट जाए, तो उसमें कुछ दवा बची रह सकती है, लेकिन उलट जाने पर कुछ भी नहीं बचेगी। पढ़ते समय पुस्तक का पन्ना पलटने से उसके बाद वाला पृष्ठ सामने हो जाता है। यदि पन्ना उलट दिया जाए, तो उसका अक्षर उलटा हो जाएगा, जिससे उसका पढ़ना ही मुश्किल हो जाएगा। उलटकर देखने में पूरी तरह घूमकर देखने का भाव है और पलटकर देखने में आधा घूमकर देखने का। किसी वस्तु को उलटकर देखने का मतलब उसके विपरीत यानी निचले भाग को देखना है, जबकि उलट-पुलटकर देखने का अर्थ उसे सभी ओर से देखना है।

गिरना और ढहना

ऊँचाई से किसी वस्तु का तीव्र गति से जमीन पर आ जाना गिरना है; जैसे—आकाश में उड़ रहा हवाई जहाज दुर्घटनाग्रस्त हो जाने के कारण नीचे

गिर गया। किसी ऊँचे स्थान पर किसी चीज से लटकी वस्तु का अपने आधार को छोड़कर नीचे के स्थल पर आ जाना भी गिरना है; जैसे—आम पककर पेड़ से गिर गया। जमीन पर खड़ी, बैठी या चल रही वस्तु का जमीन पर ही पड़ या लेट जाने की स्थिति में इस क्रिया का प्रयोग होता है; जैसे—तेजी से दौड़ने के कारण बच्चा गिर गया। किसी धारा या नदी का किसी दूसरी नदी या समुद्र में मिलने के अर्थ में गिरना क्रिया प्रयुक्त की जाती है; जैसे—सोन नद पटना के निकट गंगा में गिरता है। उच्च स्थिति में रहनेवाली वस्तु का अपेक्षाकृत निम्न स्थिति में आ जाना भी गिरना है; जैसे—वर्षा हो जाने से तापमान गिर गया है। अचानक अधिक मात्रा में किसी वस्तु का आ जाना गिरना है; जैसे—सीजन होने से बाजार में गेहूँ बहुत गिर गया है। लाक्षणिक प्रयोग में किसी वस्तु का मान्य स्थिति से अवनति पर होना गिरना है; जैसे—वह गिरे हुए चरित्र का व्यक्ति है। शरीर का कमजोर होना गिरना है; जैसे—लंबी बीमारी के कारण उनका स्वास्थ्य गिर गया है। किसी वस्तु की कीमत में कमी होना भी गिरना है; जैसे—अच्छी फसल होने से इस वर्ष चने का भाव गिर गया है। किसी वजह से किसी की दृष्टि में किसी का महत्त्व कम हो जाना गिरना है; जैसे—उस घटना के बाद अब वह मेरी नजर से गिर गया है। गिरना और पड़ना क्रियाओं के गिरता-पड़ता रूप का अर्थ बहुत कठिनाई या मुश्किल से है; जैसे—बरसात की इस काली रात में मैं गिरते-पड़ते किसी प्रकार यहाँ पहुँच पाया। गिरना की सकर्मक क्रिया गिराना है।

ढहना क्रिया को संस्कृत के 'ध्वंसन' से विकसित माना गया है। 'ध्वंसन' का अर्थ गिरकर टुकड़े-टुकड़े होना है। ढहना का मूल अर्थ पूर्णतः नष्ट या समाप्त हो जाना है। इमारत, भवन आदि का टूट-फूटकर जमीन पर आ जाना ढहना है। ढहना की सकर्मक क्रिया ढाना, संयोजक क्रिया जाना और प्रेरणार्थक क्रिया ढहवाना है।

इन दोनों अकर्मक क्रियाओं का अंतर स्पष्ट करने के लिए कुछ उदाहरण द्रष्टव्य हैं—(क) कुएँ में बालटी गिर गई, (ख) पेड़ की डाल गिर गई, (ग) मेरी कलम कहीं गिर गई, (घ) उसके सिर के आधे से अधिक बाल गिर गए। इन वाक्यों में ढहना क्रिया का प्रयोग नहीं किया जा सकता। अब इन दोनों के कुछ प्रयोग देखें—(क) दीवार ढह गई और छत गिर गई, (ख) पाया ढह गया और पुल गिर गया, (ग) मसजिद ढह गई और उसका गुंबद गिर गया। इन उदाहरणों से स्पष्ट है कि गिरना का प्रयोग तब होता है, जब कोई वस्तु अपने मूल स्थान से हट जाती है, जबकि ढहना क्रिया तब प्रयुक्त होती है, जब कोई वस्तु अपने ही स्थान

पर ढेर हो जाती है। गिरने से कोई वस्तु सुरक्षित भी रह सकती है; जैसे—गिरने से चाबी सुरक्षित बच गई, जबकि ढहने पर उक्त वस्तु का नष्ट होना निश्चित है।

नापना और मापना

संस्कृत के 'मापन' से विकसित नापना क्रिया का अर्थ निर्धारित मापदंड के सहारे किसी वस्तु की लंबाई, चौड़ाई, ऊँचाई, गहराई आदि की जानकारी प्राप्त करना है। नाप की अलग-अलग इकाइयों की सहायता से किसी वस्तु को नापा जाता है। ये इकाइयाँ अंगुल, बित्ता, हाथ, गज, मीटर, सेंटीमीटर आदि हैं; जैसे—नापने पर तांबे का यह तार पाँच मीटर हुआ। दुकानदार अपने ग्राहकों को कपड़े नाप कर देता है, जिसे सिलाते समय दर्जी शरीर की नाप लेता है। कुएँ की गहराई और दीवार की ऊँचाई नापी जाती है। रक्तचाप की स्थिति जानने के लिए इसे नापा जाता है। नापने की क्रिया नाप कहलाती है। नाप में किसी वस्तु के विस्तार का निर्धारण होता है; जैसे—कपड़े का यह थान 25 मीटर से कम लंबा नहीं होगा। नापने की क्रिया से प्राप्त होनेवाले निष्कर्षों पर गौर करने से पता चलता है कि नाप शब्द पैमाइश से जुड़ा हुआ है। नापना की संयोजक क्रियाएँ डालना, देना और लेना हैं।

मापना क्रिया भी संस्कृत के 'मापन' से विकसित है। नियत मापदंड की सहायता से किसी वस्तु का वर्गत्व, घनत्व, विस्तार, आयत आदि जानना मापना है। वर्षामापक यंत्र से वर्षा और थर्मामीटर यानी तापमापक यंत्र से गरमी मापी जाती है। नियत इकाई के पात्र में भरकर द्रव, चूर्ण, अन्नादि पदार्थों के परिमाण, भार आदि का पता लगाना भी मापना है। जिस पात्र से कोई वस्तु मापी जाती है, उसे 'नपना' कहते हैं। नापना की भाँति नपना भी संस्कृत के मापन से ही विकसित है, क्योंकि संस्कृत में नापन नहीं है। तरल पदार्थ का वजन प्राप्त करने के लिए तो प्रायः नपना का ही सहारा लिया जाता है, क्योंकि तराजू पर चढ़ाने की अपेक्षा इसमें बरबादी की कम गुंजाइश रहती है; जैसे—पाँच नपना दूध दे दो, पाँच किलो हो जाएगा। माप मापने की क्रिया है तथा मापना और तौलना क्रियाओं से बने माप-तौल शब्द का अर्थ मापने या तौलने पर प्राप्त होनेवाला परिमाण है।

ये दोनों सकर्मक क्रियाएँ 'मा' धातु से विकसित हुई हैं। 'मा' धातु का अर्थ मापना, नाप-तौल करना, चिह्न लगाना, सीमांकन करना आदि है। मोटे तौर पर वस्तु की लंबाई, चौड़ाई, गहराई, ऊँचाई आदि जानने के लिए नापना तथा वस्तु

के विस्तार, वजन, क्षेत्रफल, घनत्व आदि जानने के लिए मापना का प्रयोग किया जाता है। नापने के लिए मीटर और मापने के लिए लीटर का इस्तेमाल होता है। अर्थ की दृष्टि से नापना की तुलना में मापना का अर्थ व्यापक है, क्योंकि नापने में वस्तु के अलग-अलग भागों के बारे में जाना जाता है, जबकि मापने में समग्र परिणाम सामने आ जाता है। नाप में यदि किसी खेत की लंबाई 30 मीटर और चौड़ाई 20 मीटर हो, तो उसकी माप छह सौ वर्गमीटर होगी। प्रयोग की दृष्टि से अब धीरे-धीरे हिंदी का नाप शब्द संस्कृत के माप शब्द पर हावी होता जा रहा है।

घर और मकान

हिंदी का घर संस्कृत 'गृहम्' और प्राकृत 'घरम्' से विकसित हुआ है। उड़िया, गुजराती, नेपाली, पंजाबी, बंगाली, मराठी आदि भाषाओं में भी घर का ही प्रचलन है। घर पैतृक, पारंपरिक और स्थायी निवास स्थान है; जैसे उनका घर पंजाब में है। एक साथ रहनेवाले परिवार के लोगों के लिए इसका प्रयोग देखें—आज घर भर सिनेमा देखने गया है। रेखाओं से बनाया गया खाना भी घर है; जैसे जन्म कुंडली में 12 और शतरंज की बिसात में 64 घर हैं तथा शतरंज का घोड़ा ढाई घर चलता है। अलमारी का खाना भी घर है; जैसे—इस किताब को अलमारी के चौथे घर में रख दो। डाकघर में घर कार्यालय का अर्थ देता है, तो पूजाघर, रसोईघर, किताबघर, स्नानघर, तारघर, टिकटघर, बिजलीघर, नाचघर आदि में विशेष प्रकार की सुविधा से युक्त कमरे का। घर केवल शब्द के बाद में ही नहीं, बल्कि पहले लगकर भी समस्त पद बनाता है; जैसे—घरजमाई, घर-आँगन, घर-द्वार, घर-गृहस्थी आदि। घरजमाई वह है, जो घरवाली के घर में रहता हो। घरवाली और घरनी घर से ही बने शब्द हैं; जो पत्नी का अर्थ देते हैं। घर में इनका इतना महत्त्व है कि 'बिन घरनी घर भूत का डेरा' कहावत मशहूर हो गई है। घर से बने घराना कुल-खानदान, घरौंदा छोटा घर और घराती शब्द कुटुंब-परिवार के लिए प्रयुक्त होते हैं। 'उनकी छोटी बहू ने पूरा घर सँभाल लिया है', में घर से तात्पर्य गृहस्थी से है।

ईंट, सीमेंट, गिट्टी, मिट्टी, लकड़ी, बाँस आदि से निर्मित लोगों के रहने की जगह मकान है। अरबी के मकान में फारसी का 'दार' प्रत्यय लगने से बना मकानदार का अर्थ मकान मालिक है। मकान का बहुवचन मकानात और इसके

करीबी अर्थ वाले शब्द गृह, गेह, आवास, निकेतन, भवन, सदन आदि हैं।

ये दोनों पुल्लिंग संज्ञाएँ भवन निर्माण सामग्री से बनी इमारत के अर्थ में ही समान हैं। घर इसके अतिरिक्त भी कई अर्थों में प्रयुक्त होता है, जहाँ मकान या इमारत का प्रयोग नहीं हो सकता। 'उन्होंने अपनी लड़की के लिए कई घर देखे हैं' वाक्य में घर का अर्थ वर, उसका कुल-खानदान और उसकी हैसियत है। मकान रहने की सुविधाओं से युक्त स्थान भर है, जबकि घर से आत्मीय संबंध स्थापित हो जाता है; जैसे—परदेश में घर की बहुत याद आती है। चूहों का बिल और चिड़ियों का घोंसला उनका घर है, जिन्हें मकान नहीं कहा जा सकता। घर मूल और स्थायी आवास है, लेकिन मकान कई जगह और कहीं भी हो सकता है; जैसे—उनका घर तो यहाँ से 25 किलोमीटर दूर देहात में है, लेकिन अब वे मकान बनाकर इसी शहर में रहते हैं। मकान का ऐसा खंड, जिसमें स्वतंत्र रूप से परिवार का निवास हो, घर कहलाता है; जैसे—चंदे में इस मकान के तीन घरों से सौ-सौ और एक घर से दो सौ रुपए मिले। इस अर्थ में मकान अपार्टमेंट और फ्लैट घर है, जिसमें अलग-अलग परिवार रहता है।

कार्यवाही और काररवाई

संस्कृत की कार्यवाही 'कार्य' और 'वाही' के जुड़ने से बनी है। वाही की उत्पत्ति 'वह्' धातु से हुई है। 'वह्' धातु का अर्थ वहन करना है। कार्यवाही विशेषण भी है और संज्ञा भी। विशेषण के रूप में इसका अर्थ कार्य या पद का भार वहन करनेवाला है, लेकिन अब एक्टिंग के अर्थ में कार्यवाही का प्रयोग न होकर कार्यवाहक अथवा कार्यकारी का इस्तेमाल हो रहा है; जैसे—कुलपति के विदेश प्रवास की अवधि में कुलसचिव कार्यवाहक कुलपति रहेंगे। दूसरी तरफ इसका संज्ञापरक अर्थ सभा, बैठक आदि में हुए कार्य का विवरण है; जैसे—पत्रकार विधानसभा की कार्यवाही नोट करने में लगे हैं। यह कामकाज के अर्थ में भी प्रयुक्त होता है; जैसे—सदन की कार्यवाही शुरू हो जाने के बाद किसी का भी प्रवेश वर्जित रहेगा। जिस पुस्तिका में कार्य विवरण लिखा जाता है, उसे 'कार्यवाही पुस्तिका' कहते हैं, जिसका अंग्रेजी पर्याय प्रोसीडिंग बुक है। हर बैठक में पिछली बैठक की कार्यवाही पढ़कर सुनाई जाती है, जिसकी संपुष्टि के बाद ही उक्त बैठक की कार्यवाही शुरू होती है।

फारसी की काररवाई का अर्थ किसी कार्य का संपादन करने के समय होनेवाली आवश्यक क्रियाएँ हैं; जैसे—अदालती आदेश के अंतर्गत पुलिस ने यहाँ कुर्की-जब्ती की काररवाई की। गुप्त रूप से चली गई चाल या किया गया कार्य भी काररवाई है; जैसे—यह सब और किसी की नहीं, उन्हीं की काररवाई है। काररवाई एक्शन है; जैसे—काररवाई नहीं होने से अपराधी छुट्टा घूम रहे हैं, जिससे अपराधों में बेतहाशा वृद्धि हुई है। काररवाई के स्थान पर कार्रवाई का भी प्रयोग होता है।

ये दोनों शब्द समान केवल इस दृष्टि से हैं कि दोनों में कार्य होने की प्रधानता रहती है, वरना इनका सर्वथा अलग अर्थ में प्रयोग किया जाता है। अंग्रेजी के एक्शन का भाव काररवाई में तथा प्रोसीडिंग का भाव कार्यवाही में है। इस वजह से इन्हें पर्याय के रूप में प्रयुक्त नहीं किया जा सकता। कुछ उदाहरण देखें- (क) मेरे आवेदन में किए गए आग्रह पर काररवाई करने की कृपा करें, (ख) बिजली-पानी की आपूर्ति नियमित करने की दिशा में काररवाई नहीं हुई, तो विपक्षी पार्टियाँ चरणबद्ध आंदोलन चलाएँगी, (ग) अपने ऊपर होनेवाली काररवाई को टालने के लिए उन्होंने छुट्टी ले रखी है। इन वाक्यों में काररवाई के स्थान पर कार्यवाही का प्रयोग उचित नहीं होगा, क्योंकि यहाँ तात्पर्य एक्शन से है। इसी प्रकार वैसे वाक्यों में कार्यवाही के बदले काररवाई का प्रयोग युक्तिसंगत नहीं होगा, जहाँ आशय प्रोसीडिंग से है; जैसे—(क) बैठक की कार्यवाही समाप्त हो जाने के बाद वे चले गए थे, (ख) उनके विरुद्ध विभागीय कार्यवाही चल रही है, (ग) विपक्ष के शोरगुल के कारण लोकसभा की कार्यवाही दो घंटे स्थगित कर दी गई। अब इन दोनों का एक ही वाक्य में प्रयोग देखें—सदन की कार्यवाही में बाधा पहुँचानेवाले सदस्यों के विरुद्ध काररवाई की जाएगी।

देखना और झाँकना

संस्कृत के 'दृश्' के 'द्रक्ष्यति' रूप से देखना क्रिया विकसित हुई है। प्राकृत में इसका रूप 'देक्खह' था। किसी वस्तु की जानकारी प्राप्त करने के लिए उसकी ओर आँखें करना देखना है; जैसे—बच्चा गाय देख रहा है। किसी लेख, पुस्तक, अखबार, पत्रिका आदि को ध्यान से पढ़ना भी देखना है; जैसे—अखबार देख लेने से खबरों की पूरी जानकारी हो जाती है। किसी विशेष स्थिति में सुख-

दु:ख का अनुभव करना देखना है; जैसे—मैंने उनके वे दिन भी देखे हैं, जब दोनों जून की रोटी का जुगाड़ कर पाना मुश्किल था। देखना से तात्पर्य मूल्यांकन करने के उद्देश्य से भी उसे पढ़ना है; जैसे—वे परीक्षार्थियों की कॉपियाँ देखने गए हैं। दर्शक के रूप में कहीं उपस्थित होना देखना है; जैसे—परिवार के सभी लोग फिल्म देखने गए हैं। ढूँढ़ने के अर्थ में भी इसका प्रयोग होता है; जैसे—सारा घर देख डालने के बाद भी घड़ी का कहीं पता नहीं चला। पूरा ध्यान रखना देखना है; जैसे—देखना, बच्चा कहीं मेले में खो या दब न जाए। किसी वस्तु की निगरानी करना देखना है; जैसे—होली में मैं पूरे परिवार के साथ घर जा रहा हूँ, इसलिए जरा मकान देखते रहिएगा। कल्पना शक्ति द्वारा किसी परिणाम तक पहुँचने के अर्थ में भी इसका प्रयोग होता है; जैसे—मैं इस लड़के का भविष्य देख रहा हूँ कि यह कुछ नहीं करनेवाला है। यह भला-बुरा या नफा-नुकसान को ध्यानपूर्वक समझने का भी सूचक है; जैसे—डॉक्टर साहब देखकर अनुमति दे दें, तभी इसे घर ले जाना ठीक रहेगा। सहन करने के अर्थ में भी यह प्रयुक्त होता है; जैसे—मैंने उनका बहुत अत्याचार देखा, अब आगे देखना संभव नहीं है। 'देखने में' पद का अर्थ बाह्य लक्षण, चेष्टा, रूप-रंग, आकार-प्रकार के आधार पर निष्कर्ष निकालना है; जैसे—देखने में तो यह बड़ा सीधा लगता है। 'देखते ही बनना' का अर्थ अत्यंत लुभावना प्रतीत होना है; जैसे—उनकी यह छवि देखते ही बनती थी। देख लेंगे का अर्थ सामना या मुकाबला करना है; जैसे—बड़े-बड़ों से पाला पड़ा है। इस बार उन्हें भी देख लेंगे। देखभाल से तात्पर्य अच्छी तरह परखना, देखा-देखी का अर्थ साक्षात्कार या नकल और देखरेख हिफाजत करना है।

झाँकना किसी चीज को देखने के लिए झुकना है। खिड़की में से अथवा छत पर से किसी को झाँका जाता है। जब कोई वस्तु सीधी दृष्टि से ओझल होती है या नीचे की ओर रहती है, तब झाँकना क्रिया का प्रयोग होता है। ताकना और झाँकना क्रियाओं से ताक-झाँक बनी है, जिसका अर्थ टोह लेने के लिए अथवा औरों की नजर से बचते हुए बुरी नीयत से किसी को देखना है।

देखना स्वाभाविक प्रक्रिया है, जबकि झाँकना में प्रयास करने का भाव समाहित है; जैसे—कमरे में झाँककर देखो तो कि कौन-कौन लोग बैठे हुए हैं। सीधी दृष्टि से नहीं देख पाने की स्थिति में झाँका जाता है। झाँकने में प्राय: झुकना पड़ता है, जबकि देखने में ऐसी कोई मजबूरी नहीं होती।

जुटना और जुतना

जुटना अकर्मक क्रिया है, जो संस्कृत के 'जुट्' धातु से विकसित हुई है। 'जुट्' का अर्थ बँधना या बाँधना है। जुड़ना क्रिया भी इसी धातु से बनी है। इस कारण इन दोनों क्रियाओं के अर्थ में बहुत कुछ समानता है, लेकिन जुटना का स्वेच्छा से किसी कार्य में लगनेवाला अर्थ जुड़ना में नहीं है। एक वस्तु का दूसरी वस्तु से लगना, सटना, जुड़ना या संयुक्त होना जुटना है; जैसे—इस इमारत की दीवार और फर्श में टाइल्स जुटी हैं। इतना समीप होना कि दो वस्तुओं के बीच में बहुत कम दूरी रह जाए, जुटना है; जैसे—दोनों व्यक्ति आपस में जुट गए हैं। जुटना जी लगाकर किसी काम में योगदान करना भी है; जैसे—मंदिर निर्माण के कार्य में गाँव भर के लोग जुटे हुए हैं। अनेक वस्तुओं का एक जगह एकत्र होना जुटना है; जैसे—दाल व चावल तो जुट गया है। अब लकड़ी और सब्जी जुटानी है। किसी उद्देश्य से इकट्ठा होना जुटना है, जैसे—दो मुँहवाले शिशु को देखने के लिए लोगों की भीड़ जुट गई। बहुत कठिनता से या कष्टपूर्वक प्राप्त अथवा मयस्सर होना जुटना है; जैसे—कड़े परिश्रम से धन जुटता है। औचित्य, समानता आदि के अर्थ में भी इसका प्रयोग होता है; जैसे—पहले दोनों की कुंडली जुट जाए, तब बात आगे बढ़ाई जाए। इसका एक अर्थ संभोग करना भी है। संभोग शब्द से बचने के लिए कहा जाता है—वह कोठे पर जाते ही जुट गया। जुट जाना मुहावरे का प्रयोग किसी काम में तन्मय होकर लग जाना है; जैसे—महँगाई बढ़ने पर व्यापारी कालाबाजारी में जुट जाते हैं।

जुतना क्रिया संस्कृत के 'युज्' से बनी है। 'युज्' का एक अर्थ काम में लगना है। जुतना जोतना का अकर्मक रूप है। जुतना का अर्थ जोता जाना है; जैसे—(क) बग्घी में घोड़े जुत गए हैं, (ख) हल में बैल जुत गए हैं। खेत आदि का जोता जाना भी जुतना है; जैसे—खेत जुत गया है, अब बीज डाल दो। मनोयोग से ऐसे काम में लगना जुतना है, जिसमें बहुत परिश्रम की आवश्यकता हो; जैसे—हम साहब थोड़े हैं, दिन भर काम में जुता रहना पड़ता है। जुताई जुतने की क्रिया अथवा जोते जाने का पारिश्रमिक है; जैसे—खेत की जुताई जरूरी है, इसलिए जितनी जुताई लगे, देनी ही पड़ेगी।

ये दोनों क्रियाएँ किसी कार्य में परिश्रमपूर्वक लगने की सूचक हैं, जिस कारण कुछ लोग इन्हें पर्यायवाची समझ लेते हैं, लेकिन इनके अर्थ में थोड़ा अंतर है। जुटना आवश्यक और कर्तव्य समझकर किसी कार्य में लगने का सूचक है, जबकि जुतना भार अथवा मजबूरीवश किसी कार्य को करने का द्योतक है। इसके

अतिरिक्त जुटना में एकत्र होने के भाव की प्रधानता है, तो जुतना में जी-तोड़ परिश्रम करने का भाव प्रधान है; जैसे—दिन भर काम में जानवर की तरह जुते रहो, तब कहीं जाकर दो जून की दाल-रोटी जुट पाती है। जुटना में स्वेच्छा से कोई कार्य किया जाता है; जबकि जुतना में अपनी इच्छा का बहुत महत्त्व नहीं होता।

शिक्षा और विद्या

शिक्षा की उत्पत्ति 'शिक्ष्' धातु से हुई है। 'शिक्ष्' धातु का अर्थ सीखना और सिखाना है। शिक्षा का अर्थ सीखना और सिखाना के अतिरिक्त अध्ययन करना और अभ्यास करना भी है। यह ज्ञान प्राप्त करने की प्रक्रिया है; जैसे—वह बिजनेस मैनेजमेंट की शिक्षा प्राप्त करने के लिए अमेरिका गया है। इसका अरबी पर्याय तालीम और अंग्रेजी पर्याय एजुकेशन है। किसी भी भाषा अथवा किसी प्रकार की कला, विज्ञान, वाणिज्य, आभियांत्रिकी आदि का ज्ञान प्राप्त करना शिक्षा है। इसका उद्देश्य मनुष्य का सर्वांगीण विकास है। शिक्षा से मनुष्य किसी भी विषय का ज्ञाता और किसी भी विधा में पारंगत होने के अतिरिक्त अपना नैतिक, मानसिक, शारीरिक और चारित्रिक विकास कर सकता है। शिक्षा मनुष्य को योग्य, सभ्य, कर्मठ, स्वावलंबी और समर्थ बनाती है। किसी कार्य या व्यवहार से सीख या नसीहत प्राप्त होना भी शिक्षा है; जैसे—इस झगड़े से मुझे यह शिक्षा मिली कि झगड़ने से कोई लाभ नहीं होता। उपदेश देना भी शिक्षा है। इसका एक अर्थ दंड भी है; जैसे—इस किए की उसे ऐसी शिक्षा मिलनी चाहिए कि नानी याद आ जाए। शिक्षा छह वेदांगों में प्रथम मानी गई है। प्रथम वेदांग शुद्धोच्चारण का शास्त्र है, लेकिन आधुनिक युग में किसी भी विषय का ज्ञान प्राप्त करना तथा दक्ष और निपुण बनाना शिक्षा है। कार्यक्षमता और गुणों का विकास करना शिक्षा है। शिक्षा अलग-अलग विषयों की हो सकती है; जैसे चिकित्सा, वास्तु, शिल्प, चित्र, संगीत, नृत्य, नाटक आदि की शिक्षा। शिक्षा लौकिक क्षेत्र के अतिरिक्त आध्यात्मिक, सांस्कृतिक आदि क्षेत्रों की भी हो सकती है।

विद्या की उत्पत्ति 'विद्' धातु से हुई है। 'विद्' धातु का अर्थ जानना, समझना, सीखना, अनुभव करना, मानना, विवेचना या व्याख्या करना है। विद्या का अर्थ ज्ञान है। सामान्यतः इसके 14 भाग हैं, जिनके अंतर्गत चार वेद, छह पुराण, धर्म, मीमांसा, तर्क अथवा न्याय और पुराण आते हैं। पुस्तकों आदि में सुरक्षित

ज्ञान विद्या है। किसी तथ्य या विषय का व्यवस्थित ज्ञान भी विद्या है। कौशल और चातुर्य से युक्त ज्ञान विद्या है; जैसे—ठग विद्या। जैसे धन और शौर्य में 'वान' लगने से धनवान और शौर्यवान शब्द बने हैं, वैसे ही 'विद्' में 'वान' लगने से विद्वान बना है, जिसका अर्थ सबकुछ जाननेवाला है। भाषा में विद् लगने से बने भाषाविद् का अर्थ भाषा का जानकार है। सरस्वती को विद्या की देवी माना गया है। विद्या को अरबी में 'इल्म' कहा जाता है। विद्या का इतना महत्त्व है कि 'मनुस्मृति' में उत्तम विद्या नीच से भी श्रद्धापूर्वक लेने की सलाह दी गई है और 'हितोपदेश' में कहा गया है कि जिसके पास विद्या रूपी नेत्र नहीं है, वह अंधे के समान है। विद्या का अर्थी यानी चाहनेवाला विद्यार्थी है।

विद्या का स्थान शिक्षा से ऊँचा है। शिक्षा एक वेदांग है, जो विद्या के 14 भागों में से एक है। शिक्षा से अर्जित किया जानेवाला ज्ञान विद्या है, जिसकी शिक्षा ली और दी जाती है। शिक्षा विद्या पाने के लिए किया जानेवाला अभ्यास और अध्ययन है।

समाचार और संवाद

सम+आचार से बने समाचार का शाब्दिक अर्थ सम अर्थात् समान आचरण या व्यवहार है। प्राचीन काल से ही अपने संबंधियों के यहाँ कुशल-क्षेम का समाचार भेजने की परंपरा रही है। मध्यकाल में यह किसी विशिष्ट कार्य या व्यवहार की सूचना देने के अर्थ में प्रयुक्त होने लगा था। गोस्वामी तुलसीदासजी ने इसका इसी अर्थ में इस प्रकार प्रयोग किया है—'समाचार मिथिलापति पाए', परंतु अब यह अत्यंत व्यापक अर्थ में ऐसी घटना की सूचना है, जिसके बारे में लोगों को जानकारी न हो और जिसे जानने के लिए लोग उत्सुक रहते हों। समाज में जो कुछ भी घट रहा है, उसके बारे में समान रूप से अर्थात् जस-का-तस बताना समाचार है, लेकिन हर सूचना समाचार नहीं कहलाती है। अब केवल वैसी ही सूचना समाचार की श्रेणी में आती है, जिसमें सभी प्रकार की जिज्ञासाओं का समुचित उत्तर हो। समाचार का अरबी पर्याय खबर और अंग्रेजी पर्याय न्यूज है। क्या समाचार है? पूछने पर समाचार के दो अर्थ निकलते हैं- (1) क्या हाल-चाल है और (2) क्या नया है? अंग्रेजी के 'न्यू' का अर्थ नवीन, नूतन एवं नया है। 'न्यू' में 'एस' लगाकर बना न्यूज 'न्यू' के बहुवचन के रूप में इस्तेमाल होता

है। न्यूज के 'एन' से नॉर्थ, 'ई' से ईस्ट, 'डब्ल्यू' से वेस्ट और 'एस' से साउथ बनता है। इसलिए कहा जाता है कि उत्तर, दक्षिण, पूरब और पश्चिम अर्थात् चारों दिशाओं से आनेवाली सूचना न्यूज यानी समाचार है, लेकिन न्यूज चारों दिशाओं के अतिरिक्त अंतरिक्ष और पाताल से भी हो सकता है। प्राकृतिक विपदा, युद्ध आदि की घटनाओं की सूचना भी समाचार है।

'सम्' और 'वद्' के मिलने से संवाद बना है। 'सम्' का अर्थ समान रूप से और 'वद्' का अर्थ कहना है। संवाद का अर्थ समान रूप से बोलना, बतियाना, कहना-सुनना है। यह बातचीत और वार्तालाप है। किसी के पास आया हुआ या भेजा हुआ विवरण या वृत्तांत भी संवाद है। संवाद का अर्थ सूचना है और सूचना देनेवाले यानी संवाद देनेवाले को संवाददाता कहा जाता है। संवाद में संप्रेषित करने और अभिव्यक्त करने के भाव भी समाहित हैं। संवाद में या तो अपना विचार प्रकट किया जाता है अथवा किसी घटना का वर्णन होता है। नाटक आदि में यह दो लोगों के बीच महत्त्वपूर्ण वार्तालाप का द्योतक होता है; जैसे—कृष्ण-अर्जुन संवाद, लक्ष्मण-परशुराम संवाद, रावण-मंदोदरी संवाद आदि।

ये दोनों शब्द सूचना से जुड़े हुए हैं, लेकिन समाचार ऐसी सूचना है, जिसमें सभी प्रकार की शंकाओं का समाधान होता है। इसके अतिरिक्त संवाद वार्त्तालाप भी है, जो समाचार नहीं है। 'उनका समाचार मिल गया है', से तात्पर्य उनका हालचाल मिलने से है, जबकि 'उनका संवाद मिल गया है', का अर्थ उनका कोई संदेश मिलने से है। दोनों के बीच छह माह से संवाद बंद है, में संवाद का अर्थ बोलचाल या बातचीत है और यहाँ संवाद के स्थान पर समाचार का प्रयोग नहीं किया जा सकता।

संधि और समझौता

संधि संयोग है। जब चीजें आपस में जुड़ती या मिलती हैं, तब संधि होती है। हमारे शरीर में कई ऐसे स्थान हैं, जहाँ कई ओर से हड्डियाँ आकर मिलती हैं, जिन्हें 'संधि' कहा जाता है; जैसे—कोहनी की संधि, घुटने की संधि आदि। वह जगह भी संधि है, जहाँ दो या दो से अधिक चीजें आकर मिलती हैं। ऐसी जगह या स्थल को संधि स्थल कहते हैं। एक युग की समाप्ति और दूसरे युग के आरंभ के बीच का समय भी संधि है, जिसे 'युगसंधि' कहा जाता है। इसी प्रकार एक अवस्था की समाप्ति और दूसरी अवस्था के आगमन के बीच का समय भी संधि कहलाता है; जैसे—वय:संधि। दो अक्षरों के समीप आने से जो वर्ण विकार

होता है, उसे भी संधि कहते हैं; जैसे— जगत् + ईश = जगदीश। यहाँ 'त्' और 'ई' के जुड़ने से 'दी' बन जाना वर्ण विकार है। राजाओं या राष्ट्राध्यक्षों के बीच आपसी दुश्मनी भुलाकर भविष्य में शांति के साथ मित्र के रूप में रहने की जो प्रतिज्ञा या निश्चय कर युद्ध की समाप्ति की जाती है, वह भी संधि कहलाती है।

समझौता समझना क्रिया का भाववाचक रूप है। यह समझना में 'औता' प्रत्यय लगने से बना है। आपस में समझ-बूझकर तय की गई बात समझौता है। किसी लेन-देन या विवाद के निबटारे के लिए किया गया ऐसा निर्णय, जिससे भविष्य में सभी कार्य निर्विघ्न और सुचारु रूप से चलते रहें, समझौता है। दो या अधिक पक्षों में होनेवाला कोई भी निश्चय या करार समझौता है। इसके लिए अंग्रेजी में कॉम्प्रोमाइज शब्द है। समझौता लिखित भी हो सकता है और मौखिक भी। फारसी का इकरारनामा या करारनामा लिखित समझौता है। किसी की सहायता करने अथवा किसी को नुकसान पहुँचाने के लिए दो या अधिक व्यक्तियों के बीच हुआ निश्चय भी समझौता है। विधिक क्षेत्र में एक पक्ष के प्रस्ताव को दूसरे पक्ष द्वारा स्वीकार कर लिया जाना यानी आपसी सहमति से दो पक्षों द्वारा कोई निश्चय करना समझौता है। समय-समय पर राजनीतिक दलों के बीच होनेवाला तालमेल भी समझौता है; जैसे समाजवादी विचारधारा के दलों ने भाजपा के खिलाफ मिलकर चुनाव लड़ने का समझौता कर लिया है। राष्ट्र या राज्य विभिन्न क्षेत्रों में मिलकर काम करने का जो निश्चय करते हैं, वह भी समझौते की कोटि में आता है। द्विपक्षीय मामलों को आपसी सहमति से सुलझाने का भारत और पाकिस्तान के बीच जो निर्णय हुआ, उसे 'ताशकंद समझौता' के नाम से जाना जाता है।

समझौता मौखिक भी हो सकता है, लेकिन संधि लिखित होती है। संधि प्रायः युद्ध की समाप्ति पर होती है, लेकिन समझौता शांति काल में भी परिवहन, उद्योग, संचार, खनिज, शिक्षा, व्यापार आदि के क्षेत्र में हो सकता है। समझौते की अपेक्षा संधि की वैधानिक मान्यता अधिक है। इसलिए पहले के समझौतों को लिखित संधि में परिवर्तित कर वैधानिक मान्यता दी जाती है।

हँसी और दिल्लगी

हँसी के मूल में 'हस्' है। 'हस्' का अर्थ हँसना है। हँसी हँसना क्रिया का भाववाचक संज्ञा रूप है। यह हँसने की क्रिया या भाव है। किसी के मुँह से कोई विनोदपूर्ण बात सुनकर हँस पड़ना हँसी है। मन बहलाने या समय गुजारने के लिए

की जानेवाली हँसने-हँसाने की बात भी हँसी है। इसी से हँसी-खुशी पद बना है, जिसका अर्थ आनंद और प्रसन्नता है; जैसे—वे यहाँ से तो हँसी-खुशी अपने गाँव गए थे। इसके योग से बने हँसी-ठट्ठा पद का अर्थ विनोद, मजाक आदि है। इसी प्रकार हँसी-मजाक और हँसी-दिल्लगी पद भी बने हैं और ये सभी मनोरंजन अथवा मनोविनोद के भाव के वाचक हैं। हँसी उड़ाना का अर्थ उपहास करना है। इसमें किसी को नीचा दिखलाने के लिए ऐसी बात कही जाती है, जिसे सुनकर लोग उपेक्षा भाव से हँस पड़ें; जैसे—लोग उसकी लाचारी की हँसी उड़ा रहे थे। लोक या समाज में होनेवाली उपहासपूर्ण निंदा या बदनामी भी हँसी है; जैसे—किसी को भी कोई ऐसा काम नहीं करना चाहिए, जिससे चार लोगों के बीच उसकी हँसी हो। उपहास का हास हँसी है और उपहास खिल्ली उड़ाना, व्यंग्य करना, मजाक उड़ाना, निंदा या बदनामी करना, मूर्ख बनाना आदि है। परिहास और अट्टहास भी हँसी हैं। परिहास जोर की हँसी है और अट्टहास बहुत जोर की हँसी अर्थात् ठहाका है। हास-परिहास हँसी-ठट्ठा है। एक-ब-एक जोर से हँसने लगना हँसी छूटना है; जैसे—उनकी बात सुनकर हँसी छूटे बिना नहीं रह सकती। किसी बात को साधारण समझकर हँसते हुए टाल देना हँसी में उड़ाना है। हँसी-खेल न होना का तात्पर्य कठिन काम होना है; जैसे—अंग्रेजों के खिलाफ आजादी की लड़ाई लड़ना कोई हँसी-खेल नहीं था। हँसी-खेल सूझना हँसी या मजाक सूझना है; जैसे—मेरी तो जान पर संकट है और तुम्हें हँसी-खेल सूझ रहा है।

फारसी के 'दिल' में हिंदी की 'लगी' जुड़ने से दिल्लगी बनी है। दिल्लगी का अर्थ दिल लगने या लगाने की क्रिया या भाव है। यह परिहास, मजाक और ठट्ठा है। इसका विकसित अर्थ विनोद, मनोविनोद, मनोरंजन आदि है। 'दिल्लगी उड़ाना' खिल्ली उड़ाना या उपहास करना है। यह मन बहलाने या हँसने-हँसाने के लिए होनेवाली बात है; जिसका प्राय: किसी गंभीर विषय से ताल्लुक नहीं होता। 'दिल्लगी में' पद का अर्थ यों ही, मन बहलाने के लिहाज से मजाक के विचार से है। 'दिल्लगी समझना' किसी काम को हास-परिहास की भाँति सुगम समझना है; जैसे—एवरेस्ट पर चढ़ना क्या तुमने दिल्लगी समझ रखा है।

इन दोनों में फर्क यह है कि हँसी शिष्ट, सम्मत और सर्व स्वीकृत शब्द है, जबकि दिल्लगी में प्राय: ओछेपन या फूहड़पन का भाव भी समाहित रहता है। इसी कारण हँसी अपने विशुद्ध रूप में छोटों या बड़ों के सामने की जा सकती है, लेकिन दिल्लगी का क्षेत्र बराबर वालों तक ही सीमित रहता है।

ईर्ष्या और द्वेष

ईर्ष्या की उत्पत्ति 'ईर्ष्य्' धातु से हुई है। 'ईर्ष्य्' धातु का अर्थ किसी की सफलता को देखकर अधीर होना, दूसरे की उन्नति देखकर बेचैन होना, डाह करना है। किसी को सुखी-संपन्न देखकर या किसी के पास कोई कीमती या आकर्षक वस्तु देखकर कोई व्यक्ति उसे उस सुख-चैन या उक्त वस्तु से वंचित कर उसका स्वयं हकदार बन जाना चाहे, तो यह ईर्ष्या कहलाएगी; जैसे—अनपढ़ व्यक्ति पढ़े-लिखे लोगों से ईर्ष्या करता है। ईर्ष्या का प्रयोग कभी-कभी अच्छे भाव का भी सूचक होता है; जैसे—आपकी वक्तृत्व कला पर किसे ईर्ष्या नहीं होगी। किसी के वैभव और खुशहाली से जलनेवाला या डाह करनेवाला ईर्ष्यालु कहलाता है। ईर्ष्यालु ईर्ष्या का विशेषण है। किसी का उत्कर्ष देखकर प्रसन्न नहीं होना, बल्कि मन में जलन का भाव पैदा होना ईर्ष्या है। किसी की सफलता को बरदाश्त नहीं कर पाना और किसी की उन्नति से दुःखी होना भी ईर्ष्या है। गोस्वामी तुलसीदासजी ने लिखा है:

उच्च निवास नीच करतूती।
देखि न सकहीं पराई विभूती॥

अर्थात् वैभवशाली होते हुए भी कुछ लोगों के कार्य अत्यंत नीचतापूर्ण होते हैं। ऐसे लोग ईर्ष्या के कारण दूसरे लोगों का ऐश्वर्य नहीं देख सकते।

द्वेष की उत्पत्ति 'द्विष्' धातु से हुई है। 'द्विष्' धातु का अर्थ किसी को अपना प्रतिद्वंद्वी समझकर उससे घृणा करना, नापसंद करना, पराया समझना आदि है। घृणा मन की ऐसी स्थिति है, जिसमें मौका मिलते ही दूसरे को नीचा दिखाने की प्रवृत्ति प्रबल हो जाती है। विरोध, वैमनस्य, शत्रुता आदि के कारण किसी का बनता हुआ काम बिगाड़ देना भी द्वेष है। द्वेष करनेवाले से अलगाव का भाव रखा जाता है और उसे हानि पहुँचाने का प्रयत्न किया जाता है। यह मन को अप्रिय लगनेवाली वृत्ति है, जिसमें विरोध और वैमनस्य के फलस्वरूप किसी के प्रति शत्रुता का भाव जगता है। द्वेष करनेवाला द्वेषी कहलाता है। द्वेषी व्यक्ति के मन में घृणा, चिढ़, वैर आदि का भाव जाग्रत् हो जाता है। द्वेष में 'वि' उपसर्ग लगने से विद्वेष बना है, जो इसका और भी उग्र और तीव्र रूप है। यह विशेष रूप से अर्थात् दुश्मनी की सीमा तक किया जानेवाला द्वेष है। द्वेष में राग का विरोधी भाव है, जिस कारण इसमें शत्रुता या वैर के भाव की प्रधानता है। महाभारत में कहा गया है कि जिस व्यक्ति से द्वेष हो जाता है, वह न साधु जान पड़ता है, न विद्वान और

न बुद्धिमान। उसके सभी काम अशुभ प्रतीत होते हैं।

अनेक कोशों में इन दोनों शब्दों को एक-दूसरे का पर्याय बताया गया है, लेकिन इनमें सूक्ष्म अंतर है। ईर्ष्या करनेवाला व्यक्ति जिससे ईर्ष्या करता है, किसी प्रकार उसे उसके सुख से वंचित कर स्वयं उसका उपयोग करने की लालसा रखता है, जबकि द्वेष करनेवाला व्यक्ति शत्रुतावश उसे नुकसान पहुँचाने के प्रयास भर से संतुष्ट हो जाता है।

अंतर्राष्ट्रीय और अंतरराष्ट्रीय

अंतर् और राष्ट्रीय जुड़ने से अंतर्राष्ट्रीय बना है। अंतर् का अर्थ भीतर या बीच में है। इसी अंतर् में देशीय लगने से अंतर्देशीय बनता है। अंतर्देशीय पत्र देश के भीतर ही चलता है, बाहर नहीं जा सकता। अतः अंतर्राष्ट्रीय का अर्थ अंतर्देशीय के समान राष्ट्र के भीतर होगा। अंतर् से ही अंतर्जगत, अंतर्ज्वाला, अंतर्ज्योति, अंतर्द्वंद्व, अंतर्भेदी, अंतर्मुखी, अंतर्यामी, अंतर्वस्त्र, अंतर्व्याधि, अंतर्वेदना, अंतर्विरोध, अंतरात्मा आदि शब्द बने हैं और अंतर् जुड़ा होने के कारण ये सभी शब्द भीतर के अर्थ में प्रयुक्त होते हैं। अंतर् का अंग्रेजी पर्याय इंट्रा है। इंट्रा का अर्थ विदिन है। इंट्रा के लिए हिंदी में अंतर् के अतिरिक्त अंतः, आंतर, आंतरिक और आभ्यंतर शब्द भी चलते हैं और ये सभी अंतर् के अर्थवाले ही हैं। इंट्रा और नेशनल से बने इंट्रानेशनल का अर्थ अंतर्देशीय और अंतर्राष्ट्रीय के समान देश के भीतर अथवा राष्ट्र के भीतर है। इंट्रा से बने कुछ अन्य शब्दों का हिंदी पर्याय देखने से स्थिति और स्पष्ट जाएगी। हिंदी में इंट्रा कॉमनवेल्थ कंट्री का राष्ट्रमंडलगत देश, इंट्रास्टेट का अंतरराज्यीय, इंट्रामोंटेन का अंतःपर्वतीय और इंट्रामसकुलर इंजेक्शन का अंतःपेशी सूई अनुवाद किया गया है और ये सभी भीतर के अर्थ के ही द्योतक हैं।

अंतर और राष्ट्रीय के मिलने से अंतरराष्ट्रीय बना है। अंतर का अर्थ 'दूरी' या 'बाहर का' या 'से भिन्न' है। अतः इस अंतर से जुड़े होने के कारण अंतरराष्ट्रीय का अर्थ राष्ट्र से भिन्न अथवा राष्ट्र से बाहर होगा। अंतर का अंग्रेजी पर्याय इंटर है। इंटर का अर्थ बिटवीन है। इंटर और नेशनल के जुड़ने से इंटरनेशनल बना है, जिसका हिंदी पर्याय अंतरराष्ट्रीय है। इसलिए इंटरनेशनल का अर्थ भी अंतरराष्ट्रीय के समान राष्ट्र से बाहर अथवा राष्ट्र से भिन्न है।

अंतर् और अंतर से अनेक शब्द बने हैं और इन्हीं उपसर्गों के आधार पर

उनके अलग-अलग अर्थ हैं। अंतरजातीय विवाह दो भिन्न जातियों के बीच हुआ विवाह है। अपनी ही जाति के भीतर हुआ वैवाहिक संबंध अंतर्जातीय विवाह है। जैसे अंतर् से जुड़े अंतर्देशीय का अर्थ देश के भीतर होता है, वैसे ही अंतर् से जुड़े अंतर्जातीय का अर्थ भी जाति के भीतर होगा। जिस समारोह में अनेक देशों की फिल्मों का प्रदर्शन किया जाए, वह अंतरराष्ट्रीय फिल्म समारोह होगा और जिसमें केवल अपने देश की ही फिल्मों का प्रदर्शन हो, वह अंतर्राष्ट्रीय फिल्म समारोह। कोलकाता से दिल्ली के बीच चलनेवाली बस सेवा अंतरप्रांतीय बस सेवा कहलाएगी। इसे अंतर्देशीय या अंतर्राष्ट्रीय बस सेवा भी कहा जा सकता है। संयुक्त राष्ट्र संघ अंतरराष्ट्रीय संगठन है, क्योंकि अनेक देश उसके सदस्य हैं। अंतरराष्ट्रीय स्तर पर अनेक देशों से हमारे अच्छे संबंध हैं, लेकिन अंतर्राष्ट्रीय मामलों में हम किसी देश का हस्तक्षेप बरदाश्त नहीं कर सकते।

आमंत्रण और निमंत्रण

आमंत्रण की उत्पत्ति 'मंत्र्' धातु से हुई है। 'मंत्र्' धातु का अर्थ गुप्त भाषण करना, सलाह लेना या देना, कहना, बुलाना आदि है। मंत्रण के पहले आ जुड़ने से आमंत्रण बना है। आमंत्रण का अर्थ पुकारना, बुलावा भेजकर बुलाना आदि है। यह अच्छी तरह से बुलाने की क्रिया या भाव है। आमंत्रण से आमंत्रयिता और आमंत्रित शब्द बने हैं। आमंत्रयिता बुलानेवाले को कहा जाता है और जिसे बुलाया गया हो, वह आमंत्रित है।

निमंत्रण की उत्पत्ति भी मंत्र् धातु से हुई है। निमंत्रण का अर्थ किसी कार्य के लिए किसी को निश्चित तिथि और समय पर आग्रहपूर्वक बुलाना है। निमंत्रण का विशेषण निमंत्रित है। जिसे निमंत्रण भेजकर बुलाया गया हो, वह निमंत्रित है। न्योता, न्योतना, न्योतनी, न्योतहरी आदि शब्द निमंत्रण से ही विकसित हुए हैं। विवाहादि समारोहों में शामिल होने के लिए न्योता देकर बुलाना न्योतना, ऐसे समारोहों में होनेवाला भोज न्योतनी और न्योतने (निमंत्रण देने) पर आनेवाला व्यक्ति न्योतहरी है। न्योता का अर्थ निमंत्रण के अतिरिक्त वह रकम या वस्तु भी है, जो न्योतहरी उपहारस्वरूप न्योता भेजनेवाले को देता है। यह उपहार प्रायः उसी के आसपास होता है, जो निमंत्रण भेजनेवाले की ओर से न्योतहरी के समारोहों में प्रायः दिया जाता रहा है। इस प्रकार निमंत्रण का अर्थ किसी ऐसे समारोह में

बुलाना है, जिसमें दावत (भोजन या नाश्ता) की व्यवस्था हो और निमंत्रित व्यक्ति नकद या वस्तु के रूप में उपहार देता हो। न्योता भेजनेवाले व्यक्ति को इसकी मुकम्मल व्यवस्था करनी पड़ती है कि न्योतहरी को निमंत्रण अवश्य मिल जाए, क्योंकि ऐसा नहीं होने पर न्योतहरी नाराज हो जा सकता है। इसी प्रकार न्योतहरी यदि निमंत्रण मिलने पर नहीं आए, तो निमंत्रण देनेवाला नाराज हो जा सकता है। कभी-कभी तो ऐसी नाराजगी दोनों के बीच संबंध विच्छेद तक के रूप में सामने आती है। इन्हीं वजहों से दूर-दराज के रिश्तेदारों या मित्रों के यहाँ विशेष दूत या डाक से निमंत्रण का पत्र भेजा जाता है। अब यह कार्य मोबाइल फोन के जरिए भी होने लगा है। प्राय: जन्मदिन, छठी, विवाह, वर-वधू स्वागत समारोह, श्राद्ध आदि अवसरों पर निमंत्रण पत्र भेजे जाते हैं।

मोटे तौर पर आमंत्रण और निमंत्रण में कोई फर्क नहीं समझा जाता। दोनों का अर्थ आह्वान या बुलावा होता है। लेकिन, इनमें सूक्ष्म भेद है, जो इनके प्रयोग पर ध्यान देने से प्रकट होता है। निमंत्रण भेजनेवाले का निमंत्रित व्यक्ति से आत्मीय संबंध होता है, जबकि आमंत्रण देनेवाले के लिए आमंत्रित व्यक्ति से पूर्व परिचित होना आवश्यक नहीं होता। निमंत्रण के समान आमंत्रण के साथ पत्र का प्रयोग प्राय: नहीं होता। मंच पर वक्ता या कवि को बोलने अथवा कविता सुनाने के लिए आमंत्रित किया जाता है, निमंत्रित नहीं। निमंत्रण के समान आमंत्रण से दावत और उपहार भी नहीं जुड़ा हुआ है।

बल और सामर्थ्य

बल की उत्पत्ति 'बल्' धातु से हुई है। 'बल्' का अर्थ साँस लेना, जीवन देना है। बल वह शक्ति है, जिसके सहारे हम कोई कार्य करते हैं। हमारी शक्ति बल के रूप में ही प्रकट होती है। शांति, सुरक्षा, युद्ध, रक्षा आदि के लिए प्रयुक्त होनेवाला सशस्त्र सैनिकों का वर्ग भी बल कहलाता है; जैसे—केंद्रीय रिजर्व पुलिस बल, सीमा सुरक्षा बल आदि। यदि कोई कार्य अपनी शक्ति से बढ़कर दूसरों की सहायता की उम्मीद में किया जाता है, तो वह भी बल है; जैसे—यह समारोह मैंने आप ही के बल पर आयोजित किया है। किसी के सहारे पर निर्भर होना भी बल है; जैसे—हाथ के बल उठना और पैरों के बल बैठना। बल प्रयोग किसी की इच्छा के विरुद्ध कार्य करने के लिए शक्ति का किया जानेवाला उपयोग

है। बल का अर्थ पहलू या पार्श्व भी है; जैसे—दाएँ या बाएँ बल लेटना। बल में जबरदस्ती और हिंसा का भी भाव है, जो बलात् और बलात्कार में प्रकट होता है। कहीं-कहीं बाल के अर्थ में यह उसके संक्षिप्त रूप में यौगिक शब्दों के प्रारंभ में जुड़ता है; जैसे—बलतोड़। मुँह के बल गिरना मुहावरे का अर्थ अत्यंत दीनतापूर्वक चिरौरी करना है; जैसे—मंत्री बनते ही लालची लोग उनके आगे मुँह के बल गिरने लगे। वाल्मीकि रामायण में कहा गया है—'बालानां रोदनं बलम्' अर्थात् रोना ही बालकों का बल है। किसी पदार्थ को मोड़ने, घुमाने आदि के अर्थ में भी बल का प्रयोग किया जाता है, जो शक्तिवाले बल से अलग है। रस्सी जल गई, पर उसके बल नहीं गए, कहावत में ऐंठन के अर्थ में इसका प्रयोग हुआ है। कपड़ों आदि में पड़नेवाली सिलवट के अर्थ में भी यह प्रयुक्त होता है; जैसे—इस कुरते में दो जगह बल पड़ रहे हैं, जिन्हें ठीक कराना जरूरी है। बल खाना शरीर के किसी अंग का बीच में लचकना है; जैसे—उसके चलने में कमर बल खाती है। बल पड़ना शरीर की किसी नस के इधर-उधर हो जाने से होनेवाला दर्द है। बल देना, जोर देना और बल मिलना प्रोत्साहन प्राप्त होना है।

सामर्थ्य समर्थ का भाववाचक रूप है। यह समर्थ होने की अवस्था या भाव है। किसी कार्य को संपादित करने की क्षमता ही सामर्थ्य है; जैसे—वे इतने वृद्ध हो चुके हैं कि उनके कानों में सुनने और आँखों में देखने का सामर्थ्य नहीं रह गया है। किसी विशिष्ट कार्य को करने का जो गुण किसी में होता है, वह सामर्थ्य कहलाता है; जैसे—ताप सहने का सामर्थ्य अथवा पहाड़ पर चढ़ने का सामर्थ्य। यह ऐसी शक्ति का वाचक है, जिससे कोई किसी कार्य को करने में सक्षम या समर्थ होता है; जैसे—यह कार्य मेरे सामर्थ्य के बाहर है।

इन दोनों में फर्क यह है कि सामर्थ्य का प्रयोग केवल प्राणियों के संदर्भ में होता है, वस्तुओं आदि के संदर्भ में नहीं, जबकि बल का प्रयोग निर्जीव पदार्थों के संदर्भ में भी होता है; जैसे—यह मशीन पाँच अश्व शक्ति की है अर्थात् इस मशीन में पाँच घोड़ों का बल है।

अवस्था और आयु

अवस्था में 'अव' और 'स्था' जुड़ा हुआ है। 'अव' एक उपसर्ग है, जो शब्दों के पहले लगकर निश्चय, अनादर, निषेध, कमी, ह्रास, बुरा, व्याप्ति, अनुचित, दूषित, नीचे की ओर, अभाव, विशेष रूप से, दूर, संकल्प आदि अर्थ

देता है। स्था का अर्थ खड़ा होना, ठहरना आदि है। इन दोनों के जुड़ने से अवस्था का सीधा-सादा अर्थ स्वतंत्र रूप में अस्तित्व में होने का भाव अर्थात् दशा, स्थिति, हालत आदि है। अंग्रेजी में यह कंडीशन है; जैसे—पिछले कुछ वर्षों में देश की आर्थिक अवस्था में सुधार हुआ है। विशेष अर्थ में अवस्था जीवन का उतना समय है, जितना अब तक बीत चुका है। यह उम्र और वय है; जैसे—गौतम बुद्ध जिस समय विरक्त होकर घर से निकले थे, उस समय उनकी अवस्था बहुत कम थी। इसका प्रयोग जीवन के कुछ विशिष्ट भागों के लिए भी होता है। इसी आधार पर मानव जीवन की चार अवस्थाएँ बाल्यावस्था, किशोरावस्था, युवावस्था और वृद्धावस्था. मानी गई हैं। विशिष्ट प्रकार की स्थितियों के लिए भी यह प्रयुक्त होता है; जैसे—रुग्णावस्था। अवस्था न रह जाना मुहावरे का अर्थ पहले जैसी ताकत नहीं रह जाना है; जैसे—अब मेरी अवस्था नहीं रही कि तुम्हारे जैसा दौड़ सकूँ। जिसकी अवस्था में वृद्धि हो गई है, वह वृद्ध है।

जन्म से मृत्यु तक का संपूर्ण काल आयु है; जैसे—80 वर्ष की आयु में उनका निधन हुआ अथवा उन्होंने 80 वर्ष की आयु पाई थी। दीर्घजीवी होने के लिए आयुष्मान् भव का आशीर्वाद दिया जाता है। आयु किसी प्राणी के समस्त जीवन काल की सूचक है। आयुर्वेद आयु का वेद है। सुश्रुत के शब्दों में जिससे या जिसके द्वारा आयु प्राप्त हो, वह आयुर्वेद है। इसीलिए आयुर्वेद में अधिक उम्र तक जीवित रहने के लिए, यानी दीर्घायु होने के लिए जन्म से मरण तक होनेवाले सभी प्रकार के रोगों का निदान तो किया ही गया है, स्वस्थ जीवन बिताने के उपाय भी बताए गए हैं। अपनी आयु जानने के लिए लोग ज्योतिषियों का सहारा लेते हैं और ज्योतिषी जन्मपत्री में आयुभाव देखकर अथवा हाथ की जीवन रेखा देखकर बताते हैं कि कोई कितने दिनों तक जीवित रहेगा। अधेड़ अर्ध आयु का व्यक्ति है, यानी उसकी आधी आयु बीत चुकी है। यह जवानी और बुढ़ापे के बीच की स्थिति है।

इन दोनों में फर्क न कर कुछ लोग एक के स्थान पर दूसरे का प्रयोग कर देते हैं, लेकिन इनमें सूक्ष्म अंतर है। आयु समस्त जीवनकाल है, जबकि अवस्था आयु का वह भाग है, जितना उस समय तक बीत चुका है, जैसे—20 वर्ष की अवस्था में ही वे कोलकाता चले गए और आयु का शेष समय वहीं बिताया। अरबी की उम्र का प्रयोग आयु और अवस्था, दोनों के लिए होता है। नौकरी आदि के विज्ञापन में आयु सीमा का प्रयोग किया जाना युक्तिसंगत नहीं है, क्योंकि कोई

अपनी अवस्था तो बता सकता है, आयु नहीं। आयु का पता तो मरने के बाद ही चल सकता है।

संस्था और संस्थान

संस्थान की उत्पत्ति 'स्था' धातु से हुई है। 'स्था' धातु का अर्थ खड़ा होना, ठहरना आदि है। संस्था का मूल अर्थ ठहरने या स्थित होने की अवस्था है। वैदिक काल में एक प्रकार के सोम यज्ञ के लिए संस्था का प्रयोग होता था। वर्तमान काल में यह सभा, समिति, समूह, मंडली आदि के लिए प्रयुक्त होती है। संस्था का संघटन सार्वजनिक कल्याण अथवा सेवा के लिए किया जाता है। इसलिए इसका उद्‌देश्य सामाजिक हित होता है, व्यक्तिगत लाभ नहीं। संस्था का क्षेत्र अत्यंत व्यापक होता है। अनाथालय, पुस्तकालय, विद्यालय, महाविद्यालय, धर्मशाला, वाचनालय आदि की व्यवस्था और संचालन करनेवाले संघटन भी संस्था कहे जाते हैं। यह सामूहिक हित का कार्य करनेवाले लोगों का संगठन है। नियमों और सिद्धांतों के आधार पर व्यावसायिक दृष्टि से संगठित लोगों का समूह भी संस्था कहा जाता है। जैसे—इस सहकारी संस्था का मुनाफा पिछले वर्ष की अपेक्षा इस वर्ष अधिक हुआ है। लोक जीवन से संबंध रखनेवाला कोई नियम या परंपरा से चली आ रही प्रथा भी संस्था है। इसी आधार पर विवाह को संस्था कहा गया है। वैसे तो विवाह सभी देशों, धर्मों और जातियों में किसी-न-किसी रूप में प्रचलित है, लेकिन हिंदू समाज में यह केवल सामाजिक समझौता नहीं, बल्कि धार्मिक संस्था है। विस्तृत रूप में और बड़े पैमाने पर महत्त्वपूर्ण संगठनात्मक कार्य करनेवाले व्यक्ति को भी संस्था कहते हैं; जैसे महात्मा गांधी स्वयं एक संस्था थे। संस्था से बने शब्दों में संस्थागत का अर्थ संस्था में आया हुआ, संस्थाजप का अर्थ यज्ञ के अंत में होनेवाला जाप, संस्थागार का अर्थ सभा भवन, संस्थाध्यक्ष का अर्थ समिति या संस्था का प्रधान व्यक्ति और संस्थापन का अर्थ स्थापित करना है।

संस्थान की उत्पत्ति भी 'स्था' धातु से हुई है। इसका एक अर्थ सर्वसाधारण के इकट्‌ठे होने का स्थान, यानी सार्वजनिक स्थान है। संस्थान का उद्‌देश्य कला, विज्ञान, साहित्य आदि के उच्च कोटि के अध्ययन और अनुसंधान के लिए कार्य करना है; जैसे केंद्रीय हिंदी संस्थान, भारतीय भाषा संस्थान, भारतीय फिल्म तथा

टेलीविजन संस्थान आदि। भौतिक विज्ञान और रसायन शास्त्र पर शोध करनेवाले भी अनेक संस्थान हैं। संस्थान में अध्यापन भी संभव है। उपांगों के योग से हमारे शरीर में विशेष प्रकार की जो नियमित क्रिया होती है, उसे भी चिकित्सा शास्त्र में संस्थान कहा जाता है; जैसे—पाचन संस्थान। सूर्य और उसके ग्रहों-उपग्रहों का समूह सौर संस्थान है, जिसे सौर मंडल भी कहा जाता है।

संस्था स्त्रीलिंग है और संस्थान पुल्लिंग। संस्था की अपेक्षा संस्थान का कार्य सीमित है। एक ही संस्था कई संस्थानों का संचालन कर सकती है। संस्था जातिवाचक है और संस्थान व्यक्तिवाचक। संस्था सामान्यता लिये हुए है और संस्थान में विशिष्टता है।

संकल्प और प्रतिज्ञा

'सम्' और 'कल्प' मिलने से संकल्प बना है। 'कल्प' में 'कृप्' धातु है। 'कृप्' का अर्थ कल्पना करना है। 'सम्' का अर्थ भली प्रकार या पूरी तरह से है। इस प्रकार संकल्प का अर्थ हुआ दृढ़ कल्पना, पूरा निश्चय, पक्का इरादा। किसी कार्य को करने का मन में होनेवाला दृढ़ निश्चय संकल्प है। सभा या बैठक में विचार-विमर्श के पश्चात् पारित किया गया प्रस्ताव भी संकल्प है। किसी विचार को कार्यरूप देना अथवा पूरा करना संकल्प है। धार्मिक क्षेत्र में दान या पुण्य कार्य करने के पूर्व संकल्प किया जाता है। इसके लिए विशेष प्रकार का मंत्र है, जिसका उच्चारण करते हुए दान या पुण्य कार्य के संबंध में हम अपने दृढ़ निश्चय को बतलाते हुए उसे कार्यरूप में परिणत करते हैं। भविष्य पुराण में कहा गया है कि मनुष्य जो कुछ कार्य बिना संकल्प के करता है, उसका अल्प-से-अल्प फल होता है और धर्म का आधा क्षय हो जाता है। संकल्प हमारी इच्छाशक्ति और अपना विचार पूरा करने की दृढ़ता का परिचायक है; जैसे—मैंने शराब नहीं पीने का संकल्प कर लिया है। अब इसका प्रयोग केवल वैयक्तिक क्षेत्र में ही नहीं, बल्कि सामूहिक क्षेत्र में भी होने लगा है; जैसे—भारत के लोगों ने जब गुलामी की जंजीर तोड़ने का संकल्प कर लिया, तब आजादी मिलकर रही। संकल्प करनेवाला संकल्पक, संकल्प करने की क्रिया संकल्पना, संकल्प से युक्त संकल्पात्मक और संकल्प किया हुआ संकल्पित कहा जाता है।

कोई कार्य करने अथवा नहीं करने के संबंध में किया जानेवाला दृढ़ निश्चय प्रतिज्ञा है। दूसरी तरफ कोई कार्य कर चुकने के बाद भविष्य में ऐसा कार्य पुन: नहीं करने का दृढ़ निश्चय भी प्रतिज्ञा है। इसका पर्याय प्रण है। प्रतिज्ञा प्राय: अपने भावी आचरण या व्यवहार आदि के संबंध में की जाती है; जैसे—मैं प्रतिज्ञा करता हूँ कि भविष्य में कभी झूठ नहीं बोलूँगा। अपने सगे-संबंधियों, मित्रों आदि की सहायता की भी प्रतिज्ञा की जाती है; जैसे—मेरी प्रतिज्ञा है कि मैं इस कार्य में सदैव आपकी सहायता करूँगा। शपथ ग्रहण समारोहों में जज, राज्यपाल, मंत्री आदि अपने कर्तव्यों का निष्ठापूर्वक पालन करने और गोपनीय बातों को किसी पर प्रकट न होने देने की प्रतिज्ञा करते हैं। यह शपथपूर्वक की गई प्रतिज्ञा है। प्रतिज्ञा करनेवाला प्रतिज्ञाकर्ता एवं प्रतिज्ञाता, जिसके करने या न करने की प्रतिज्ञा की गई हो; प्रतिज्ञेय, जिसके विषय में प्रतिज्ञा की गई हो; प्रतिज्ञात, जो वचनबद्ध हो, प्रतिज्ञाबद्ध, निष्ठापूर्वक बात कहना; प्रतिज्ञान, जिस पत्र में प्रतिज्ञा लिखी गई हो; प्रतिज्ञा पत्र और प्रतिज्ञा पर अटल रहनेवाला प्रतिज्ञापरायण कहा जाता है।

इन दोनों में फर्क यह है कि संकल्प को तो कुछ अवस्थाओं में बदला भी जा सकता है, परंतु प्रतिज्ञा से पीछे हटना संभव नहीं है, क्योंकि प्रतिज्ञा से आदमी पूरी तरह बँध जाता है।

संस्कृति और सभ्यता

संस्कृति का संबंध संस्कार से है। किसी वस्तु का संस्कार करना अर्थात् उसे संस्कृत रूप देना संस्कृति है। भद्दापन को हटाकर सुंदर बनाना अथवा त्रुटियों को दूरकर उपयोगी बनाना किसी वस्तु का संस्कार किया जाना कहलाता है। संस्कृति का मूल अर्थ शुद्ध करना, पवित्र करना, सुधारना आदि है। अपने जीवन को सुंदर और कल्याणमय बनाने के लिए मानव द्वारा किया जानेवाला बौद्धिक प्रयास संस्कृति है। उन सभी साधनों का सामूहिक रूप संस्कृति है, जो मनुष्य को शिष्ट आचरण और उचित व्यवहार की सीख देकर उसे सुसंस्कृत बनाता है। शरीर और मन को शुद्ध कर अपने जीवन में उच्च आदर्शों को अपनाने का प्रयास संस्कृति है। किसी जाति, व्यक्ति या राष्ट्र की वे सब बातें संस्कृति के अंतर्गत आती हैं, जिनसे उनके आचार-विचार, कला-कौशल, ज्ञान-विज्ञान,

रीति-रिवाज, रहन-सहन, जीवन-यापन के ढंग आदि का बोध होता है। संस्कृति वह दृष्टि है, जिससे कोई समाज अपने जीवन की समस्याओं पर विचार करता है। मनुष्य का सुसंस्कार संपन्न होना ही उसकी संस्कृति है।

सभ्यता भाववाचक संज्ञा है, जो 'सभ्य' विशेषण में 'ता' प्रत्यय लगाकर बनी है। सभ्य सभा से विकसित हुआ हैं। प्राचीन काल में शिष्ट व्यक्तियों को सभा में शामिल किया जाता था। इसलिए अच्छे विचार रखनेवाला और भले लोगों जैसा व्यवहार करनेवाला व्यक्ति सभ्य कहा जाने लगा। शीलवान और सज्जन होने की अवस्था ही सभ्यता है। यह शिष्टता एवं नम्रता से युक्त तथा बर्बरता से रहित आचार और व्यवहार है। यह मानव समाज की बाहरी और भौतिक उन्नति है, जो मनुष्य ने आदिम युग से अब तक लौकिक, व्यावहारिक और सामाजिक क्षेत्र में प्राप्त की है। सभ्यता में वे सभी उपलब्धियाँ सम्मिलित हैं, जिन्हें मनुष्य ने प्रकृति पर विजय पाने और जीवन निर्वाह को सुगम बनाने के लिए हासिल किया है। देश-काल और जाति-वर्ग के भेद के आधार पर इसे अलग-अलग संज्ञा दी गई है; जैसे—पश्चिमी सभ्यता, पूर्वी सभ्यता, भारतीय सभ्यता, यूरोपीय सभ्यता, रोमन सभ्यता आदि।

मनुष्य का आचार-व्यवहार संस्कृति है और क्रियाकलाप सभ्यता। मनुष्य की जीवन यात्रा को सरल बनानेवाली आर्थिक, राजनीतिक, वैज्ञानिक और सामाजिक उपलब्धियाँ सभ्यता के अंतर्गत आती हैं तथा मानव जीवन को अप्रत्यक्ष रूप से समृद्ध बनानेवाली आध्यात्मिक, नैतिक, बौद्धिक और मानसिक उपलब्धियों की गणना संस्कृति के अंतर्गत होती है। व्यक्तित्व को समृद्ध और परिष्कृत करनेवाले दर्शन, चिंतन, कला, साहित्य आदि का संबंध संस्कृति से है तथा जीवनयापन के लिए आवश्यक वैज्ञानिक आविष्कारों, उत्पादन के साधनों एवं सामाजिक-राजनीतिक संस्थानों का संबंध सभ्यता से है। सभ्यता से मनुष्य की बाहरी और भौतिक उपलब्धि जानी जाती है तथा संस्कृति से आंतरिक और मानसिक सिद्धियों का पता चलता है।

संबंध और संपर्क

अव्यय 'सम्' और संज्ञा 'बंध' के जुड़ने से संबंध बना है। 'सम्' का अर्थ साथ- साथ और बंध का अर्थ बंधन है। व्युत्पत्ति के हिसाब से संबंध

का अर्थ किसी के साथ अच्छी तरह बँधना, जुड़ना या मिलना है। इसमें आपस में इस प्रकार का जुड़ाव या लगाव होता है कि एक-दूसरे का सामान्यतया अलग होना मुश्किल हो जाता है। संबंध में दो या अधिक चीजें, व्यक्ति आदि परस्पर गुँथे रहते हैं; जैसे—शब्द और अर्थ का संबंध। एक दूसरे पर आश्रित रहने को भी संबंध कहते हैं; जैसे—उन दोनों में मित्रता का ऐसा अटूट संबंध है कि एक के बिना दूसरा रह नहीं सकता। एक कुल या गोत्र में उत्पन्न होने पर परस्पर संबंध स्थापित हो जाता है; जैसे भाई-भतीजों और नाती-पोतों से होनेवाला संबंध। विवाद आदि के फलस्वरूप लोगों के बीच पैदा हुई पारस्परिक स्थिति भी संबंध है; जैसे पति-पत्नी का संबंध। जिसके साथ रक्त संबंध अथवा वैवाहिक संबंध हो, वह संबंधी कहलाता है। संबंध का एक अर्थ वैवाहिक संपर्क भी है; जैसे—उन्होंने अपनी लड़की के संबंध की बात कई जगह चला रखी है। दो वर्गों के बीच का पारस्परिक लगाव भी संबंध है; जैसे—मालिकों और मजदूरों का संबंध। राष्ट्रों के बीच विभिन्न प्रकार के ताल्लुकात भी संबंध हैं; जैसे—राजनयिक, व्यापारिक और कूटनीतिक संबंध। व्याकरण में एक कारक का नाम संबंध है, जिससे एक शब्द के साथ दूसरे शब्द का लगाव सूचित होता है। इसका चिह्न का, के, की है; जैसे—सीता की कलम। सामाजिक संबंधों के निर्वाह के लिए 'आपसी संबंध' पदबंध का प्रयोग होता है; जैसे—जब आप शादी-ब्याह में भी नहीं आते, तो फिर आपसी संबंध कैसा? संबंध रखनेवाला संबंधक कहा जाता है तथा संबद्ध या संबंधित वह है, जिसका किसी से संबंध स्थापित हो। संबंध चिह्न योजक चिह्न को कहते हैं और संबंध तत्त्व वाक्य में रचना का शाब्दिक संबंध बतलाता है।

संपर्क का अर्थ मेल, संयोग, स्पर्श, लगाव, वास्ता, संसर्ग आदि है। यह आपस में जोड़ना और मिलाना है। अंग्रेजी के कंट्रैक्ट के लिए इसका प्रयोग होता है। काम चलाने या निकालने के उद्देश्य से अल्प अवधि के लिए होनेवाला लगाव संपर्क है; जैसे—अविश्वास प्रस्ताव पर विचार-विमर्श के लिए विपक्ष के अन्य दलों से भी संपर्क स्थापित किया जा रहा है। संपर्क अधिकारी वह राजकीय अधिकारी है, जो जनता और सरकार तथा विभिन्न देशों के साथ किसी प्रकार का संपर्क बनाए रखने के लिए नियुक्त किया जाता है। संपर्क भाषा परस्पर मेल-जोल की भाषा है।

संपर्क की अपेक्षा संबंध अधिक व्यापक अर्थ देनेवाला शब्द है। संबंध में स्थायित्व, दृढ़ता आदि के भाव की प्रधानता होती है, जबकि संपर्क में इनका

प्राय: अभाव है। विवाह के लिए वर और वधू पक्ष के लोग पहले संपर्क करते हैं और विवाह हो जाने पर दोनों में संबंध कायम हो जाता है।

समालोचना और समीक्षा

समालोचना में 'लोच्' धातु है। 'लोच्' का अर्थ देखना है। समालोचना 'सम' और आलोचना के जुड़ने से बना है। पहले आलोचना का प्रयोग भी समालोचना के अर्थ में होता था, लेकिन बाद में इसका प्रयोग अपनी असहमति व्यक्त करते हुए किसी के विचारों में दोष निकालकर उसका विरोध करने के अर्थ में होने लगा; जैसे— विधानसभा में विपक्षी दलों ने सरकार की तीखी आलोचना करते हुए उसके प्रस्ताव का विरोध किया। समालोचना का प्रारंभिक अर्थ अच्छी तरह देखना और ध्यानपूर्वक विचार करना है। अब इसका प्रयोग किसी रचना पर गंभीरतापूर्वक विचार करते हुए उस पर सम्मति प्रकट करने के अर्थ में होता है। समालोचना का उद्देश्य प्रशंसा अथवा निंदा करना न होकर संबद्ध कृति का ठीक-ठीक मूल्यांकन कर उस पर अपने मंतव्य को दृढ़तापूर्वक और प्रमाण के साथ प्रस्तुत करना है। सूक्ष्म विश्लेषण और तर्कपूर्ण विवेचन समालोचना की विशेषता है। उत्कृष्ट समालोचना वह है, जिसमें लोक मंगल की भावना हो, जिसका आधार नैतिकतावादी मूल्य हो और जो आदर्शवाद की मजबूत बुनियाद पर खड़ी हो। द्वेष अथवा पक्षपात होने की स्थिति में यह अपने ध्येय से भटक जाती है। हिंदी में समालोचना का प्रारंभ भारतेंदु युग से माना जाता है। इसके विकास में पत्र-पत्रिकाओं की भूमिका महत्त्वपूर्ण रही है, क्योंकि इन्हीं के माध्यम से पाठकों को समालोचनात्मक निबंध पढ़ने का अवसर मिला। समालोकन अर्थात् अच्छी तरह देखना-परखना ही समालोचना है।

समीक्षा में 'ईक्ष्' धातु है। 'ईक्ष्' का अर्थ भी 'लोच्' के समान देखना है। समीक्षा का अर्थ अच्छी तरह देखना है। इसमें छानबीन, जाँच-पड़ताल और परीक्षण करने का भाव समाहित है; जैसे—आपके मामले की समीक्षा के बाद ही कोई निर्णय लेना संभव होगा। किसी महत्त्वपूर्ण बात, वस्तु या घटना का विवरण प्रस्तुत करना भी उसकी समीक्षा है। रेडियो, टेलीविजन और पत्र-पत्रिकाओं में प्रसारित- प्रकाशित होनेवाली बाजार समीक्षा अथवा संसद् समीक्षा में बाजार के उतार-चढ़ाव और संसद् में हुई बहसों का विवरण होता है। इसका एक अर्थ

ग्रंथों, लेखों आदि के गुण-दोषों का विवेचन भी है; जैसे—पुस्तक समीक्षा स्तंभ में इस पुस्तक पर विस्तार से विचार किया गया है।

इन दोनों में फर्क यह है कि समीक्षा में निजी मंतव्य प्रकट करने या टीका-टिप्पणी करने की गुंजाइश समालोचना के समान नहीं होती। समालोचना की तुलना में समीक्षा का क्षेत्र व्यापक है तथा इसकी चर्चा मीमांसा और सांख्य दर्शन में भी की गई है। समीक्षा किसी प्रकार के कार्य की हो सकती है, जबकि समालोचना का क्षेत्र लिखने-पढ़ने, यानी लेखों, कविताओं, पुस्तकों आदि तक सीमित है। समालोचना को समीक्षा का अंग कहा जा सकता है, क्योंकि समीक्षा में समालोचना शामिल है, लेकिन समालोचना में समीक्षा शामिल नहीं है।

□

सहायक ग्रंथों की सूची

1. मानक हिंदी कोश (पाँच खंड) — आचार्य रामचंद्र वर्मा
2. शब्दार्थ विचार कोश — आचार्य रामचंद्र वर्मा
3. प्राचीन भारतीय संस्कृति कोश — डॉक्टर हरदेव बाहरी
4. राजपाल हिंदी शब्दकोश — डॉक्टर हरदेव बाहरी
5. हिंदू धर्म कोश — डॉक्टर राजबली पांडेय
6. भारतीय संस्कृति कोश — लीलाधर शर्मा पर्वतीय
7. सांस्कृतिक प्रतीक कोश — शोभनाथ पाठक
8. संस्कृत-हिंदी कोश — वामन शिवराम आप्टे
9. आधुनिक हिंदी प्रयोग कोश — डॉक्टर बदरीनाथ कपूर
10. हिंदी व्याकरणिक शब्दकोश — डॉक्टर रामरजपाल द्विवेदी
11. राजपाल सुभाषित कोश — हरिवंश राय शर्मा
12. मानक हिंदी के शुद्ध प्रयोग (चार खंड) — डॉक्टर रमेशचंद्र महरोत्रा
13. शब्दों का सफर (दो खंड) — अजीत वाडनेरकर
14. शब्दार्थ दर्शन — आचार्य रामचंद्र वर्मा
15. अच्छी हिंदी — आचार्य रामचंद्र वर्मा
16. विशेषण प्रयोग — डॉक्टर ब्रजमोहन
17. हिंदी की प्रकृति और शुद्ध प्रयोग — डॉक्टर ब्रजमोहन
18. शब्द संस्कृति — रामगोपाल सोनी
19. हिंदी भाषा का अर्थतात्विक विकास — डॉक्टर शिवनाथ
20. हिंदी में प्रयुक्त संस्कृत शब्दों में अर्थ परिवर्तन — डॉक्टर केशवराम पाल
21. भाषा, शब्द और उसकी संस्कृति — डॉक्टर अंबा प्रसाद सुमन
22. संस्कृति के चार अध्याय — रामधारी सिंह दिनकर

□□□